智能交通领域前沿研究论著

Gonggong Jiaotong Dashuju Wajue yu Fenxi

公共交通大数据挖掘与分析

马晓磊　丁　川　于海洋　刘剑锋　著

人民交通出版社股份有限公司
China Communications Press Co.,Ltd.

内 容 提 要

本书为智能交通领域前沿研究论著丛书之一，主要针对国内多模式公共交通系统信息化和智能化发展现状，基于广泛使用的公共交通大数据(IC 卡和 GPS 数据)，探讨了公共交通大数据的分析和挖掘方法，并综合利用人工智能、运筹学、交通规划、交通行为学等理论和方法，对公共交通大数据典型应用场景进行探讨，用于支撑城市多模式公共交通规划和运营的目的。主要研究内容包括：交通大数据基本类型与处理技术、公共交通客流 OD 矩阵推导方法、公共交通到站信息服务优化、公共交通短时客流预测、公共交通出行行为分析、公共交通网络性能评价。本书可为全方位、多层次、大范围、大数据化、高效运行的综合交通运输体系建设提供理论与技术支持。

本书适用于交通工程、智能交通、交通管理等相关专业的技术人员、管理与决策人员、科研工作者、研究生、教师与高年级本科生使用。

图书在版编目(CIP)数据

公共交通大数据挖掘与分析/马晓磊等著. —北京：人民交通出版社股份有限公司，2017.12

ISBN 978-7-114-14110-2

Ⅰ.①公… Ⅱ.①马… Ⅲ.①公共交通系统—数据处理—理论 Ⅳ.①U491.1

中国版本图书馆 CIP 数据核字(2017)第 204153 号

书　　名：公共交通大数据挖掘与分析
著 作 者：马晓磊　丁　川　于海洋　刘剑锋
责任编辑：李　良
出版发行：人民交通出版社股份有限公司
地　　址：(100011)北京市朝阳区安定门外外馆斜街 3 号
网　　址：http://www.ccpress.com.cn
销售电话：(010)59757973
总 经 销：人民交通出版社股份有限公司发行部
经　　销：各地新华书店
印　　刷：北京市密东印刷有限公司
开　　本：787×1092　1/16
印　　张：10.75
字　　数：248 千
版　　次：2017 年 12 月　第 1 版
印　　次：2017 年 12 月　第 1 次印刷
书　　号：ISBN 978-7-114-14110-2
定　　价：30.00 元
(有印刷、装订质量问题的图书由本公司负责调换)

序

随着我国城市规模的不断扩大、机动车保有量与居民出行需求的急剧增加，城市交通拥挤和尾气排放等问题愈发突出，已成为我国诸多大中型城市可持续发展过程中亟待解决的关键问题。国内外对城市交通的实践经验表明，优先发展城市公共交通，是解决城市交通问题的有效途径。特别是近年来，城市公共交通在城市交通战略地位的不断提高，构建服务水平更高、运营效益更好的城市公共交通系统是城市交通发展的迫切需求。

随着大数据时代的来临，智能公共交通 IC 卡、GPS 定位和移动互联等信息技术在公共交通领域深度应用。在公共交通运营过程中所产生的数据量非常庞大，这些数据具有连续性好、覆盖面广、信息全面且动态更新快的特点，无论是在公共交通线网规划，还是在公共交通运营管理上都有着非常大的应用价值。可以说，大数据在公共交通领域的应用是一次深刻的变革，它将对公共交通行业的服务理念、管理机制、运营模式等产生革命性的转变，其具有深远的理论与现实意义。

马晓磊副教授等人在国家自然基金课题"数据不完备条件下基于个体行为的大规模公交网络出行矩阵估计研究"（课题编号:51408019）和"考虑空间异质性与中介效应的建成环境对通勤出行方式选择的影响研究"（课题编号:71503018）等的支持下，对公共交通大数据挖掘与分析进行了深入而细致的研究。这部学术著作是马晓磊副教授等人系列研究成果的系统总结，从交通大数据的处理技术、公交客流推断与服务优化、公交网络性能评价等几个方面，结合实际城市案例数据，系统阐述了公共交通大数据挖掘与分析的方法。希望本书能够为致力于交通大数据研究的科研人员提供有益的参考。

这部学术著作是公共交通大数据研究成就的重要见证。著者们是交通领域充满激情和富有远见的青年学者，其在公共交通大数据挖掘与分析等方面的理论研究及实践必将有利于我国交通大数据研究水平的不断提高，成为该领域重要的学术参考资料。

中国工程院院士

施仲衡

前　言

近年来，随着智能交通、智慧城市等概念的出现与不断推进，城市交通领域已经具有较为成熟的数据采集和技术应用基础。随着大数据时代的来临，以手机数据、浮动车数据及社交网络等为代表的海量、多源时空数据不断应用于城市规划实践中。2015 年国务院印发的《促进大数据发展行动纲要》系统地部署了大数据发展工作，提出率先在交通等领域，实现公共数据资源合理适度向社会开放，带动社会公众开展大数据增值性、公益性开发和创新应用，充分释放数据红利。

促进大数据发展，为"互联网 +"时代下城市交通提供了发展新思路：一方面，大数据技术的应用为提升公共服务水平、促进产业创新提供了新的机遇；另一方面，大数据技术也为政府提升交通治理能力、缓解城市交通资源压力提供了新途径。随着大数据时代的来临，城市公共交通 IC 卡的推广与卫星定位技术的使用，在为广大乘客提供便利的同时，也提供了信息化的客流调查统计方法。基于海量多源公共交通数据提取并分析公共交通客流信息，可为公共交通企业的决策、运营管理提供可靠的数据依据，从而提升公共交通企业的管理水平，提升公共交通吸引率，推进公共交通优先发展战略实施，缓解城市交通拥堵。

本书系统构建了公共交通大数据在运营与规划研究中的分析框架，以实际城市作为案例全面介绍了公共交通大数据挖掘与分析方法，为公共交通规划与运营提供数据支撑及技术方法，主要包括交通大数据基本类型与处理技术、公共交通客流 OD 矩阵推导方法、公共交通到站信息服务优化、公共交通短时客流预测、公共交通出行行为分析、公共交通网络性能评价等几方面的应用。希望本书能够给更多致力于公共交通大数据研究的科研人员提供有益的参考，促进公共交通理论与实践的发展。

本书由马晓磊、丁川、于海洋和刘剑锋撰写，其中马晓磊主要撰写了第 1 ~ 3 章，丁川主要撰写了第 5、6 章，于海洋主要撰写了第 4 章，刘剑锋主要撰写了第 7 章。博士研究生陈汐、代壮，硕士研究生刘从从、陈栋伟、栾森、张继宇、杨洁、段金肖、李屹等参与了撰写工作，在此一并表示感谢。

本书的出版得到了国家自然科学基金（课题编号：61773036，71503018，51408018，U1564212）、北京市自然科学基金（课题编号：9172011）、北京市科技新星（课题编号：z151100000315048）以及中国科协"青年托举"人才工程（课题编号：2016QNRC001）等项目的支持。

著者

2017 年 9 月于北京

目 录

第1章　绪　　论

1.1　背景与意义

随着城市规模不断扩大、机动车保有量与居民出行需求的急剧增加,导致城市道路交通流量日趋饱和,城市交通拥堵频繁发生,城市交通问题已成为我国许多大中型城市发展过程中亟待解决的问题[1]。国内外对城市交通的实践经验表明,优先发展城市公共交通,是解决城市交通问题的有效途径。特别是近年来,城市公共交通在城市交通战略地位的不断提高,构建服务水平更高、运营效益更好的城市公交系统是城市交通发展的迫切需求。

近年来,随着智能交通、智慧城市等概念的出现与不断推进,城市交通领域已经具有较为成熟的数据采集和技术应用基础。随着大数据时代的来临,以手机数据、浮动车数据及社交网络等为代表的海量、多源时空数据不断应用于城市规划实践中。2015 年 9 月 5 日,国务院印发《促进大数据发展行动纲要》,系统地部署了大数据发展工作,并提出:率先在交通等领域,实现公共数据资源合理适度向社会开放,带动社会公众开展大数据增值性、公益性开发和创新应用,充分释放数据红利。因此,促进大数据发展,为"互联网 +"时代下城市交通提供了发展新思路:一方面,大数据技术的应用为提升公共服务水平、促进产业创新提供了新的机遇;另一方面,大数据技术也为政府提升交通治理能力、缓解城市交通资源压力提供了新途径[2]。

一直以来,公交系统的供需关系分析及运营规划方面的工作基本以人工调查数据作为主要的数据来源。我国大中城市建设和发展日新月异,出行需求在时间和空间上呈现出差异大、变化快的特征[3]。因此,通过传统的交通调查来获取全面的公交客流时空分布数据是非常困难的,传统的调查方法往往通过问卷或问询的方式来获得居民的出行信息,而这种方式获取的居民出行数据一般在样本选取的数据和质量上满足不了要求,存在调查样本比例小、精度低、成本高、时效性差、调查周期长、后期数据处理困难等问题,而且无法反映乘客出行需求的动态变化特征。此外,大型交通调查通常是五年才会进行一次,为此想要通过传统的交通调查方法来获取实时的公交供需及整体运行情况并不现实[1]。因此,获取实时、全面的公交供需数据是城市公交系统科学决策和发展的迫切要求,也是提升公共交通规划与管理运营决策水平与效率的需要。

随着大数据时代的来临,以及城市公交 IC 卡的推广与卫星定位技术的使用,在为广大乘客提供便利的同时,也提供了信息化的客流调查统计方法。在公交运营过程中所产生的数据量非常庞大,这些数据具有连续性好、覆盖面广、信息全面且动态更新快的特点,无论是在公交线网规划,还是在公交运营规划上都有着非常大的应用价值。例如,北京公交集团运营的 1020 条线路将通过大数据进行线路优化,根据客流情况安排运力,减少乘客等待时间,提高运营效率;北京公交集团目前已在所有公交车上安装了 GPS,通过数据共享,可以通过手机 APP 进行公交查询,未来将更多基于"互联网 +"提升公交服务水平。总体来说,依托大数据的迅速发展,一方面,IC 卡、GPS 数据、视频监控数据等公交大数据在数据仓储、挖掘与处理技术层面有着广泛的研究及应用前景,如分布式处理框架,包括分布式存储和计算;高效的实时数据处理,即根据实时分析数据来随时掌握公交车辆的运行状况,为实时决策提供依据;数据类型的多样化,即满足结构化数据、半结构化数据、非结构化数据的融合关联分析,实现文本分析、图形分析、空间分析等功能,为公交系统决策者提供不同角度不同形式的分析判断依据[4]。另一方面,"大量的数据胜于好的算法",大数据对于公交运营与规划中的优化问题,不仅可以改变传统的建模求解的优化思路,即将模型驱动研究转向数据驱动研究,还可以将成果应用于更人工智能化的运营调度系统及平台。传统公交的行车计划或调度安排由车队调度组长手工编制而成,全部依靠静态的客流数据和调度组长的个人经验,技术手段落后。同时这种运营调度管理模式时效性差,调度方式很不灵活,运营计划调整周期过长。此外,无法考虑实时客流量,乘客所获得的信息很少,因此,无法真正发挥城市公共交通汽车在缓解城市交通拥堵方面的作用[5]。通过城市公交静态和动态数据,包括公交站点、公交线路数据、城市居民刷卡数据、卫星定位数据以及城市公交调度信息等数据,识别城市居民时空路径信息,并结合城市用地数据进行分析,包括城市公交流量分析、城市职住关系分析、公交运行时间分析及公交服务水平分析,可为公交线网调整优化及运营调度提供数据支撑及规划建议,以有效地缓解高峰时段客流拥挤情况,节约乘客出行等待时间,实现对社会资源的合理利用,并进一步提高公共客运交通的吸引力,为公交企业进行科学的运营决策提供理论依据和技术支持,保障城市交通的协调、有序和高效发展[6]。

综上所述,大数据在公交领域的应用是一次深刻的变革,它将对公交行业的服务理念、管理机制、运营模式等产生革命性的转变,具有深远的理论与现实意义。

理论方面,首先,基于海量多源公交数据提取并分析公交客流信息,是对现有问卷调查这种传统数据获取方式的变革,是丰富居民公交出行数据来源的重要措施。第二,公交动态信息采集及特征分析技术是对现有的动态交通信息采集技术的补充和完善。第三,可以优化公交调度系统,使得公交运营者根据公交到站时间调整发车间隔、行车时刻表等,提高运营效率和服务质量。

现实方面,首先,提取并分析居民公交出行数据,可为公众出行提供公共交通信息服务,为公共交通管理部门提供数据支撑和决策支持,缩短居民公交出行时间,提高公共交通运营管理水平,实现公共交通社会效益与经济效益最大化。第二,实时、准确地识别公交运行状态是实现先进的公共交通信息服务系统的前提,这就需要获得实时、充分、准确的公众出行动态客流及公交运行信息。通过大数据的相关技术可改善现有的数据获取方式单一,耗时、耗资、耗力、调查信息不完整等问题,进而获取充分的公共交通动态客流信息。第三,通过对公交出行数据的深层次挖掘与分析可以得到可供发布的高效、准确、实时的公共交通出行服务信息,为公众出行服务提供多方位、多层次、多渠道的交通出行综合信息服务与支持。第四,可以为公交企业的决策、运营管理提供可靠的数据依据,从而提升公交企业的管理水平,提升公交吸引率,推进公交优先发展战略实施,缓解城市交通拥堵。

目前还少有专著对城市公交大数据在实践中的应用进行系统的梳理和总结。本书从公交大数据获取、处理到与其他数据结合,对公交大数据在乘客出行规律的分析以及公交运营中的应用进行梳理,结合笔者的已有研究成果,介绍公交大数据在公交客流 OD 矩阵推导方法、公交到站信息服务优化、地铁短时客流预测、公交出行行为分析、公交网络性能评价等几方面的应用,并以不同城市作为实证研究案例,构建公交数据在运营与规划研究中的分析框架,总结公交大数据在实际问题中的应用,为公交规划与运营提供数据支撑及技术方法更新。

1.2 国内外研究现状

随着智能公交的发展,智能公交系统可以采集、传输、存储、处理大量的公交信息的相关数据。在大数据时代,如何利用智能公交系统的海量数据,通过高效的数据处理方式以获得正确、无噪声的有效数据,从中提取有效的基于公交客流、车辆信息,对其进行深层次的数据挖掘,使分析及预测的相关结果能够应用于公交的运营、规划与管理中一直是研究的热点之一。在此基础上,可以有效利用已有数据构建优化模型,提出相关的公交运营与管理措施,从而使得公交的出行满意度、公交的服务水平、公交运营的可靠性保持在较高的水平,以提高公交吸引率,进而对未来公交的运营调度进行决策指导。

公交数据有着特有的处理与分析方法,国内外学者在这方面已经取得了不俗的研究成果。下面着重对公交大数据在公共交通规划与运营两方面的研究现状进行梳理。

1.2.1 公共交通规划

1)线网优化分析

城市公交线网规划与设计是一项较为复杂的工作,除了受到城市路网结构的影响,还与客流需求、车队规模、交通条件等各种因素相关。城市公交线网优化是解决目前城市交通系统存在的诸多问题的有效方法之一,科学合理的公交线网将有助于解决以下问题[7]:

①科学合理的公交线网,对于提高公交系统运营效率、减少换乘次数、缩短居民出行时间等方面产生巨大影响。

②科学合理的公交线网,也是城市改善其公交服务水平,实现城市可持续发展的重要前提之一。

近年来,公交线网优化建立起了以公交出行 OD 与图论为理论基础的体系结构,体系十分完善,取得了十分丰富的成果。利用图论等经典理论使得优化具有直观性、准确性和科学性等特点,是线网优化相对成熟的体系,并被广泛地应用到实际生产中。然而,随着数据量的不断增加,这种算法的缺点也逐渐暴露出来。这类算法的计算量大,在数据量很大时效率极低,因此多数的研究仅局限于小区域的示例验算,没有大规模的场景应用[8,9]。因此如何进行大规模的城市公交线网优化,并在整个城市路网中应用,不断有学者利用新方法和模型来进行求解。随着城市规模扩大,改善城市交通发展的不均衡,交通拥堵严重等现象,各大城市都提出相关政策积极进行公交线网的优化。因此如何进行大规模的实际线网优化是线网优化的最亟待解决的问题。

实际上,公交线网优化就是一个典型的 NP-Hard 问题[10]。其本质就是在已知路网变量、客流量和公交线网信息的前提下，按照一定的约束条件、优化目标来确定合理的公交路线，达到最终的交通需求。Ceder 对公交线网设计进行了系统的归纳，提出了线网优化的四个基本组成部分：需求特征，目标函数，约束条件和算法实现[11]。公交线网设计是一种乘客出行的虚拟模型，利用数学规划的基础知识设计理想的线网走向[12]。通过大量的理论和实践研究，可以将公交线网优化问题总结成三类：①以实际应用经验为基础的设计；②在理想假设情形下的最优化设计；③启发式算法的现实网络实际。表 1-1 总结了目前关于公交线网设计优化的研究。下面，本节将从优化目标、决策变量以及实现算法三个方面对目前的线网优化的研究进行简单的总结。

线网优化研究总结　　表 1-1

作者	目标函数	决策变量	求解算法	应用场景
Daganzo[35]	总成本（企业+乘客）	发车间隔、公交线间距、公交线网覆盖率	解析法	算例
Estrada[36]	总成本（企业+乘客）	站间距、水平与竖直方向的线路间距、水平和竖直方向中心区与城市总长度比、发车间隔	解析法	巴塞罗那
Nourbakhsh[37]	总成本（企业+乘客）	线网几何形状、灵活公交的覆盖区域形状、发车间隔	解析法	算例
Badia[38]	总成本（企业+乘客）	中心区辐射线的角度、中心区辐射线的站间距、环行线的长度、环行线的站间距、中心区域半径、发车间隔	解析法	算例
王振报[39]	企业、乘客、政府	公交主线线间距、快线站距、线网覆盖区域大小	解析法	算例
Chen[40]	总成本（企业+乘客）	线网几何形状、发车间隔	解析法	算例

（1）优化目标

公交线网优化设计的目标是以最小的成本投入实现公交效益的最大化。而这些目标根据设计目的的不同而有很大差异。总结目前的优化模型，最终的优化目标通常包括乘客利益最大化、运营利益最大化、总体利益最大化、节能减排最优化以及特定优化目标最大化中的一项或者几项。Ceder 等在线网优化中以乘客的时间和费用以及公交服务供给的最大化作为目标[11]。Nes 等通过研究发现，乘客出行费用与运营商费用的总和最小是一种有效的优化目标[13]。Fan 等指出线网优化的最终的目标应该是在有限的线网资源下使得公交发挥最大服务功能，实现利益最大化[12]。随着时代的发展和绿色交通的提出，越来越多的学者将环保的理念引入到公交线网的优化中，作为一个十分重要的指标[14-16]。

（2）决策变量

在线网优化中最常用的两类变量：决策变量和其他变量。其中决策变量中一些关键性的指标，直接决定了公交网络形态、线路的运营策略核心，通常包括公交线网的拓扑结构、公交车的时刻表以及公交的运载能力等核心信息。研究初期，决策变量的确定通常是在固定的公交线网结构中，求解最优化的线路走向以及发车的频率[17,18]。随着研究的深入，优化线网的拓扑结构以及服务频率的优化成为研究的热点，同最小费用一起被引入了决策变量的确定过程中[19,20]。在研究过程中，其他变量虽然不能直接决定线网的形态，但是却能够间接反映公交的运营环境、功能特征以及服务水平等，比如公交的运营模式、公交政策等。近年来，灵活公交、动态优化等理念的提出，要求公交的服务更加细化，同时也对研究提出更高的要求[21]。Chien 等人提出在线网优化过程中的一些关键变量，比如出行时间、出行费用、发车间隔等能够灵活地引导公交乘客的出行[22]。Lee 等人认为公交的线网优化应该以乘客的总出行需求为根本依托[23]。Quadrifoglio 等人以洛杉矶为示例研究动态的线网优化方法[24]。而大站快车的灵活运营方式是目前研究的一个热点问题[25]。

（3）实现算法

目前，对于公交线网优化的算法大致可以分为两类。一种是传统依托分析模型的解析式算法，另一种是融合了人工智能以及计算机技术的启发式算法。对于传统的解析式算法，在研究线网间距、线路长度、车速、运载能力、发车间隔等因素的内在联系上应用广泛[26-28]。这种算法适用于路网场景简单、较大范围的路网优化、偏重于公交的线网设计，并不注重于具体线路的走向。而启发式算法利用强大计算能力，根据经验构造算法，利用计算机进行实际的庞大空间网络的建立优化。对于解决现实的路网的公交线路走向、发车间隔等变量的最优化实际有很好的适用性。在公交线网优化方面，常用到的启发式算法有遗传算法、蚁群算法、禁忌算法以及多种算法的组合[29-32]。

总结过去的研究成果，目前关于公交线网设计优化的研究大致可以分为两大类：第一类是单纯的理论研究，尝试利用单纯的定量模型解决公交线网的优化问题。这些模型大多以出行时间和距离、客流量等为指标，利用数学规划的理论方法建立模型进行线网优化。这类方法的缺点是目标函数比较单一，不能用于复杂的网络优化。随着研究的深入，很多复杂的理论模型被提出[33,34]，设计的线网也相对复杂，考虑问题也相对全面。因为理论性太强，因此这类方法往往设计很多假设条件，与实际的线网设计存在一定的差异，很难在实际中大规模地应用。另一类方法是以定性分析为主辅以定量分析。在线网优化设计过程中，一部分变量根据传统建模方法确定。在定线时，选取与客流方向一致的线路走向，通过线路长度、运载能力等约束条件的限制，提出乘客量最大化、客流均匀分布等目标，较为实用。而这类方法的缺陷就是没有考虑例如公交共线等复杂条件。

通过以上的综述可以看出，目前常用的两种线网优化思路都有自己固有的缺陷。第一类方法理论性过强，在计算过程中有大量的假设条件，虽然结论比较理想，但是应用于实际的难度过大。实际的公交线网情况复杂，很难符合模型的许多数据假设。而第二方法更多偏向于实际应用，因此，有很多参数的确定依靠实际经验，缺少理论支撑，因此，难以应用和解决复杂的问题。如何将理论与实际相互结合是目前公交线网优化的亟待解决的问题。而随着信息技术的发展,越来越多的数据在运营过程中被收集起来。同时计算机技术迅速发展,人工智能和大规模计算理论方法越来越成熟。因此结合大数据与先进的理论算法,能够对公交线网进行更好的优化设计。利用数据进行网络优化紧紧依托实际,有十分重要的现实意义,同时先进的算法能够解决复杂的网络问题,充分地掌握内部规律。结合大数据挖掘的公交线网优化是未来研究的新方向。

2)行为分析

(1)国外出行行为分析研究现状

国外对于城市居民出行行为的研究开展较早,一般认为是起源于20世纪40年代的美国,早期的城市居民出行调查主要是为了给城市道路交通的建设提供参考信息,大多采用入户访谈调查的方式[41]。调查内容主要有出行起始点、时间、出行终点、出行方式、人数以及其他信息。美国从1943年到1958年期间就已经对超过100个城市的居民出行情况进行了统计调查,1958年,Curran和Stegmaier对其中50个城市的居民出行调查资料进行了分析[42]。最初的出行行为分析方法,一般是利用集计的数据,对一些简单的、只有几个参数的模型进行估计,从而达到对个体行为特征进行预测的目的。但是,随着人们出行模式、价值观念以及客观条件的改变,影响出行行为的各种因素之间的关系日趋复杂,传统的出行行为分析方法已不能清楚解释这些关系[43]。因此,交通研究者们开始探讨新的方法,对个体出行行为特征进行分析。

传统的集计模型由于其集计的特点无法描述个体的出行行为,只能描述交通小区或者一个整体的出行特征,所以非集计模型得到了发展。非集计模型描述了决策者在不同的方案之间所做出的选择,因而所建立的模型更加贴近现实,更能确切地反映研究对象的行为特征和规律。1959年Luce等人首次对非集计模型中典型的logit模型进行推导[44],随后Marshak和Suppes等人对Logit模型的一些理论基础进行了完善[45],但最初的logit模型只能用于预测两种交通方式的选择,并且当时模型主要用于出行时间和出行费用之间的平衡分析。1974年McFadden对Logit模型及其特性进行了完整的论述[46],逐步形成了非集计模型的理论体系,其中包括了MNL(Multinomial Logit)和NL(Nested Logit)等模型,以及对行为的解释和预测。Ben-Akiva等在20世纪70年代利用经济学的消费者行为理论,对非集计理论作了进一步完善,其中较为有代表性的是1985年Ben-Akiva出版的《Discrete Choice Analysis》一书[47],随后,在Logit模型的基础上又出现了更加复杂的PCL(Paired Combinatorial Logit)模型、MNP(Multinomial Probit)模型、CNL(Cross-Nested Logit)模型等,使非集计模型的理论体系更加系统和完善。

到了20世纪90年代后,随着GPS技术在民用方面的大力发展,一些学者开始将GPS技术引入居民出行行为的调查当中,进行了一些相关的实验和研究。如美国肯塔基州的列克星敦市,通过征集志愿者,在其私家车上安装GPS和PAD结合的装置进行家庭出行调查,出行者在PAD上人工输入出行终点和车上人数等信息,而GPS装置则自动收集时间、出行位置等信息[48]。最后由科学家进行信息的核对和匹配,并进行统计分析。这里虽然引入了GPS技术,但是由于接受调查的家庭数目较少(100户不到),不具有代表性,只能作为一种探索实验。随着GPS技术的进一步发展,GPS数据凭借易于获取、数据量大、精确度高等特点,得到越来越广泛的应用,一些研究开始考虑全面地采用GPS调查来研究居民出行行为,从而代替传统的调查方式。

在韩国实行的分段计价智能卡地铁费和公交费可以合并支付，其不仅能记录公交的上下车站点，还能记录乘客的换乘次数[49]，从而准确获取出行者的换乘信息。Jang[50]利用韩国智能卡数据条件优势，关注了乘客公共交通出行时间和换乘特征的分析，绘制了行程时间空间分布图，分析了换乘时间、换乘需求等空间分布，为提升公共交通线网服务水平提供参考。Seaborn等[51]利用伦敦市公共交通智能卡数据，重点研究了公交与地铁、公交与公交及地铁与公交三种换乘关系间出行阶段连接的时间阈值，完成完整的出行链连接，并在此基础上，对每日公共交通出行链总数、每人每天出行链数、每条出行链包含的出行阶段数、地铁与公交混合出行数等进行了统计分析。Morency等[52]基于加拿大魁北克市一个公交公司的智能卡数据，提出了面向对象的数据处理方法模型，分析了刷卡数据的时空分布特征，包括观测时段内公交站点的使用数量和使用频率变化特征和通过聚类分析的不同类别持卡者公交出行时间维度变化特征。

(2)国内出行行为分析研究现状

20世纪80年代是我国国内对于居民出行行为研究的起始阶段，主要通过纸质形式的调查报告对城市居民出行行为进行分析，在借鉴了国外经验的基础上，探讨我国城市居民出行信息在交通规划中的应用。由于这一时期的研究工作大多处于探索阶段，因此研究基本基于传统的四阶段法，是单个的、独立的，以城市居民个体研究和定性分析为主，表象性地描述居民出行行为特征的各构成元素[53]。另外，这一时期也开始有学者对城市规模和居民出行行为之间的关系进行了研究[54]。

到了20世纪90年代，随着改革开放的顺利进行，我国城市化建设开始加速，城市交通规划部门越来越意识到城市居民出行行为研究工作的重要性。1991年李旭宏根据城市居住环境的差异，将城市划为三类：中心区、中间区以及城市外围区，他认为不同的地理区域属于不同的交通区，其出行环境存在差异，具有不同的出行分布状况。另外，他还研究建立了不同出行目的条件下的出行分布模型，指出居民出行分布模型的建立应该考虑城市居民出行目的以及居住区域的差异[55]。随着社会的不断向前发展，对城市居民出行行为的研究变得更加深入，一些学者开始探讨城市居民出行行为背后深层次的原因，比如出行目的选择分析、出行方式选择心理等。1994年东南大学的杨涛、王琳等人以马鞍山市的城市居民为研究对象，通过大量咨询调查，再结合已有的资料，研究了该城市居民出行行为背后的心理学因素。杨涛等人指出，在居民出行选择决策 如出行方式、出行时间、出行目的等背后实际反映了居民的心理考量[56]。2005年上海交通大学隽志才对基于活动链的出行需求预测方法进行了综述[57]，介绍了基于活动链出行预测理论的发展过程，阐述了基于活动链出行需求模型系统的框架和预测过程，指出了目前模型系统存在的问题，探索了改进出行需求预测方法的途径。

步入21世纪以后，随着现代信息技术的变革与兴起，大数据环境下的交通出行行为及基于行为实验的出行行为分析正成为该领域发展的前沿热点问题。在国内的研究人员中，陈学武等人对公交IC卡数据的采集、分析、应用进行了研究，提出了基于IC卡数据的公交客流与出行信息分析方法，分析了乘客出行起终点和换乘点的判断规则，并探讨了公交IC卡数据在发车间隔获取和线路客流预测方面的应用[58]。东南大学的戴霄在基于公交IC卡信息的公交数据分析方法研究中，结合下车站点与上车站点的站距和下车站点附近的土地利用性质，提出了基于站点吸引的下车站点判断方法；并归纳总结出用于公交IC卡数据分析的原始数据采集方法和获取途径，提出公交IC卡数据分析系统的框架结构[59]。东南大学郭婕利用公交IC卡数据，通过将公交线路的相邻站点合并成站点区段，提出了基于IC卡数据的通勤乘客上车和下车站点区段的分析方法，进而获取通勤乘客的OD信息[60]。华南理工大学的章威提出了利用公交车GPS定位与乘客IC卡刷卡信息联合分析来获取公交OD量的思路。通过公交车的GPS定位数据和GIS电子地图中的车站位置信息能够准确地获取公交车的到站时间，减小了以往根据行程时间分析到站时间所造成的误差[61]；华中科技大学的戴维在分析现阶段公交出行调查方法优缺点、研究公交客流出行时间分布特性的基础上，运用相关数据融合理论对公交IC卡数据及公交车GPS信息进行互补融合，获取公交客流起讫点信息[62]。

综上所述，出行行为相关研究发展至今，各国学者在该领域都取得了一定的科研成果。但是，通过对居民出行行为的研究综述，本书发现目前研究中还存在有以下几点不足：

①大部分的研究只是针对通勤出行影响因素中的一类或者几类进行分析，缺少对影响因素的全面的、系统的梳理。

②目前的研究中，出行行为分析模型主要集中在居民出行方式选择问题上，对于出行时间影响模型的研究不足，同时也缺少对交通出行的联合选择模型的研究。

③对居民出行链的应用研究主要集中在出行链模式选择及出行行为选择方面，利用出行链分析居民出行特征的相关研究成果比较少，且缺乏针对公共交通出行链的研究。

④在利用多源数据分析居民公共交通出行特征时，大部分研究只分析了使用单一模式出行（如仅乘坐公交或仅乘坐地铁）的乘客的出行行为，而缺少对采用多模式出行的乘客的出行行为研究，同时无法获取到较完整的出行OD分布。

⑤在利用公交IC卡数据获取客流信息的研究中，均要面对国内目前公交IC卡数据上下车站点信息缺陷的问题，虽然很多学者建立或提出了多种推断模型和方法，但当进行大规模数据处理时，由于其中一些参数的确定较为复杂，不利于公共交通出行特征系统化的提取与分析。

1.2.2 公共交通运营

1）车辆调度优化分析

公交调度是公交运营管理的核心内容，实现公交调度智能化和调度方案的优化是提高运营调度水平、增强公交吸引力的关键。调度优化问题的研究，主要包括静态调度与动态调度两个方面。

对于静态调度，初期是以成本函数为目标的优化[63]，Hurdle提出了一个总成本费用函数（包含了运营商和出行者的费用），得到了多条相似接运公交线路的优化位置及其发车间隔[64]。Yan等人综合考虑乘客需求和车辆数，以运营商效益最大化为目标，建立了用于优化市内公交发车时刻表的模型[65]。Bookbinder等人从统计学角度，分析了公交车辆延误分布的统计学规律，并以乘客候车时间最短为目标建立优化模型，分别对高密度和低密度公交线路以及延误对策进行了讨论，并推广到同一站点的多条线路上[66]。Haghani等人对于线路行程时间进行约束，对大规模公交车辆调度问题进行了研究[67]。Zhao等人基于乘客的费用最小,优化公交车辆的发车间隔,设计了适用于大规模网络的求解算法[68]。陈芳等人以乘客等待时间和公交公司车辆出行总公里数最小为目标建立公交调度模型,并进行求解[69]。

随着出行者对公交出行质量的关注,公交调度优化问题的目标也逐步转为对公交服务质量的优化。宋瑞等人建立了基于随机期望值规划的优化模型,该模型综合考虑了公交企业的经济效益和公交乘客所得到的公交服务水平[70]。陈茜、牛学勤等人通过加权的数学方法对公交线路发车频率进行优化[71]。Szeto 和 Wu 同时优化香港地区的公交线路及发车频次,可使乘客换乘次数和旅行时间分别降低 20.9% 和 22.7%[27]。吴丽荣考虑乘客的“有限理性”心理和行为特征,构建柔性路径公交实时调度模型,并基于元启发式算法求解[72]。邱丰等针对可变线路式公交,设计了一种可同时处理预约需求和实时需求的两阶段车辆调度模型。公交系统的管理智能化使得基于大数据的公交调度研究也逐渐增加[73]。穆礼斌基于公交客流数据,以企业运营成本和乘客候车成本最小为目标函数,求解公交线路的发车时间间隔[74]。赵骞基于公交 IC 卡数据的规律和特点,以乘客满意度和企业满意度最大的目标函数,提出了以发车时间参数为变量的公交调度优化模型[75]。郭淑霞提出了公交 IC 卡数据质量控制方法,建立了基于时变二源数据的公交调度协调模型[76]。沈吟东等提出一种基于 GPS 数据的改进 K-means 聚类算法对公交运营时段进行合理划分,以提高公交优化调度效率[77]。

对于动态调度,其与静态模型的最根本的区别是考虑了乘客需求的不确定性及公交运行的不确定性[63]。动态调度主要研究公交车辆运行中突发事件、交通事故等不确定性的影响,通过实施行车控制、发车控制等控制策略,保证公交车辆能够按照时刻表计划运行。主要的控制策略包括:滞站控制、速度控制和越站控制[78]。Chowdhury 等提出了基于换乘站的车辆动态调度问题,通过控制换乘站车辆的停留时间和发车时间,减少乘客换乘时间,以达到提高换乘服务质量的目的[79]。Zhao 等人通过最小化平均候车时间,包括车外时间费用、在车时间费用,建立了公交实时协调控制模型[80]。Dessouky 等人对车辆在换乘站滞站时间的实时优化控制方法进行了研究[81]。Zolfaghari 基于实时信息,以线路各站点乘客平均候车时间最小为优化目标,建立了车辆滞站时间模型[82]。

综上所述,目前对于公交调度优化的研究大多集中于确定性问题。实际上,城市交通网络中存在大量不确定因素。如车辆故障、交通管制、交通拥堵、交通事故等突发事件,这些突发事件还会与不确定的交通需求产生相互影响。因此,已有理论和方法在实际应用中具有局限性。近年来,不确定环境下车辆调度研究已经成为交通研究领域中的热点问题之一。因此,在大数据背景之下,充分利用智能公交系统的海量数据,考虑乘客动态需求等不确定因素,结合优化理论与方法,基于动态调度策略的公交运营优化研究具有理论和现实意义。

2)到站时间预测分析

公交到站时间信息是智能公共交通信息服务系统的重要组成部分,提供实时准确的公交到站时间一方面可以为出行者提供实时的公交信息,方便人们进行出行计划安排;另一方面可以优化公交调度系统,使得公交运营者根据公交到站时间调整发车间隔、行车时刻表等,以提高运营效率和服务质量。

根据预测方法不同,公交到站时间预测方法主要分为三类:基于时空变化规律的预测方法、基于影响因素的预测方法及基于数据融合的预测方法。基于时空变化规律的预测方法就是根据公交行程时间在时间与空间上的变化规律,根据已有的历史数据对车辆在未来时间里经过某一路段的行程时间进行预测。目前这种预测方法主要有时间序列方法、卡尔曼滤波法、神经网络、支持向量机等[83]。基于影响因素的预测方法就是通过建立公交行程时间与这些影响因素之间的数学模型来进行公交到站时间预测。这种预测方法主要包括统计回归理论预测方法与数学模型预测方法。由于公交车行程时间影响因素众多[84],需要采集大量的交通数据,而且每条公交线路的情况不一样,所以预测模型需要根据实际情况进行不断的修正,因此,这种方法实用性较差。基于数据融合的预测方法是指通过对多源检测器采集的数据进行综合处理,弥补了单一数据源可能出现的误差,可以得到更全面、更准确的数据;进而结合多种预测方法的预测结果,从而达到提高预测精度、保证预测结果稳定性的目的[85]。目前数据融合方法主要有以下几种:加权平均法、卡尔曼滤波法、贝叶斯方法、统计决策理论、模糊集理论法、神经网络等。

国外方面,公交到站时间预报在国外许多城市已经得到应用。在美国旧金山,利用 MUNI 系统将车载 GPS 设备接收的信息传送到控制中心,控制中心再根据公交车的实际位置、即将到达的站点以及车辆所行路线的交通状况等信息,估计到达时间,并将其通过车站电子站牌提供给乘客[86]。在澳大利亚悉尼市已经投入使用的机场快速公交,利用路标定位系统采集车辆信息,采用基于统计分析的方法进行到站时间预测,将车辆到达时间提供给乘客[87]。日本研究人员对日本横滨一号国道的车辆运行时间进行研究,利用车辆自动识别系统记录车流量、车道占用率等交通信息,通过寻找与实时交通情况最匹配的历史数据的方式预测当前车辆运行时间,通过互联网向用户的电脑或者手机发送公交车的预测到达时间[88]。Chen 等考虑公交车驾驶人对车辆行程时间的调整因素,应用卡尔曼滤波模型研究公交车辆行程时间预测。该研究提出了一种通过自动车辆定位(AVL)数据与自动乘客计数器(APC)数据动态预测当前公交车辆到达下游每一站点的时刻的方法,而且此模型中还考虑了驾驶行为[89]。Ojili 将公交车线路分为单独的"一分钟区段"用以计算公交车辆的到站时间。通过计算公交车辆当前位置距车站还有多少个一分钟区段从而确定其行程时间。由于该研究是通过历史平均行程时间数据来划分"一分钟区段",因此,这种方法只适用于交通状态比较稳定的情况[90]。Chien 等利用公交 GPS 数据分别建立四个基于神经网络的到站时间预测模型,这四个预测模型分别为基于路段信息的预测模型、基于站点信息的预测模型以及分别对这两个预测模型进行修正后的预测模型[22]。Mazloumi 建立了基于神经网络的公交到站时间预测模型,预测模型中将路段交通量、车辆满载率、时刻表执行情况作为输入变量。另外该研究对公交到站时间预测中考虑的变量进行了统计,其主要有公交站停站时间、时间因素、时刻表、交通量、公交车辆因素、天气、车速、历史数据等[91]。Ramakrishna 等采用公交车 GPS 数据、客流数据及路测车辆瞬时速度构建多元回归模型;另外作者还建立了只采用 GPS 数据的回归模型,结果显示在预测模型中加入客流数据和路测车速可以提高预测精度[92]。

近年来我国在公交到站时间预测方面的研究也正在迅速发展。同济大学研制的"交通信息网络系统"依托交通信息网络平台,将采集的公交车和出租车的 GPS 数据,用高性能计算机进行实时处理,并通过智能导航系统为车载终端用户、手机用户提供公交到站时间、实时路况、最佳出行方案等信息。郑长江等[93]使用支持向量机预测公交到站时间,并利用卡尔曼滤波对预测结果进行实时调整。此种方法可预测车辆到达多个站点的时间,但是模型中没有考虑停靠站点的影响,而且用于预测的 N 辆公交车距离预测时间点时间较长无法保证预测精度。于滨等[94]采用多条公交线路的站间行程时间分别利用支持向量机、k 近邻算法、线性回归模型进行车辆到站时间预测。该研究考虑了同线路的前一辆公交车的行程时间,前 N 辆车的平均行程时间(不考虑是否为同线路),目标车与同线路的前一辆车的车头时距,目标车与前一辆公交车(不考虑是否为同线路)的车头时距。研究表明支持向量机的预测精度最高。该研究中,作者较全面地利用了前车的行驶数据,提高了预测精度,但是该模型没有考虑站点停靠时间。孙喜梅与杨兆升[95]利用随机服务系统理论,建立了进入路段(含信号交叉口)车辆数服从 Poisson 分布的实时动态公共交通站点间行程时间预测的基本模型和公式。该研究将公交线路分为有无公交专用道,通过研究公交车辆自由行驶时间、交叉口排队延误时间、通过交叉口时间及乘车延误时间四部分时间进行公交车辆站点间行程时间预测。北京交通大学的牛虎提出了基于前馈神经网络的到站时间预测模型[86],模型中将目标车辆在上游各个公交站的停靠时间、延误时间、到站时间作为输入变量。这些输入变量可以较全面地反映当前的交通状态,但是没有将停站时间和站间行程时间分开考虑,而且随着上游车站的增加输入变量会越来越多,将会影响预测模型的计算速度。

综上所述,目前我国在公交车辆到站时间预测方面已经取得了不少成果,但是仍存在一些不足之处:第一,缺乏对停站时间的考虑。停靠站过程是公交车辆区别于其他社会车辆的最大特点之一,公交车辆停靠站行为对公交车辆到站时间具有显著影响。第二,目前在我国公交系统无法实时获得车辆满载率、客流量情况、公交线路各个路段的交通量等信息。第三,通过数据采集设备采集到的基础数据不能直接为公交车辆行程时间预测所用,需要通过数据预处理,提取相应的交通信息后才能用于预测模型。

3)客流预测分析

一般来讲,公交的发车频率取决于客流量的多少,因此,对客流的预测至关重要,客流预测的精度越高,越符合实际情况,因此,制订出的公交行车计划越高效、乘客的满意度越高,对于后续公交企业的运营与调度越有利。事实上,客流的变化也有着周期性的规律[63]。工作日的早晚高峰客流的分布情况总体上相近,周六日的客流变化情况也相近,四季的客流也有着规律性的变化。基于诸多客流规律,人们可以获得其中的规则,建立预测模型来对客流进行预测。

公交客流预测指对某条线路的公交客流量的预测,包含断面客流量和站点客流量。预测周期长度为 30min 以内的预测属于短期客流预测;预测周期长度为 30min 到 12h 的预测属于中期客流预测;预测周期长度为 1d 及以上的预测属于公交长期预测[96]。随着公交乘客对公交服务水平要求的与日俱增,根据公交短时客流对公交运营调度计划进行及时的反馈调整越来越成为公交运营的重中之重。因此,公交企业只有充分掌握公交短时客流变化,才能制订出更加符合乘客出行期望的行车计划。

国内外对公交短时客流的预测已取得许多研究成果。在各类研究中,短时交通流预测和短时客流预测技术取得了较多的研究成果。短时预测大体上可以分为两种类型:参数预测方法和非参数预测方法,其区别在于自变量和因变量之间采用的函数相关性。在参数预测方法方面,传统的时间序列预测方法被应用到短时交通预测领域,其中包含移动平均法(ES)、指数平滑法(MA)和自回归积分移动平均法(ARIMA),尤其 ARIMA 在短时交通流预测中的应用十分广泛。在非参数预测方法方面,研究主要集中于人工神经网络、支持向量机等人工智能模型。神经网络具有非线性、自适应等特点，在不知道输入和输出变量之间关系的先验知识的情况下能够解决复杂的非线性问题。Zhang 等人对应用 BP 神经网络进行公交短时客流预测时的输入变量选取问题进行了研究，通过主成分分析法（PCA）讨论各变量间的相关性，从而筛选和合并输入变量[97]。刘翠等将 BP 神经网络算法进行了改进，并将改进后模型应用到公交线路站点时段上下车人数的预测[98]。Zhao 等人基于快速公交系统客流量的混沌性，将小波分析理论引入神经网络模型，通过把客流数据分解成不同频率的序列，优化了神经网络的预测性能[99]。任崇岭等提出了基于小波神经网络的短时客流预测方法，并将该方法应用到北京地铁站短时客流量的预测[100]。Wei 等人将经验模态分解（EMD）和反向传播神经网络（BPN）相结合，构建了地铁短时客流预测模型，模型分为 EMD 阶段、识别阶段和 BNP 阶段，实验结果表明，EMD-BPN 方法在地铁短期客流预测中有良好的准确性和稳定性[101]。邓浒楠等综合考虑历史客流量和公交客流的短时变化特性，建立了基于多核最小二乘支持向量机的公交短时客流预测方法，向量机的参数通过遗传算法进行了优化，并对长春市短期公交客流进行了预测[102]。

公交短时客流预测需要服务于公交实时调度，所以其预测方法需要具有较高的准确性和实时性。然而，公交客流量在宏观上受很多方面因素的影响，包括城市经济发展水平、线路沿线用地分布、城市岗位分布、环境气候等，所以其变化具有复杂性，尤其公交短时客流的变化呈现出很强的随机性，非线性特征明显。人工神经网络具有高度的非线性映射能力，能够很好地适应各种不稳定因素对公交客流信息的强随机性，从而能够保证应用网络进行预测的可靠性；另一方面，人工神经网络还具备自适应的本领，在处理信息的同时，本身结构和参数也在随之不断变化，从而能够保证应用网络进行预测的实时性。

目前用于预测的人工神经网络最常采用的还是 BP 神经网络，但 BP 神经网络具有以下两点不足：网络初始权重是随机的，因此，很难保证采用某组初始值得出的结果是最优的；BP 网络算法学习收敛所用时间较长，而且预测结果不能保证达到全局最优，这两点不足严重影响 BP 神经网络的预测性能。径向基神经网络将径向基函数（Radial Basis Function，RBF）应用于前向神经网络，使 RBF 网络具有很高的精度且不依赖于初始权值的选取，而且相较于 BP 网络，其算法收敛速度快很多，因此，RBF 神经网络具有良好的推广能力。在本书中，提出了一种基于 RBF 神经网络的模型对公交短时客流进行预测。

1.3 公交大数据分类

1.3.1 公交大数据概况

在城市公共交通运行过程中，公共交通的信息基础设施在提供交通信息服务功能的同时，也积累了海量的静态和动态数据。以西安公交为例，开辟了以“钟楼”为中心的“两环、四横、十纵”等 16 条公交线。西安公交总公司和下属的七家分公司日均将产生 PB 级别的数据，这些数据种类繁多，包括结构化数据、半结构化数据和非结构化数据，在这里难以尽述。

智能化的公交系统作为智慧城市中的一部分对整个智慧城市的发展极为重要，通过对现有公交系统的研究，将较为常用的公共交通数据类型总结如下：

1）GPS 数据

出租车、公交车、地铁等公共交通工具上安装的 GPS 设备，通过传感器实时收集车辆运行信息。目前西安市已在大量公交车和出租车上安装了 GPS 设备、智能调度终端和城市一卡通终端，地铁中的 AFC/ACC 系统以及一卡通终端更是在地铁通车时就已具备。

2）客流数据

城市中市民选择不同公共交通工具出行，而这些交通工具的运营数据即为客流数据，公交车与地铁的客流数据通过 IC 卡的刷卡记录进行收集，这些客流数据中蕴含丰富的分析价值，可用于监测人口流动、评估城市公共交通系统、研究乘客特征状况等方面。

3）移动终端数据

手机、平板电脑（iPad）等是当今社会主流的移动端通信工具，用户可以通过手机、平板电脑实时查询各种交通信息。这样的方式为我们提供了多种类型的数据，目前很多公共交通体系（包括公交线路）纷纷开通了微信、微博等社交网络，便于实时掌握市民的反馈信息，以利于及时调整和改进。当然通过城市中居民的微博数据也可以反映其兴趣爱好、社交范围、社会关系等内容。

4）视频监控数据

视频监控技术已经被广泛地应用于交通管理方面，每天视频监控设备所采集的海量视频数据记录着城市中居民出行的活动区间，在数字空间中形成了对居民出行物理城市的虚拟“映像”。公交车上下车车门处也安装有摄像设备，主要用于获取乘客视频图像。数据采集人员通过软件对连续画面进行分析处理，最终获得上下车乘客数量。

5）WIFI 数据

原有城市公交动态监测系统运用 3G 网络，存在数据传输较慢、产生大量通信费用等问题。基于无线宽带的公交车载数据传输调度策略可以降低车辆的整体能耗并减少数据传输时间。基于无线宽带（Wireless Fidelity，WIFI）的公交车载无线数据传输是指公交车载嵌入式设备通过 WIFI 局域网连接服务器，利用 FTP 协议传输公交车所需的更新数据。

6）其他相关数据

自助服务终端设备每天刷卡数据记录（公共自行车终端、停车位），公共交通公司日常运营系统（智能调度系统、车辆运营管理系统、视频检测系统、财务系统等）产生的数据等。

1.3.2 公交大数据的特征

公共交通服务数据的体量巨大（Volume），来自企业政府部门的数据量正在从 TB 级别增长到 PB 级别；公共交通服务数据类型繁多（Variety），包括来自政府的路网监控数据、企业的调度数据、车辆的 GPS 数据、市民在各种交通工具上的刷卡数据等；公共交通服务数据的实时性要求高（Velocity），不断变化的公共交通客流数据需要及时被计算和反馈给调度人员和决策人员；公共交通服务数据的价值密度低（Value），但商业价值高，比如公交车载 GPS 和车载视频监控连续不断发回大量数据，但对于特定的管理行为来说，只有很少的数据需要被调用或计算，因此，如何在海量的数据里发现价值是一个需要解决的问题。公共交通服务数据符合大数据的“4V”特征。具体特征如表 1-2 所示。

大数据的 4V 特征 表 1-2

体积大(Volume)	大型数据集规模:TB 级左右;大数据:PB 级 ~ EB 级
种类多(Variety)	大数据类型:结构化数据、非结构化数据、分布式和单调模式,如视频、图片等
实时性(Velocity)	大数据的数据挖掘技术处理速度非常快
价值密度低(Value)	大数据的容量大,信息的价值密度较低

1.3.3 公交大数据分类

在本书中主要涉及的数据包括公交 IC 卡数据、GPS 数据、GIS 数据等,以下是对上述三种重要数据的详细介绍。

1)公交 IC 卡数据

公交 IC 卡数据采集是在乘客上下车刷卡的同时完成的,由于其交易的便利性及记录数据的准确性和可靠性,该方式逐步成为国内外普及的公共交通客流信息采集手段。因此,公交 IC 卡数据的应用研究也主要集中在客流规律分析和出行 OD 提取等方面。随着一卡通的推广,许多城市都有自己的公交卡,公交卡除了可以应用在公交、地铁刷卡消费,还逐渐参与到出租车计费、市政水电缴费、商场打折消费、轻轨消费、停车场消费、便利店消费当中。香港、台湾、深圳等城市的公交卡还充当着本地的城市一卡通。

IC 卡收费系统分为:

(1)消费系统,对于公交系统来说,安装在车辆终端,乘客刷卡一次,则车载读卡器记录一条刷卡相应数据。

(2)充值网点,乘客可以对卡进行充值。

(3)中心系统,包括卡管理中心、资金结算中心、数据库等。

当乘客使用卡进行乘车消费时,乘客的刷卡记录存储在车载读卡器的内存中,车载读卡器中存储的数据通过数据汇集器汇总到公交公司的卡管理中心,最终存储在数据库中。

在目前国内使用的公交 IC 卡刷卡系统中,存在两种刷卡形式,一种为由于线路分段计价,乘客需要在上、下车时均刷卡的形式。这种形式记录的 IC 卡刷卡信息包括了乘客的上下车刷卡时间和站点信息,可以从中获得每个站点准确的客流数据。另一种刷卡形式是单一票制所决定的,乘客只需上车刷卡,下车不用刷卡的形式。此类的刷卡数据中仅包含乘客的上车刷卡时间,并有对应的上下车站点信息,因此,给出行起讫点和换乘站点的确定制造了障碍。

2)GPS 数据

目前,GPS 技术已经成为世界上应用范围最广、实用性最强的全球精密授时、测距、导航、定位系统。由于 GPS 技术具有良好的抗干扰能力以及实时的提供时间位置信息的能力,国内大中城市在公交车辆上均安装 GPS 车载系统,更好地实现公交车辆定位、监控及报警功能。

GPS 系统能够实时地传输公交车辆运行的速度及位置等信息,使公交的实时调度具有了可行性,在智能公交系统的建设中起到了关键性作用。目前对于 GPS 数据的应用国内外均已做了大量工作，主要集中在利用 GPS 数据可实时回传这一特点，来预测公交车辆的行程时间、表征和获取路况信息或进行运行状态监控。

在复杂的公交网络中，公交调度计划的好坏、服务能力的大小，都需要公交车辆来执行与体现，如何能发现公交车辆运行的状态，如何能评价公交线路的运行效率，都需要对公交车辆的运行过程进行研究，这时候公交 GPS 数据为我们提供了强有力的数据支撑。GPS 数据以公交车辆个体为对象，恰恰能够反映车辆在固定线路的运行状态。公交 GPS 数据由车辆静态信息和车辆动态信息两部分组成。车辆静态信息就是指该车辆运行的线路以及车辆的车型等基本固定信息。车辆动态信息包括车辆的发车时间、到站时间、站间运行时间等。因此通过分析公交车辆的动态信息，就会真实地呈现出公交车辆在时间与空间中的运行状态，便于我们更好地评价该线路车辆的运行效率。

公交 GPS 数据主要有以下几个特征：

(1)数据的实时性。公交 GPS 数据是通过车载 GPS 设备自动采集数据，比起人工的数据统计实时性显而易见。同时通过车载 GPS 设备，可以实时地将公交车辆的时间与空间信息返回到车辆控制中心。因为公交车辆都是在固定的线路上运行，无论是在工作日还是周末节假日，抑或是高峰或者平峰，公交车辆的运行状态都是随时在变化的，随着 GPS 定位技术的发展与应用，使我们能够在控制中心及时掌握公交车辆的运行状态，并对公交车辆的运行调度进行监控。

当然 GPS 数据的实时性并不仅仅是指实时的信息反馈与实时的调度监控，它更重要的是将这些实时的运行状态信息记录并返回到控制中心保存记录，这样我们就可以通过研究公交 GPS 历史数据，探寻公交车辆实时的运行状态，为公交服务能力的提升提供数据支撑。

(2)数据的精确性。数据的精确性一般与数据的正确性和数据的样本大小有关。车载 GPS 设备提供的公交数据，在时间上都是精确到秒，同时能提供车辆在任何线路任何站点的实时位置，保证了数据的正确性。任何安装车载 GPS 设备的公交车辆都可以将每一天的运行状态下的 GPS 数据返回到控制中心，既包含了车辆的时间信息也包含了车辆的空间信息，这样保证了数据的样本大小。因此与人工调查以及其他数据相比，公交 GPS 数据的精确性都极具有代表性，即使有一定的统计重复和错误都极易识别和去除，这样就为本书的研究提供了数据保障。

(3)数据的规律性。人们的生活基本上都是在周而复始的重复，公交乘客也不例外，在平时的工作日中，大部分乘客都有固定的交通工具或者乘车路线，因此为了满足乘客的需要，公交企业的工作日中的车辆运行时刻表在固定时段同样是固定的，这就使得公交车辆的运行呈现出周而复始的规律性。这种规律性不仅是指按照固定的时刻表、每天的发车次数与发车时刻，而且是指公交车辆在固定线路上的运行状态，在工作日的固定时段呈现出规律性。包括公交车辆在站间的运行时间，在各个站点的停站时间，以及哪些站点间在固定时段容易出现延误，进而导致大间隔和串车现象的出现，都会在 GPS 数据中有所体现[103]。

3) GIS 数据

地理信息系统(Geographic Information System, GIS)，又称空间信息系统，是一个获取、存储、编辑、处理、分析和显示地理数据的空间信息系统，其核心是用计算机来处理和分析地理信息。

近年来，随着地理信息系统的快速发展，越来越多的领域同GIS技术建立了紧密的联系，交通领域也不例外。交通领域的发展很迅速，交通信息系统所面临的问题也趋于复杂化，乘客的需求也是越来越高，再加上交通系统本身的动态化、离散化等特点，使得原有的信息技术和管理方法不能完全满足现有交通应用的需求，而GIS具有强大的功能，城市交通管理可借助于GIS技术来实现交通信息化管理和应用。因交通信息化建设的需求，以及GIS的技术优势，交通地理信息系统就应用而生。

交通地理信息系统是将交通信息和地理空间信息有机结合起来，进行数据的处理和综合分析的计算机软硬件系统。交通地理信息系统是将GIS技术应用在交通领域，是GIS在交通领域中的延伸。与其他传统方法相比，GIS强大的技术和方法应用到交通管理、交通建设，甚至交通规划具有无可比拟的优势。

GIS在我国城市交通管理中的应用主要是在交通规划、交通管理、物流管理等方面，在很多方面还处于起步或发展阶段。结合国内文献查阅情况，GIS应用于城市交通的研究是以理论研究为主，结合案例的研究相对较少。

交通地理信息系统的研究和开发受到越来越多的重视，尤其是在一些大中型城市。厦门市开发并应用了GIS公交线网管理信息系统。该系统采用GIS（地理信息系统）技术，录入了全市2500多个公交站点空间数据和在营的160条线路数据，所有公交资源在电子地图上一览无余。借助该系统，可方便地调整线路、论证线路调整方案，特别是可大幅缩短线路调整方案的论证时间，有效减轻人员的工作负担[104]。

公交站点GIS文件不仅包含了该站点的上下行信息、站号和线路号信息，而且还包含了该站点所在link的起始点信息，这些信息为判断GPS到站时间提供了丰富的数据支持。

1.4　本书主要内容

本书主要内容如下：

（1）对交通大数据挖掘过程中常用的数据类型进行介绍。主要包括公交GPS数据、公交IC卡数据以及GIS数据。包括不同类型数据的数据来源、数据结构、字段含义等基础信息。同时针对不同城市的特点，介绍典型城市的相关数据的格式，例如一票制IC卡和分段式IC卡的数据结构以及上海市、郑州市的GPS数据。根据数据类型的不同，分别介绍了数据库处理软件SQLsever以及空间数据处理软件ArcGIS和PostgreSQL的相关知识。之后对进行正式数据挖掘前的数据清洗工作进行简要介绍，包括公交IC卡的数据清洗、缺失数据处理、错误和冗余数据的删减和无用字段的处理等以及对于GPS数据的坐标修正、时段和坐标匹配等。通过本章对常用交通大数据的数据结构以及数据清洗的介绍，为下文的数据挖掘工作提供数据基础。

（2）公交客流OD矩阵推导。在IC卡刷卡数据和公交GPS数据基础上，分别对乘客上车站点和下车站点进行识别。首先，上车站点识别划分为公交系统含有GPS数据和不含有GPS数据两种情况；当公交系统含有GPS数据时，建立了公交GPS数据与IC卡融合算法，并根据两者对应关系识别乘客上车站点；当公交系统不含有GPS数据时，上车站点的识别相对困难，因此引入基于马尔可夫（Markov）链的贝叶斯决策树算法进行推断，该算法包括两个步骤:公交刷卡数据聚类和公交站点识别,可见该算法充分考虑了乘客刷卡数据与其他所有在同一站台上车的乘客的相关性。然后,从基于乘客换乘推算、基于往返规律推算以及基于长期出行特征三个角度对乘客下车站点进行了识别;基于乘客换乘推算指的是,由于乘客上下车时间间隔较短,可以通过乘客的上车站点,利用空间分析得到该乘客的下车站点,分别考虑了一票制换分段计价、一票制换地铁和一票制换一票制三种换乘类型;基于往返规律推算指99%的乘客平均每天出行次数为1~4次,其中2次出行占总体出行比例最高,分析了该模式下乘客的往返规律;基于长期出行特征分析中,采用非层次性聚类把乘客按出行频次分成5类,并利用DBSCAN算法对乘客的规律性出行模式进行了提取,并基于提取模式对下车站点进行了分析。最后,通过北京市实例数据对上车识别和下车识别的算法进行了验证,证明了以上方法的有效性和高效性。

(3)公交到站信息服务优化。主要包括乘客候车时间范围预测与公交串车预测。首先分析了几种影响公交到站信息服务的因素,包括交通状况、公交出行需求、公交站点和线网布置、重大活动及突发事件、气候因素等。在此基础上,第一,提出了一种基于IC卡数据的公交乘客候车时间范围的预测方法,该方法是基于相关向量机的乘客候车时间及其置信区间预测,并以北京公交昌51路为例验证算法的有效性,该方法填补了公交到站时间范围预测的空白;第二,构建了基于LS-SVM(最小二乘支持向量机)的公交串车预测模型,该模型包括车头时距预测与串车判别,并以昌51路和房15路为例验证模型;并选取四个回归预测模型,人工神经网络(ANN)、K近邻(KNN)、随机森林(RF)和高斯过程回归(GPR),与LS-SVM模型进行分析比较。

(4)公共交通短时客流预测。主要包括常态与非常态(极端)状况下轨道交通站点客流预测,以及客流影响因素分析等几部分内容。首先,采用时间序列模型和波动性模型研究常态下的客流预测问题。通过构建整合ARMA和GARCH的随机波动预测模型,识别验证常态下轨道交通站点短期客流的动态波动性特征,并以北京市典型轨道交通站点为例开展实证研究,基于大规模公交刷卡数据应用该部分构建的有关模型和方法,分析模型预测结果和精度。第二,提出了一种新的基于多尺度径向基函数(Multi-Scale Radial Basis Function, MSRBF)神经网络模型方法对非常态下地铁客流波动进行预测,并结合北京市公交IC卡数据,选取3个特殊时间段进行实证研究,并与其他几种预测方法进行比较。最后,将梯度提升决策树方法用于地铁短时客流量预测,考虑公交换乘活动和时间特征对地铁短时客流的影响,并以北京市的三个地铁站为例,预测站点的短时客流量。

(5)通勤乘客识别方法及出行方式与出发时刻选择。首先,为直观体现通勤规律强弱,利用TOPSIS评优算法,对公交出行乘客提取的通勤特征进行打分。其次,为合理划分公交出行乘客类别,利用ISODATA算法,对通勤特征矩阵进行聚类。再次,利用ISODATA算法聚类对应TOPSIS算法对应得分,作为通勤乘客挖掘基准分数,对通勤乘客进行识别。利用微信问卷调查,对实际识别通勤乘客进行验证并对通勤指标进行分析。最后,基于交叉巢式Logit(Cross-Nested Logit, CNL)模型,实现了对出行方式与出发时刻的联合选择,并且考虑了多种潜在影响因素,获得了各选择维度之间的关联性。同时,该部分基于蒙特卡洛(Monte Carlo)方法进行仿真,模拟在交通政策下提升高峰时段小汽车出行的拥堵收费及公共交通服务水平的两种情景,从而检验出行费用与出行时间对于出行方式与出发时刻联合选择的影响。为了对所提出模型进行一个综合性的比较，还分析了多项 Logit（Multinomial Logit，MNL）模型、两种巢式 Logit（Nested Logit，NL）模型及 CNL 模型在出行方式与出发时刻联合选择中的表现能力。

（6）公交网络性能评价。结合 E 科学的相关思想，阐述 E 科学在交通领域的相关应用模式，提出构建交通 E 科学平台的理论框架，以用于评价公交路网的运行状况。最后利用北京市智能卡数据，采用开放式多层体系结构构建了集可视化、建模和分析于一体的公交大数据平台——交通 E 科学公交网络性能评价平台（Transit-Net）。该平台通过使用高效且有效的 GIS 引擎将交通数据与地理空间数据相关联，并且在不同层级（例如，网络级、线路级和站点级）示范了多种公交性能指标。该平台为 E 科学在交通领域的应用提供了一个在线的雏形，消除了数据可访问性的障碍，允许访问实时区域交通信息，促进数据共享、可视化和评估。同时，Transit-Net 不仅支持用于数据共享和可视化的归档数据用户服务，提供先进的出行者信息系统，还为交通决策者和研究人员提供了一个数据丰富的交互式平台，以验证有关模型和现有理论。

1.5 章节结构

本书内容围绕以下章节展开论述：

第 1 章为绪论，介绍本书的研究背景和研究意义、国内外研究综述、主要研究内容等。

第 2 章为交通大数据基本类型与处理技术，介绍了交通大数据挖掘过程中常用的数据类型，以及不同类型数据的数据来源、数据结构、字段含义等基础信息，并对进行正式数据挖掘前的数据清洗工作进行简要介绍。

第 3 章为公交客流 OD 矩阵推导方法，基于公交 GPS 数据和乘客 IC 卡刷卡数据，提出通过公交 GPS 数据与 IC 卡融合算法和基于马尔可夫链的贝叶斯决策树算法对乘客上车站点进行识别；其次，从基于乘客换乘推算、基于往返规律推算以及基于长期出行特征三个角度对乘客出行模式进行识别，并在此基础上识别乘客下车站点。此外，通过北京市实例数据验证了以上方法的有效性和高效性。

第 4 章为公交到站信息服务优化，主要包括基于 RVM 的乘客候车时间预测和基于 LS-SVM 的公交串车预测。

第 5 章为公共交通短时客流预测，主要基于北京公交 IC 卡数据，通过构建整合 ARMA、GARCH 的随机波动预测模型、基于多尺度径向基函数的神经网络模型及梯度提升决策树方法对不同场景下公共交通短时客流预测进行研究。

第 6 章为公交出行行为分析，主要基于北京公交 IC 卡数据，根据时空出行信息及公交通勤往返出行规律，以数据为驱动，建立通勤乘客识别算法模型并验证，包括公交 IC 卡数据预处理、通勤乘客识别方法以及通勤指标分析。最后，对出行方式与出发时刻选择进行分析。

第 7 章为公交网络性能评价，阐述了 E 科学在交通领域的相关应用模式，提出构建交通 E 科学平台的理论框架，以用于评价公交路网的运行状况。最后利用北京市智能卡数据，采用开放式多层体系结构构建了集可视化、建模和分析于一体的公交大数据平台——交通 E

科学公交网络性能评价平台(Transit-Net)。

本章参考文献

[1] 王周全.基于IC卡数据与GPS数据的公交客流时空分布研究[D].成都:西南交通大学,2016.

[2] 崔丽媛.公交大数据,大有可为[J].交通建设与管理,2016(20):36-41.

[3] 陈锋.IC卡大数据成就"智慧公交"基于IC卡数据的北京市公交网络运行评价与优化技术研究及示范[J].中国公路,2015(7):102-103.

[4] 曾炎盛.智能公交系统的大数据处理框架初探[J].价值工程,2015(11):236-238.

[5] 荣朝和.北京交通发展研究报告[M].北京:北京市哲学社会科学规划办公室,2006:46-52.

[6] 赵安岭.基于公交动态客流OD的车辆调度优化模型研究[D].重庆:重庆交通大学,2014.

[7] 康凯.城市公交线网优化方法研究[D].广州:华南理工大学,2011.

[8] Ouyang Y., Nourbakhsh S. M., Cassidy M. J. Continiuum approximation approach to bus network design under spatially heterogeneous demand[J]. Transportation Research Part B Methodological, 2014, 68:333-344.

[9] Bagloee S. A., Ceder A. Transit-network design methodology for actual-size road networks[J]. Transportation Research Part B: Methodological, 2011, 45(10):1787-1804.

[10] Guihaire V., Hao J. K. Transit network design and scheduling: a global review[J]. Transportation Research Part A Policy & Practice, 2008, 42(10):1251-1273.

[11] Ceder A., Wilson N. H. M. Bus network design[J]. Transportation Research Part B: Methodological, 1986, 20(4):331-344.

[12] Fan W., Machemehl R. B. Optimal transit route network design problem with variable transit demand: genetic algorithm approach[J]. Journal of Transportation Engineering, 2006, 132(1):40-51.

[13] Nes R. V., Bovy P. H. L. Importance of objectives in urban transit-network design[J]. Transportation Research Record: Journal of the Transportation Research Board, 2000, 1735(1):25-34.

[14] Beltran B., Carrese S., Cipriani E., et al. Transit network design with allocation of green vehicles: a genetic algorithm approach[J]. Transportation Research Part C: Emerging Technologies, 2009, 17(5):475-483.

[15] Fusco G., Alessandrini A., Colombaroni C., et al. A model for transit design with choice of electric charging system[J]. Procedia - Social and Behavioral Sciences, 2013, 87:234-249.

[16] Jovanović A. D., Pamučar D. S., Pejčić-Tarle S. Green vehicle routing in urban zones-a neuro-fuzzy approach[J]. Expert Systems with Applications, 2014, 41(7):3189-3203.

[17] Vaughan R. Optimum polar networks for an urban bus system with a many-to-many travel

demand[J]. Transportation Research Part B: Methodological, 1986, 20(3): 215-224.

[18] Kocur G., Hendrickson C. Design of local bus service with demand equilibration[J]. Transportation Science, 1982, 16(2): 149-170.

[19] Chang S. K., Schonfeld P. M. Multiple period optimization of bus transit systems[J]. Transportation Research Part B: Methodological, 1991, 25(6): 453-478.

[20] Chang S. K., Schonfeld P. M. Welfare maximization with financial constraints for bus transit systems[J]. Transportation Research Record, 1993.

[21] 杨晔,许炎,曹国华. 香港大公交系统概况及对内地城市公交系统的启示[J]. 江苏城市规划,2006(11):18-22.

[22] Chien I. J., Ding Y., Wei C. Dynamic bus arrival time prediction with artificial neural networks[J]. Journal of Transportation Engineering, 2002, 128(5): 429-438.

[23] Lee Y. J., Vuchic V. R. Transit network design with variable demand[J]. Journal of Transportation Engineering, 2005, 131(1): 1-10.

[24] Quadrifoglio L., Dessouky M. M., Palmer K. An insertion heuristic for scheduling Mobility Allowance Shuttle Transit (MAST) services[J]. Journal of Scheduling, 2007, 10(1): 25-40.

[25] Wu J., Song R., Wang Y., et al. Modeling the coordinated operation between bus rapid transit and bus[J]. Mathematical Problems in Engineering, 2015, 2015: 1-7.

[26] Farahani R. Z., Miandoabchi E., Szeto W. Y., et al. A review of urban transportation network design problems[J]. European Journal of Operational Research, 2013, 229(2): 281-302.

[27] Szeto W. Y., Wu Y. Z. A simultaneous bus route design and frequency setting problem for Tin Shui Wai, Hong Kong[J]. European Journal of Operational Research, 2011, 209(2): 141-155.

[28] Zhao F., Zeng X. Simulated annealing-genetic algorithm for transit network optimization[J]. Journal of Computing in Civil Engineering, 2006, 20(1): 57-68.

[29] Curtin K. M., Biba S. The transit route arc-node service maximization problem[J]. European Journal of Operational Research, 2011, 208(1): 46-56.

[30] Ma Y., Li J., Han C. P. A planning tool for maximising transit services[J]. Transportmetrica B-Transport Dynamics, 2015, 4(1): 1-22.

[31] Szeto W. Y., Jiang Y. Hybrid artificial bee colony algorithm for transit network design[J]. Transportation Research Record: Journal of the Transportation Research Board, 2012, 2284(1): 47-56.

[32] Yu B., Yang Z. Z., Jin P. H., et al. Transit route network design-maximizing direct and transfer demand density[J]. Transportation Research Part C: Emerging Technologies, 2012, 22(5): 58-75.

[33] 成邦文,王齐庄,胡绪祖,等. 城市公共交通线网优化设计模型和方法[J]. 系统工程理论与实践,1990,10(4):72-77.

[34] 韩印,李维斌,李晓峰. 城市公交线网调整优化 PSO 算法[J]. 中国公路学报,1999(3):100-104.

[35] Daganzo C. F. Structure of competitive transit networks[J]. Transportation Research Part B: Methodological,2010,44(4):434-446.

[36] Estrada M., Roca-Riu M., Badia H., et al. Design and implementation of efficient transit networks: procedure, case study and validity test[J]. Transportation Research Part A: Policy & Practice,2011,45(9):935-950.

[37] Nourbakhsh S. M., Ouyang Y. A structured flexible transit system for low demand areas[J]. Transportation Research Part B: Methodological,2012,46(1):204-216.

[38] Badia H., Estrada M., Robust E. F. Competitive transit network design in cities with radial street patterns[J]. Transportation Research Part B: Methodological,2014,59(1):161-181.

[39] 王振报,陈艳艳. 方格型城市多模式公交线网关键设计参数优化[J]. 交通运输系统工程与信息,2014(6):176-181.

[40] Chen H., Gu W., Cassidy M., et al. Optimal transit service atop ring-radial and grid street networks: a continuum approximation design method and comparisons[J]. Transportation Research Part B: Methodological,2015,7:320-340.

[41] 王瑞. 城市居民出行调查若干问题研究西安[D]. 西安:长安大学,2006.

[42] Curran F. B., Stegmaier J. T. Travel patterns in 50 cities[C]. Highway Research Board Bulletin,1958.

[43] Bhat C. R., Sivakumar A., Axhausen K. W. An analysis of the impact of information and communication technologies on non-maintenance shopping activities[J]. Transportation Research Part B,2003,37:857-881.

[44] Luce D. Individual Choice Behavior[M]. New York: John Wiley and Sons,1959.

[45] Marschak J. Binary choice constraints on random utility indications[C]. California: Stanford University Press,1960:312-329.

[46] McFadden D. Conditional logit analysis of qualitative choice behavior[M]. New York: Academic Press, 1974:105-142.

[47] Ben-Akiva M., Lerman S. Discrete choice analysis: Theory and application to travel demand [M]. Massachusetts: MIT Press,1985.

[48] Murakami E., Wagner D. P. Can using global positioning system (GPS) improve trip reporting? [J]. Transportation Research Part C: Emerging Technologies,1999,7:149-165.

[49] Park J. Y., Kim D. J. The potential of using the smart card data to define the use of public transit in Seoul [C]. CD-ROM //87th Annual Meeting of the Transportation Research Board. Washington, DC:2008.

[50] Jang W. Travel time and transfer analysis using transit smart card data[J]. Transportation Research Record: Journal of the Transportation Research Board,2010,2144(1):142-149.

[51] Seaborn C., Attanucci J., Wilson N. H. M. Analyzing multimodal public transport Journeys in London with smart card fare payment data[J]. Transportation Research Record: Journal of

the Transportation Research Board,2009,2121:55-62.

[52] Morency C. ,Trepanier M. ,Agard B. Measuring transit use variability with smart-card data [J]. Transport Policy,2007,14(3):193-203.

[53] 毛海虓. 中国城市居民出行特征研究[D]. 北京:北京工业大学,2005.

[54] 周商吾. 不同规模城市交通规律初探[C]. 青岛:中国土木工程学会第三届年会,1986:426-437.

[55] 李旭宏. 市居民出行分布研究[J]. 东南大学学报,1991,21(1):126-129.

[56] 杨涛,王琳,周征舾. 马鞍山市居民出行选择决策心理研究[J]. 城市规划汇刊,1994(4):39-45.

[57] 隽志才,李志瑶,宗芳. 基于活动链的出行需求预测方法综述[J]. 公路交通科技,2005,5(3):108-113.

[58] 陈学武,戴霄,陈茜. 公交 IC 卡信息采集、分析与应用研究[J]. 土木工程学报, 2004,37(2):105-110.

[59] 戴霄. 基于公交 IC 信息的公交数据分析方法研究[D]. 南京:东南大学,2006.

[60] 郭婕. 公交 IC 卡通勤乘客 OD 确定方法研究[D]. 南京:东南大学,2006.

[61] 章威,徐建闽. 基于 GPS 与 IC 卡的公交 OD 量采集方法[R]. 广州:华南理工大学,2006.

[62] 戴维. 基于 IC 卡数据和公交车 GPS 信息的公交 OD 矩阵推算平[D]. 武汉:华中科技大学,2009.

[63] 尹婷婷. 基于大数据的公交调度规则研究[D]. 北京:北京交通大学,2015.

[64] Hurdle V. F. Minimum cost locations for parallel public transit lines[J]. Transportation Science,1973,7:340-350.

[65] Yan S. ,Chen H. A scheduling model and a solution algorithm for inter-city bus carriers[J]. Transportation Research Part A,2002,36:805-825.

[66] Bookbinder J. H. ,Desilets A. Transfer optimization in a transit network[J]. Transportation Science,1992(26):106-118.

[67] Haghani A. ,Banihashemi M. Heuristic approaches for solving large-scale bus transit vehicle scheduling problem with route time constraints[J]. Transportation Research Part A,2002,36:309-333

[68] Zhao F. ,Zeng X. Optimization of transit route network,vehicle headways and time tableles for large-scale transit networks[J]. European Journal of Operational Research,2008,186:841-850.

[69] 陈芳. 城市公交调度模型研究[J]. 中南公路工程,2005,30(2):162-164.

[70] 宋瑞,何世伟,杨永凯,等. 公交时刻表设计与车辆运用综合优化模型[J]. 中国公路学报,2006,19(3):70-76.

[71] 陈茜,牛学勤,陈学武,等. 公交线路发车频率优化模型[J]. 公路交通科技,2004,21(2):103-108.

[72] 吴丽荣. 考虑乘客等待行为的柔性路径公交车实时调度方法[D]. 大连:大连理工大

学,2014.

[73] 邱丰,李文权,沈金星. 可变线路式公交的两阶段车辆调度模型[J]. 东南大学学报,2014,44(5):1078-1084.

[74] 穆礼彬. 智能公交系统背景下的公交调度优化研究[D]. 成都:西南交通大学,2013.

[75] 赵骞. 基于公交 IC 卡调查数据的公交调度优化研究[D]. 大连:大连理工大学,2007.

[76] 郭淑霞. 基于时变二源数据的城市公交调度协调模型与算法[D]. 北京:北京交通大学,2010.

[77] 沈吟东,张仝辉,徐甲. 基于 K-means 聚类算法的公交运营时段分析[J]. 交通运输系统工程与信息,2014,14(2):87-93.

[78] Eberlein X. J. Real-time control strategies in transit operations: models and analysis[D]. Massachusetts Institute of Technology,1995:10-19.

[79] Chowdhury M. ,Chien S. Dynamic vehicle dispatching at the intermodal transfer station[J]. Transportation Research Record Journal of the Transportation Research Board,2001,1753(1753):61-68.

[80] Zhao J. ,Bukkapatnam S. ,Dessouky M. M. Distributed architecture for real-time coordination of bus holding in transit networks[J]. IEEE Transportation Intelligent Transportation Systems,2003,4(1):43-51.

[81] Dessouky M. ,Hall R. ,Zhang L. ,et al. Real-time control of buses for schedule coordination at a terminal[J]. transportation Research Part A Policy & Practice,2003,37(2):145-164.

[82] Zolfaghari S. ,Azizi N. ,Jaber M. Y. A model for holding strategy in public transit systems with real-time information[J]. International Journal of Transport Management,2004,2(2):99-110.

[83] 辛建霞. 基于数据挖掘技术的公交到站时间预测[D]. 南京:东南大学,2016.

[84] Mazloumi E. ,Rose G. ,Currie G. ,et al. An integrated framework to predict bus travel time and its variability using traffic flow data[J]. Journal of Intelligent Transportation Systems,2011,15(2):75-90.

[85] 刘春华. 基于交通数据融合技术的行程时间预测模型[D]. 长沙:湖南大学,2013.

[86] 牛虎. 公交车辆到站时间预测[D]. 北京:北京交通大学,2009.

[87] 彭庆艳,郭冠英. 公共汽车停靠时间研究[J]. 城市公交规划与管理,2002(1):27-29.

[88] 周雪梅,杨晓光,王磊. 公交车辆行程时间预测方法研究[J]. 交通信息与安全,2002,20(6):12-14.

[89] Chen M. ,Liu X. ,Xia J. ,et al. A dynamic bus-arrival time prediction model based on APC data[J]. Computer Aided Civil and Infrastructure Engineering,2004,19(5):364-376.

[90] Ojili S. R. A prototype bus arrival prediction system using automatic vehicle location data[J]. Texas A & M University,1999.

[91] Mazloumi E. ,Moridpour S. ,Currie G. ,et al. Exploring the value of traffic flow data in bus travel time prediction[J]. Journal of Transportation Engineering,2012,138(4):436-446.

[92] Ramakrishna Y. ,Ramakrishna P. ,Lakshmanan V. ,et al. Use of GPS probe data and pas-

senger data for prediction of bus transit travel time[C]. Transportation Land Use, Planning, and Air Quality Congress. 2008:124-133.

[93] Zheng C. J., Zhang Y. H., Feng X. J. Improved iterative prediction for multiple stop arrival time using a support vector machine[J]. Transport, 2012, 27(2):158-164.

[94] Yu B., Lam W. H. K., Mei L. T. Bus arrival time prediction at bus stop with multiple routes [J]. Transportation Research Part C: Emerging Technologies, 2011, 19(6):1157-1170.

[95] 孙喜梅,杨兆升. 城市公共交通站点间实时动态行程时间预测的模型[J]. 吉林大学学报(工), 2002, 32(1):47-51.

[96] 崔文. 基于短时客流预测的公交区域调度优化研究[D]. 哈尔滨:哈尔滨工业大学, 2015.

[97] Zhang X. L., Guo-Guang H. E. Forecasting approach for short-term traffic flow based on principal component analysis and combined neural network[J]. Systems Engineering Theory & Practice, 2007, 27(8):167-171.

[98] 刘翠,张艳青,陈洪仁. 基于 BP 神经网络的公交线路站点时段上下车人数预测模型[J]. 交通标准化, 2008(5):186-189.

[99] Zhao S. Z., Ni T. H., Wang Y., et al. A new approach to the prediction of passenger flow in a transit system[J]. Computers & Mathematics with Applications, 2011, 61(8):1968-1974.

[100] 任崇岭,曹成铉,李静,等. 基于小波神经网络的短时客流量预测研究[J]. 科学技术与工程, 2011, 11(21):5099-5103.

[101] Wei Y., Chen M. C. Forecasting the short-term metro passenger flow with empirical mode decomposition and neural networks[J]. Transportation Research Part C: Emerging Technologies, 2012, 21(1):148-162.

[102] 邓浒楠,朱信山,张琼,等. 基于多核最小二乘支持向量机的短期公交客流预测[J]. 交通运输工程与信息学报, 2012, 10(2):84-88.

[103] 王鹏程. 基于 GPS 数据分析的公交时刻表优化[D]. 成都:西南交通大学, 2015.

[104] 朱智谋. 基于 GIS 的公交查询系统的研究与设计[D]. 杭州:浙江工业大学, 2013.

第2章　交通大数据基本类型与处理技术

进行公交大数据挖掘的第一步就是数据准备。在交通大数据研究中最常用的交通大数据类型有 IC 卡数据、GPS 数据、GIS 数据等。本章主要对交通大数据研究中常用的数据类型进行简单的介绍,并介绍不同的数据的处理工具以及数据的预处理技术。

2.1　交通大数据基本类型

本小节主要介绍交通大数据中常用的 IC 卡数据、GPS 数据和 GIS 数据的基本情况。

2.1.1　IC 卡数据

随着自动售票系统在公共交通中的广泛应用,在为人们提供方便的同时,系统也收集到大量的数据,而这些数据对于交通管理者十分关键,利用 IC 卡数据挖掘乘客出行规律,并以此为依据设计相应的管理措施,提高公共交通管理水平。

目前国内很多城市都已大规模使用 IC 卡。北京 2003 年年底,北京市政交通一卡通在部分线路试点使用,截至 2008 年,发卡量已经达到 2150 万张;上海市公共交通卡于 1999 年开始试点试用,2002 年,上海市公交卡与无锡太湖的公交卡实现互通;香港于 1997 年开始试用八通卡,最初只是在公交铁路等公共交通工具上,后来扩展至其他行业。到 2009 年 3 月,八通卡已经超过 2000 万张,每日交易超过 1000 万[1,2]。

公交 IC 卡不仅仅是简单的消费记录,也是乘客出行的行为记录。而利用乘客的出行信息对公交系统特征进行分析。公交 IC 卡数据的应用主要是满足公共交通行业规划、企业运营以及乘客出行等方面的需求。具体 IC 卡数据应用可以分为以下几个方面[3-5]:

1)战略层面应用

公交 IC 卡数据可以应用于公交长期战略的制定之中,有许多相关学者进行这方面的研究。对于任意一个收集系统,日期、时间卡号都是可用的信息,利用这些信息可以统计客流量的部分规律,而一些公交 IC 卡系统能够收集到上下车站点,这对于挖掘公交网络具体细节是很重要的信息。当然制定长期的公交战略并不是单单依靠 IC 卡数据就能够完成的,很多相关的数据需要利用其他途径进行收集,例如交通调查。利用多种数据对整体公交网络规律进行总结,并制定整体的宏观发展战略。

2)运营层面应用

运营层面应用最广泛的领域便是服务调整领域。例如根据 IC 卡获取不同时间的客流规律进而设计不同的时刻表,有相同规律的时段使用类似的时刻表,能够更好地适应不同的需求,同时节约成本。同时可以根据 IC 卡数据推算断面客流,设计行车计划。而利用 IC 卡数据并不能完成描述乘客整体的出行链,有时则需要利用相关算法完善乘客的出行链条。

而在运营中另一个值得关注的点就是乘客的换乘，利用IC卡数据挖掘乘客的换乘信息和规律对于设计换乘系统和提供相应服务有很重要的意义。

3）操作层面应用

在操作层面，IC卡系统能够精确表征一个公交系统的运行状况。利用运行时间、路径等信息，同时利用IC卡数据能够观察整个自动售票系统出现的遗漏和问题，甚至可以观察整个公交系统的运行状况，为公交智能管理提供决策支持。

要从公交IC卡中获取信息，首先需要了解基本的IC卡数据结构。根据收费方式的差异，目前IC卡大致分为两种：一票制和分段计费。下面对两种IC卡数据的基础结构进行简单的介绍。

（1）一票制模式下的卡数据结构[2]

国内的公共交通（尤其是常规公交）多采用一票制的收费模式，即按次收费。在这种收费模式下，仅仅需要确定公交乘客的上车刷卡日期、刷卡时间和刷卡完成的车辆就可以完成交易，因此，一票制的记录包括基本信息为卡编号、数据类型、消费日期、消费时间、汽车编号、线路编号交易流水号等（表2-1）。

“一票制”收费模式下的公交IC数据项 表2-1

序　号	字　段	备　注
1	卡编号	公交IC卡编号，一张公交IC卡对应一个卡编号
2	卡余额	公交IC卡余额
3	消费金额	乘车消费记录
4	消费日期	刷卡消费日期
5	消费时间	刷卡消费时间，即乘车时间，一般格式为：hh：mm：ss
6	数据类型	用以表征持卡者的分类信息，例如员工、老年人等
7	收费终端号	车站IC卡收费终端编号
8	汽车编号	公交车辆编号
9	线路编号	公交线路编号
10	单位编号	车辆所属企业编号
11	消费流水号	消费记录标示码

（2）分段计费模式下的卡数据结构

除了“一票制”的收费模式之外，部分城市公交还采用分段计费的收费模式，例如北京市的常规公交就是采用分段计费的方式。除了常规公交之外，国内很多城市都建成轨道交通系统，而轨道交通系统多采用的是分段计费的收费方式。

对于分段计费的方式，IC卡系统需要准确地掌握乘客上车和下车的站点来完成一次交易，因此，分段计费模式下的IC卡数据结构需要包含上车下车站点和时间等信息。分段计费的IC卡数据结构为：

①记录号。

②交易类型。

③交易序号。

④交易日期。

⑤交易时间。
⑥实收金额。
⑦卡内余额。
⑧TAC 码。
⑨SAM 卡号。
⑩CSN。
⑪城市号。
⑫行业号。
⑬卡发行号。
⑭卡交易计数。
⑮卡类型。
⑯卡物理类型。
⑰月票类型。
⑱应收金额。
⑲线路号。
⑳车辆号。
㉑上车站。
㉒下车站。
㉓司机号。
㉔监票员号。
㉕卡号。

重点字段的含义见表2-2。

分段计费重点字段含义　　表2-2

数据名称	数据含义	数据样例
交易日期	发生交易的日期	20150602
交易时间	交易发生的具体时间(时/分/秒)	123131
城市编码	所在城市编号	1000(北京)
行业编码	表示北京市的不同行政区	7510
进站线路号	表示进站车站所在线路号	2
进站站码	表示进站车站的序号	18
进站时间	进站的具体时间	20150602123131
出站线路号	表示出站车站所在线路号	2
出站站码	表示出站车站的序号	19

2.1.2　GPS 数据

公交 GPS,记录了该市公交车移动轨迹。其中每一条 GPS 数据都包含完整的 GPS 基本参数,如经纬度、行驶角度、速度、定位描述等[6]。

GPS 数据以公交车辆个体为对象,恰恰能够反映车辆在固定线路的运行状态。公交

GPS 数据由车辆静态信息和车辆动态信息两部分组成。车辆静态信息就是指该车辆运行的线路以及车辆的车型等基本固定信息。车辆动态信息包括车辆的发车时间、到站时间、站间运行时间等[7]。因此,通过分析公交车辆的动态信息,就会真实地呈现出公交车辆在时间与空间中的运行状态,便于我们更好地来评价该线路车辆的运行效率。与常规定位数据相比,公交 GPS 数据有以下几个特点[8]:

1)数据的实时性

公交 GPS 数据是通过车载 GPS 设备自动采集数据,比起人工的数据统计实时性显而易见。同时通过车载 GPS 设备,可以实时地将公交车辆的时间与空间信息返回到车辆控制中心。因为公交车辆都是在固定的线路上运行,无论是在工作日还是周末节假日,抑或是高峰或者平峰,公交车辆的运行状态都是随时在变化的。

2)数据的精确性

车载 GPS 设备提供的公交数据,在时间上都是精确到秒,同时能提供车辆在任何线路任何站点的位置,保证了数据的正确性。任何安装车载 GPS 设备的公交车辆都可以将每一天的运行状态下的 GPS 数据返回到控制中心,既包含了车辆的时间信息也包含了车辆的空间信息,这样保证了数据的样本大小。

3)数据的规律性

城市公共交通主要针对服务城市通勤乘客,而通勤乘客最大的特点就是出行的规律性。包括出行时间的规律性和出行路线的规律性。为了适应乘客需求,公共交通的运行同样需要符合通勤的规律,这些规律都在 GPS 数据得以体现。

不同城市的公交 GPS 的数据格式不同,下面分别列举典型城市的公交 GPS 数据格式。

北京市公交 GPS 数据利用车载公交 GPS 装置实时传递定位数据,GPS 数据以文本格式存储,每个文本文件代表一辆装载有 GPS 设备的公交车,GPS 数据每 30 秒钟更新一次。原始数据的样例如下:

[400002(ONE,025857A2232.0729N11365.0030E000.0210311010000495001)]

其中的原始样例的各字段的解析见表 2-3。

北京 GPS 数据解析　　表 2-3

符　号	含　义	符　号	含　义
[	起始标识符	11356.0030E	经度
4	信息类型 4 - 上行;5 - 下行	000.0	速度
00002	信息序号	21	方向 =210 度
(	起始标识符	071101	日期:01 - 11 - 07
ONE	信息类型	0000	报警状态
,	分割符	49500	线路号
025857	格林尼治时间	1	上下行标记
A	A:定位状态;V 非定位状态	)	结束标志符
2232.0729N	纬度	]	结束标志符

上海市公交车载设备向交通信息中心传输车辆的实时信息,主要的数据内容见表 2-4[9]。

上海市 GPS 数据字段含义　　表 2-4

序号	名 称	数据类型	序号	名 称	数据类型
1	城市区号	NUMBER(6)	11	车辆位置经度	NUMBER(20,10)
2	行业代码	NUMBER(3)	12	车辆位置纬度	NUMBER(20,10)
3	企业代码	NUMBER(3)	13	发送时间	DATE
4	车载终端识别码	VARCHAR2(20)	14	速度(传感器)	NUMBER(4,1)
5	线路代码	VARCHAR2(20)	15	速度(GPS)	NUMBER(4,1)
6	司机工号	NUMBER(8)	16	车辆行驶方向	NUMBER(4,1)
7	停车场序号	NUMBER(3)	17	车内温度	NUMBER(2)
8	停车场编号	NUMBER(12)	18	数据是否有效	NUMBER(2)
9	站点序号	NUMBER(3)	19	调控状态	NUMBER(10)
10	站点编号	NUMBER(12)	20	累积里程	NUMBER(8,2)

表 2-5 为郑州市公交 GPS 数据基本格式。

郑州市 GPS 数据字段含义　　表 2-5

名 称	类 型	备 注
mach_no	number(10)	车载机号
reg_time	date	注册时间
site_time	date	定位时间
lng	float	经度
lat	float	纬度
up_times	number(5)	上下行(当 down_times = 0 时 up_Times = 0 非站点数据;当 down_times > 0 时 0 上行 1 下行; = 3 代表上行场区, = 4 代表下行场区)
down_times	number(5)	到达站点(> 0,当前站点; = 0,非站点)
run_type	number	定位状态
velocity	number(6,2)	速度(km/h)
orientation	number(4)	方位角(0 ~ 360°)
site_state	number	超速(0 正常,1 超速)
is_station	number	经过站点
is_lock	number	辅助数据校验字段
run_state	number	运营状态(0 非运营,1 运营)
note_type	number	辅助数据校验字段
ins_time	date	入库时间
is_storage	number(10)	是否转储
road_name	char(20)	辅助数据校验字段

续上表

名　称	类　型	备　注
is_up_down	number(1)	上下行(0 上行,1 下行,2 离线,3 上行场区,4 下行场区)
run_distance	number(10)	运营公里
up_label	number(4)	辅助数据校验字段
down_label	number(6)	辅助数据校验字段
new_is_ud	number(4)	辅助数据校验字段
is_door_open	number(2)	辅助数据校验字段
mach_dis	number(5)	辅助数据校验字段

2.1.3　GIS 地图数据

地理信息系统(简称 GIS)是一种用于采集、存储、管理、分析、显示和地理信息应用的计算机系统,是处理海量空间数据分析的常用工具。地理信息系统主要负责属性数据、空间数据和拓扑结构的组织管理,数据量庞大,应用广泛,数据模型相当复杂。

在交通研究中,越来越多的人开始关注城市建成环境与交通之间的关系。交通不仅仅停留在时间维度,而是扩展至空间维度,研究交通单元周围区域的用地与交通现象之间的关系。而空间数据的重要来源便是 GIS 地图数据。

交通 GIS 数据最关键的部分之一是数据,而且占据较大比重的是空间数据。空间数据用来反映网络上各类实体的空间位置关系,以及其拓扑关系。

在 GIS 环境下,处理的对象具有量大且属性多的特点。不同动作处理所针对的只是其中的一小部分对象。考虑将系统中的空间对象分层存储,按数据类型的不同分为点、线、面的形式,分存在不同的图层。在进行数据处理作业时,只需要调出所需的图层进行操作,以保证地图显示的简洁性[10]。GIS 地图数据包含城市的多种类型的用地,而每一种用地单独保存在一个图层中。其中在公交大数据挖掘中常用的图层有[11]:

(1)行政区域划分图层:用以记录道路所属行政区域。

(2)交通分区图层:用以记录道路所属的交通小区。交通小区是为了便于分析路网交通状态而进一步将行政区域划分的区域模块。交通小区的划分通常有两条原则:不影响交通状态分析的精度,并且不会使得数据处理工作量过于繁重。

(3)道路网络图层:为交通分析的核心图层,记录不同类型道路的信息。

(4)设施枢纽图层:记录了路网内站点、客货运枢纽、安全设施、服务设施、管理设施等的位置。

北京市 GIS 地图数据示意图如图 2-1 所示。

随着对于城市交通规律挖掘的不断深入,在交通领域的研究已经不仅仅局限于交通设施的研究,而是扩展到整体的城市建成环境。这就需要用到 GIS 地图中其他类型用地的数据。表 2-6 为统计 GIS 地图中包含的各类型的图层。

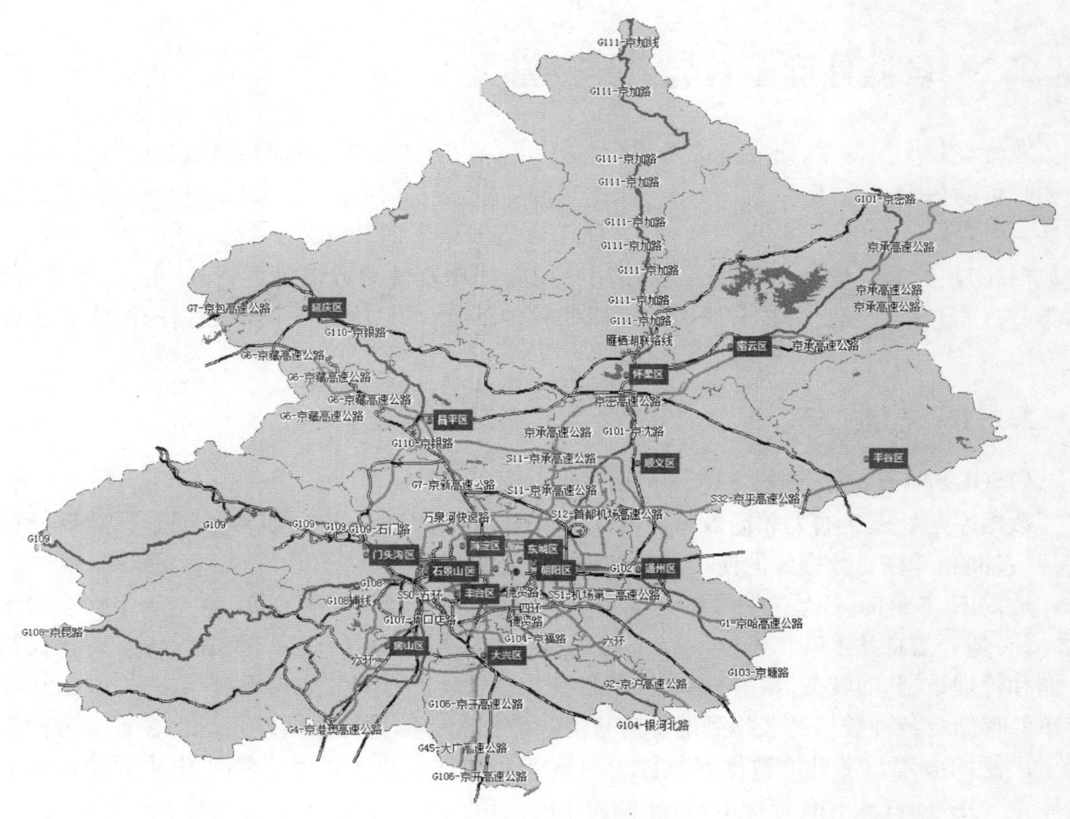

图 2-1　北京市 GIS 地图数据示意图

GIS 图 层 信 息　　表 2-6

类　别	图　层	类　别	图　层
住宅	住宅小区	公交	公交站点
旅馆	宾馆	地铁	地铁站
商业	商业大厦	道路	高速公路、环城高速、国道、省道、县道、市区道路
服务	加油站、高速服务区、金融服务、零售、医疗、餐饮服务	停车场	停车场
就业	政府机关、科研教育、公司企业	对外交通	机场、火车站、汽车站、铁路、码头港口
旅游	公园广场、风景名胜	其他	省会、区县、乡镇、区界

GIS 地图不仅保存不同图层的位置信息，同时包括每一元素的基础属性数据。这些信息保存在每一个图层的属性信息中。表 2-7 总结了部分重点图层的属性数据。

重点图层属性表　　表 2-7

图　层	属 性 列 表	图　层	属 性 列 表
火车站、地铁站	名称、缩写、类型、经纬度	公司企业	名称、地址、经纬度等
公交站点	类型、名称、缩写、经纬度	道路	名称、长度(计算)

2.2 数据处理工具与数据清洗

在公交数据挖掘中,研究人员得到原始数据之后,首先需要进行的就是数据清洗。因为系统收集的数据往往都是“脏”数据。数据清洗是指发现并纠正数据文件中可识别的错误的最后一道程序,包括检查数据一致性,处理无效值和缺失值等。公交数据挖掘中常用的 IC 卡数据、GPS 数据数量都非常大,必须使用专门的处理软件对数据进行管理、清洗、储存等。本小节首先介绍在公交大数据挖掘中常用的软件工具,然后介绍不同的数据的清洗和预处理方法。

2.2.1 常用工具

1) SQL Server

数据库是处理交通大数据最重要的工具和平台,利用数据库可以对数据进行数据储存管理、查询和计算。数据库的使用是大数据处理的关键环节。

数据库(Database)是按照数据结构来组织、存储和管理数据的仓库,它产生于距今六十多年前,随着信息技术和市场的发展,特别是二十世纪九十年代以后,数据管理不再仅仅是存储和管理数据,而转变成用户所需要的各种数据管理的方式。数据库有很多种类型,从最简单的存储有各种数据的表格到能够进行海量数据存储的大型数据库系统都在各个方面得到了广泛的应用。常见的数据库软件 Oracle、SQL Server、mySQL 等。本书中主要使用的数据库是 SQL Sever。下面对 SQL Sever 做简单的介绍。

SQL Server 是由 Microsoft 开发和推广的关系数据库管理系统。相比于其他数据库,SQL Server 有以下的特点:

(1)真正的客户机/服务器体系结构。

(2)图形化用户界面,使系统管理和数据库管理更加直观、简单。

(3)丰富的编程接口工具,为用户进行程序设计提供了更大的选择余地。

(4)SQL Server 与 Windows NT 完全集成,利用了 NT 的许多功能,如发送和接收消息、管理登录安全性等。SQL Server 也可以很好地与 Microsoft Back Office 产品集成。

(5)具有很好的伸缩性,可跨越从运行 Windows 95/98 的电脑到运行 Windows 2000 的大型多处理器等多种平台使用。

(6)对 Web 技术的支持,使用户能够很容易地将数据库中的数据发布到 Web 页面上。

(7)SQL Server 提供数据仓库功能,这个功能只在 Oracle 和其他更昂贵的 DBMS 中才有。

SQL 语句可以用来执行各种操作,例如更新数据库中的数据,从数据库中提取数据等。目前,绝大多数流行的关系型数据库管理系统,如 Oracle, Sybase, Microsoft SQL Server, Access 等都采用了 SQL 语言标准。虽然很多数据库都对 SQL 语句进行了再开发和扩展,但是包括 Select, Insert, Update, Delete, Create 以及 Drop 在内的标准的 SQL 命令仍然可以被用来完成几乎所有的数据库操作。

2) ArcGIS

交通空间数据是一类新型的信息数据,在交通数据挖掘中占有重要的地位。随着交通系统的发展,各类交通系统之间已经互相渗透,形成复杂的交通网络,在时间和空间维度不断扩展。交通空间数据表示各类交通实体的空间位置关系,并保存各实体的信息,对于交通系统分析至关重要。

目前保存管理交通空间数据时多数情况下使用的是地理信息系统方面的相关工具,其中最为常用的是 ArcGIS。ArcGIS 产品线为用户提供一个可伸缩的、全面的 GIS 平台,是目前最流行的地理信息系统操作平台,主要用于创建和使用地图、编辑和管理,分析、共享和显示地理信息,并在一系列应用中使用地图和地理信息,并在一系列应用中使用地图和地理信息。

ArcGIS 为用户提供了丰富的资源,包括地图、应用程序、社区和服务。

(1)地图

ArcGIS 地图不仅包括构建地图时用到的地理数据,还包括来获取所需结果的分析工具。

(2)应用程序

ArcGIS 根据不同的应用需求,按照可伸缩性原则为使用者提供从桌面端、服务端、移动端到云端的 GIS 产品,每一层的 GIS 产品都有不同分工。

(3)社区

ArcGIS 提供了一个框架,使得所有类型和级别的用户都能参与创建和共享地图以及应用程序的用户社区中。

(4)服务

服务是用于管理、组织和共享地理信息的技术基础,他使所有未安装 GIS 软件的用户得以通过浏览器和移动设备来使用地图。

3)Postgre SQL

ArcGIS 是处理空间数据常用的平台,但是因为 ArcGIS 的可视化功能,导致当处理极大量数据时效率较低,甚至出现软件崩溃等情况。而 SQL Server 数据库是进行数据挖掘时最常用的数据库工具。但是 SQL Server 有一个缺陷就是很难处理空间数据。而随着地理信息技术的发展,公交大数据已经不仅仅局限于普通票的 IC 卡数据等客流信息,而是扩展到可视化的空间数据中,例如 GIS 地图等。数据的时空复杂程度越来越高,传统的数据库已经难以处理这种复杂度的数据。为了管理和分析时空数据,可以使用新型关系型数据库管理系统——Postgre SQL。

Postgre SQL 是以加州大学伯克利分校计算机系开发的 Postgres(现在已经更名为 Postgre SQL,版本 4.2)为基础的对象关系型数据库管理系统。Postgre SQL 支持大部分 SQL 标准并且提供了许多其他现代特性:复杂查询、外键、触发器、视图、事务完整性、MVCC。同样,Postgre SQL 可以用许多方法扩展,其中一个扩展插件 Postgis 可以实现数据库与地理信息系统之间的通信。Postgre SQL 可以保存空间数据,其中的空间数据会生成特定的空间字段,保存空间数据的空间信息,例如数据类型(点、线、面)和位置(坐标)。

PostGIS 提供空间信息服务功能,例如空间对象创建、空间索引、空间函数操作等。PostGIS 支持所有的空间数据类型,这些类型包括:点(POINT)、线(LINESTRING)、多边形(POLYGON)、多点(MULTIPOINT)、多线(MULTILINESTRING)、多边形(MULTIPOLYGON)和集合对象集(GEOMETRYCOLLECTION)等。PostGIS 支持所有的对象表达方法,比如 WKT 和 WKB。

PostGIS 支持所有的数据存取和构造方法,如 GeomFromText()、AsBinary()以及 GeometryN()等。

PostGIS 提供简单的空间分析函数(如 Area 和 Length),同时也提供其他一些具有复杂分析功能的函数,比如 Distance。

PostGIS 提供了对于元数据的支持,如 GEOMETRY_COLUMNS 和 SPATIAL_REF_SYS,同时,PostGIS 也提供了相应的支持函数,如 Add Geometry Column 和 Drop Geometry Column。

PostGIS 提供了一系列的二元谓词(如 Contains、Within、Overlaps 和 Touches),用于检测空间对象之间的空间关系,同时返回布尔值来表征对象之间符合这个关系。

PostGIS 提供了空间操作符(如 Union 和 Difference)用于空间数据操作。比如,Union 操作符融合多边形之间的边界。两个交迭的多边形通过 Union 运算就会形成一个新的多边形,这个新的多边形的边界为两个多边形中最大边界。

2.2.2 常用交通大数据清洗

随着公交大数据挖掘与分析的不断发展,数据清洗也逐渐成为研究的热点,其主要任务就是检测和修复"脏"数据(消除错误或者不一致的数据),解决数据质量问题。交通大数据种类繁多,不同种类的数据有不同的结构,同样也存在不同的问题。本小节将介绍几类常用公交大数据的数据清洗与预处理。

1)公交 IC 卡数据清洗

公交 IC 卡数据库挖掘目标明确:一是辅助管理者进行公交决策;二是为公交规划提供数据依据[12]。

公交数据预处理是对建立好的数据仓库中的数据进行筛选、纠错,并经过简单的数据统计,得到后续数据挖掘可用的数据信息;数据挖掘是利用数据挖掘算法对经过预处理后的数据进行分析。利用公交数据预处理需要重点关注以下几个数据问题[13,14]:

(1)数据缺失

数据缺失现象的发生,会对后期的数据处理带来不良影响,尤其是关键字段的缺失可能会需要不同的算法设计,甚至导致分析无法进行。

一般而言,公交 IC 卡数据发生缺失的情况比较少见。对于缺失数据的情况,首先应该考虑是否可以使用其他一些数据替代。若无可替代的数据,可以考虑根据经验或其他一致的数据进行推测。

(2)数据错误

对于公交 IC 卡可能存在一些错误统计的数据,例如时间格式录入为"24:30:00"等。为了确保数据分析不产生错误的结果,应检查数据的有效性,删除冗余数据,通过归类、分选等方法,发现可能对分析结果产生噪声的数据。如交易时间表示刷卡时间为凌晨两点三十五分四十六秒,这明显是错误的。据调查这是因为卡和验卡机的硬件或技术原因,使得个别刷卡记录出现错误。但是这种错误记录出现的概率较小,一般情况下,删除这些记录对分析结果不会产生较大影响,因此,可以删除这些错误记录。

(3)冗余数据

冗余数据即信息重复的数据,如记录重复的数据就是最简单直观的冗余数据。冗余数据的存在实际上提高了数据的准确性,当某些数据出现错误的时候,可以通过冗余数据进行信息回复。但是冗余数据在后期处理时会带来一定的困难,甚至导致错误的分析。比如重复的 IC 卡数据记录会导致统计客流的偏高。对于冗余数据应该根据数据的具体分析目的进行针对性的处理,同时应该兼顾数据存储带来的空间消耗。

(4)数据的一致性

公交系统数据涉及多设备、多部门,而不同设备厂商、不同部门之间的数据采集目标不同,使得相同意义的数据在不同设备、不司部门之间存在差异。这样的不一致可能仅仅是数据经度、数据单位或者数据存储格式的差异,也可能是数据定义的不一致。

对于数据单位和储存格式问题,可以在数据预处理阶段进行标准化处理。但是对于数据精度和定义的问题,无法在数据采集后进行转化。根本的解决办法就是统一数据规范,通过数据规范明确数据的定义、经度、单位等问题。

(5)过时数据

随着时间的延长,一些时间比较久远的数据很可能会过时失效。数据是否过时是一个相对于分析目标来考虑的问题。对于过时数据可以进行分库处理,对过时数据单独分装保存。

(6)删除无用字段

数据表中含有多个字段,其中有些字段对数据分析没有什么意义,因此,可以删除这些多余的字段,使数据分析更快速。对数据分斩有直接意义的是卡号、交易日期、交易时间、公交卡类型、车辆号、线路号、记录号,所以可以删除实收金额、卡内余额、码、城市号、行业号、卡发行号、卡物理类型、月票类型、应收金额、司机号、监票员号这些字段,令分析更简单快捷。

2)GPS 数据清洗

GPS 数据主要依靠车载 GPS 系统收集,而数据格式和信息可能与实际需求的研究中的数据格式不一致,因此,需要对 GPS 数据格式进行一定的转换。

GPS 数据的预处理主要包括以下几个方面[15]:

(1)解析的线路号不正确,需要通过利用 SIM 卡号、车辆信息表信息,确定正确的线路号和车辆号信息。

(2)上下行标记不正确,无法判断公交车行驶方向。

(3)方向信息要乘以 10,如 21 对应的方向为 210 度。

(4)需要进行坐标平移,以便和公交线路的 GIS 数据进行匹配,经度 = 经度 +0.006,纬度 = 纬度 +0.001。

(5)每个 GPS 文件中记录的信息数目有限,不能和 IC 卡信息完全匹配。

(6)GPS 时间是 GTM 时间,需要在原有时间基础上加 8 个小时。

以 2010 年 4 月 7 日的 GPS 数据为例,接收到的 GPS 数据文件共有 5567 个,其中装有 GPS 的车辆为 4274 辆(排除冗余文件和错误文件),在这些装有 GPS 的公交车里,可识别线路号的车辆为 3725 辆,GPS 车辆线路覆盖率为 87.2%。在这些可识别线路号的车辆中,单一票制的车辆为 2125 辆,占所有可识别线路号 GPS 车辆的 57%,分段计价的车辆为 1515 辆,占所有可识别线路号 GPS 车辆的 40.7%,另外还有 85 辆车无法识别计价方式,占所有可识别线路号 GPS 车辆的 2.3%。通过 GPS 车辆号和线路号,我们可以和 IC 卡数据库中的记录进行比对,可以发现,大约有 2548 辆装有 GPS 设备的公交车可以和 IC 卡数据库中的记录完全匹配,匹配率为 68.4%。

3)GIS 数据预处理和导入

通常为了研究需要,需要将 GIS 数据中的相关信息的数据解析出来。在以往的研究中多使用 ArcGIS 作为分析工具。但是当数据量较大时,ArcGIS 的处理效率很难满足人们的需求,因此,需要利用空间数据库将 GIS 数据转换成空间数据,利用相应的数据库进行处理,可以有效提高处理效率。其中最常用的空间数据库为 Postgre SQL。

Postgre SQL 数据库除了处理正常的数据库信息,还可以处理空间数据,利用独有的编码方式可以将空间数据转成数据库文件,非常适用于空间大数据的挖掘和处理,完成地理信息系统和数据库的联合处理。在利用 Postgre SQL 处理空间数据时,第一步就是将地理信息数据导入 Postgre SQL 数据库中,需要用到 Postgre SQL 的 Postgis 插件。

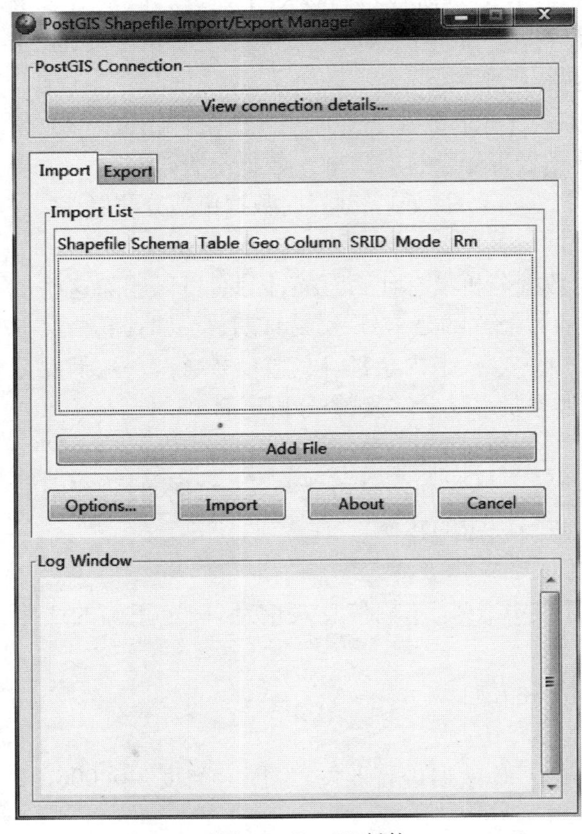

图 2-2 PostGIS 插件

PostGIS 是由 Refractions Research Inc 开发的,Refractions 是一家 GIS 和数据库咨询公司,Refraction 公司最初是在 Postgre SQL 的基础上研究空间数据库的实现,由于 Postgre SQL 所提供的空间数据类型和功能远远不能满足 GIS 的需求,研究工作经常陷入进退维谷的境地,最终的结果往往是耗费了大量的人力、物力,而产品却极其复杂并且性能低下。这些原因直接或间接促成 PostGIS 的发展。利用 PostGIS 可以完成数据的空间数据的导入、数据库坐标变换、球体长度运算、三维的几何类型、空间聚集函数、栅格数据类型等空间功能。

下面简单介绍如何利用 PostGIS 将 GIS 中的 shp 文件导入到 Postgre SQL 中。首先打开安装的 PostGIS 插件,如图 2-2 所示。窗口包括链接选项、输入输出框以及执行对话框。打开链接对话框,如图 2-3 所示,输入要链接的 Postgre SQL 服务器的名称的服务密码以及具体链接的数据库名称,点击链接即可完成与 Postgre SQL 的链接(图 2-4)。完成链接后,选择添加文件,将需要导入的文件添加至 import 目录下方(图 2-5)。其中有两点需要注意的问题,第一,因为通常的 GIS 文件的坐标系不能确定,因此在导入文件时,需要制定坐标系。最常用的空间坐标系为 WGS1984,对应的 SRID 码为 4326。第二个需要注意的问题是在导入过程中如果有中文,需要改变编码方式,一般选中 GBK 编码(图 2-6)。将两项参数设置点击添加即可以完成 shp 文件的导入，以进行进一步的处理。

PostGIS connection
PostGIS Connection
Username:
postgres
Password:
Server Host:
localhost
5432
Database:
postgis_21_sample

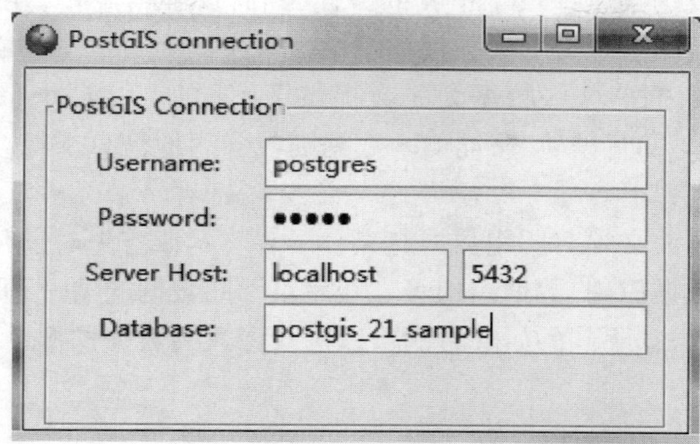

图 2-3　链接对话框

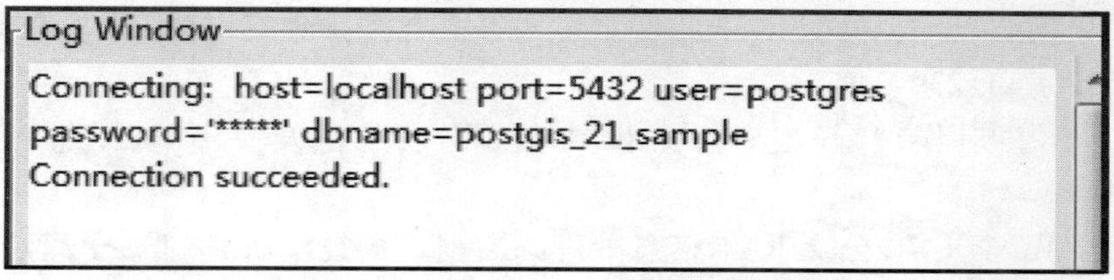

Log Window
Connecting: host=localhost port=5432 user=postgres
password='******' dbname=postgis_21_sample
Connection succeeded.

图 2-4　链接成功提示

Import List
Shapefile
Schema
Table
Geo Column
SRID
Mode
Rm
D:\First1\First\用地\POI2016\BJ.shp
public
bj
geom
4326
Create

图 2-5　添加 shp 文件

Import Options
GBK
DBF file character encoding
Preserve case of column names
Do not create 'bigint' columns
Create spatial index automatically after load
Load only attribute (dbf) data
Load data using COPY rather than INSERT
Load into GEOGRAPHY column
Generate simple geometries instead of MULTI geometries
OK

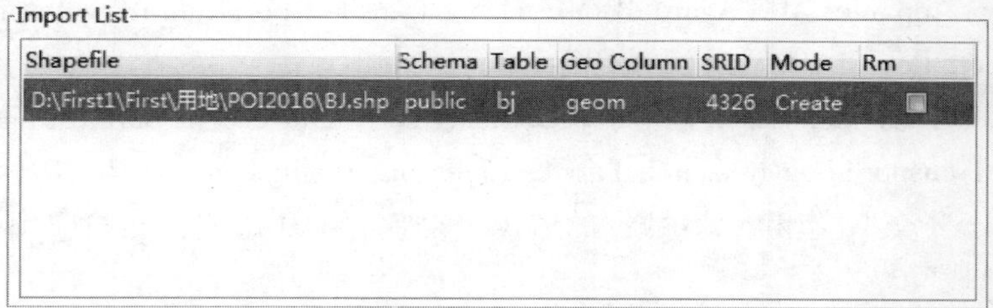

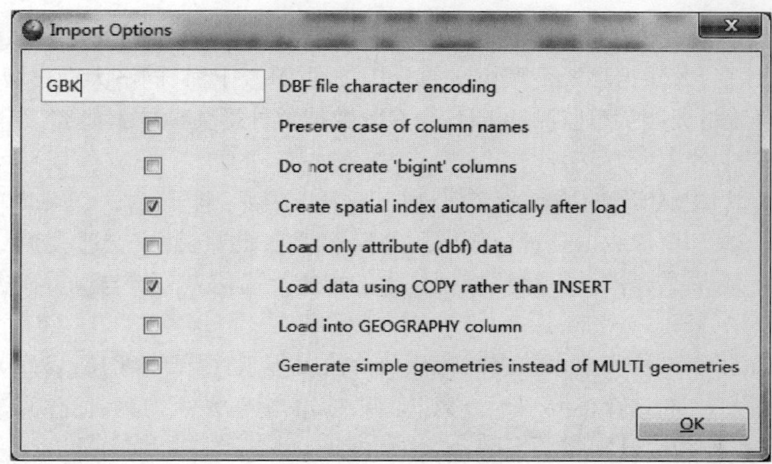

图 2-6　修改编码方式

数据是进行数据挖掘的基础。随着信息技术的发展,交通系统的自动化程度越来越高。自动化设备的应用不仅为乘客提供了很大的方便,同时这些系统收集的数据也为公交管理者提供了丰富的基础数据。在公交大数据挖掘中最常用的大数据类型有公交 IC 卡数据、公交 GPS 数据以及 GIS 数据。这些数据为研究提供了不同信息:IC 卡数据主要提供客流信息,GPS 数据包含公交车的行驶轨迹,而 GIS 数据则包含用地信息。综合不同数据可以深度挖掘公交系统的内部规律。

而进行数据挖掘之前必须对所用数据有充分了解。本章首先对三种常用数据进行简要介绍,包含数据含义、数据应用、数据结构等。然后对不同数据的清洗预处理方法进行总结。利用预处理后的数据,根据不同的研究目的可以进行深入的数据挖掘。

本章参考文献

[1] 姚宝珍,于艳弘,于滨. 公交 IC 卡收费系统与客流数据采集、处理[J]. 长春工业大学学报,2005,26(3):239-241.

[2] 陈学武,李海波,侯现耀. 城市公交 IC 卡数据分析方法及应用[M]. 北京:科学出版社,2014.

[3] 戴霄,陈学武,李文勇. 公交 IC 卡信息处理的数据挖掘技术研究[J]. 交通信息与安全,2006,24(1):40-42.

[4] Morency C. ,Trépanier M. , Agard B. Measuring transit use variability with smart-card data [J]. Transport Policy,2007,14(3):193-203.

[5] Pelletier M. P. ,Trépanier M. ,Morency C. Smart card data use in public transit:a literature review[J]. Transportation Research Part C:Emerging Technologies,2011,19(4):557-568.

[6] 吴祥国. 基于公交 IC 卡和 GPS 数据的居民公交出行 OD 矩阵推导与应用[D]. 济南:山东大学,2011.

[7] 汤月华. 基于 GPS 数据的公交站点区间行程时间分布与可靠性分析[D]. 杭州:浙江大学,2015.

[8] 王鹏程. 基于 GPS 数据分析的公交时刻表优化[D]. 成都:西南交通大学,2015.

[9] 杨东援,段片宇. 大数据环境下城市交通分析技术[M]. 上海:同济大学出版社,2015.

[10] 肖锋. 面向道路交通状态监测的 GPS 与 GIS 数据预处理关键技术研究[D]. 重庆:重庆大学,2008.

[11] 方标新. 基于 GPS/GIS 的城市公交信息管理[D]. 成都:电子科技大学,2008.

[12] 吴美娥. 对公交 IC 卡数据处理分析应用的探索[D]. 北京:北京交通大学,2010.

[13] 谢嘉孟,彭宏,周兵,等. 基于数据挖掘技术的智能交通信息分析与决策研究[J]. 公路,2004(4):154-158.

[14] 张昕,曾鹏,张瑞,等. 交通大数据的特征及价值[J]. 软件导刊,2016,15(3):130-132.

[15] 马晓磊,刘从从,刘剑锋,等. 基于公交 IC 卡数据的上车站点推算研究[J]. 交通运输系统工程与信息,2015,15(4):78-84.

第3章 公交客流OD矩阵推导方法

公交客流OD矩阵数据对交通调度和公交线路优化至关重要，然而，采用传统调查问卷的方式来收集OD数据相当困难和昂贵[1,2]。随着自动售检票系统（Automated Fare Collection，AFC）的普及，大量关于车辆和乘客的时空信息可以被车载GPS、公交卡（SC）等自动收集，这为公交客流OD矩阵推导提供了数据基础，并大大降低了收集OD数据的成本[3]。然而，AFC系统设计时并没有考虑到收集完整的OD数据，如我国目前大部分公交采用的是一票制收费模式，即乘客仅在上车刷卡收费，系统中的记录信息仅有乘客上车刷卡时间，无上下车站点信息。因此，准确、快速地推算乘客上下车站点，实现IC卡数据有效利用，对于提高公交运营效率、促进城市现代化，具有重要的现实意义。公交客流OD矩阵推导包括上车站点识别和下车站点识别。

3.1 上车站点识别

当公交系统含有GPS数据时，上车站点的识别相对容易，可以通过GPS数据与IC卡融合算法完成；当公交系统不含有GPS数据时，上车站点的识别相对困难，需要通过基于Markov链的贝叶斯决策树算法进行推断。

3.1.1 GPS数据与IC卡融合算法

在城市公交系统中，为实现车辆运营的实时监控与智能化调度，部分车辆安装了公交车载GPS设备。但是，由于GPS数据只包含速度、经纬度等信息，不包含车辆行驶方向，必须利用已知的公交GIS数据来估计公交车到站时间和站号，并通过获取的到站时间等推算信息与公交IC卡数据进行融合，从而得到一票制IC卡数据的上车站点信息。IC卡数据与GPS数据融合主要需要三个步骤：

①步骤一：数据整合与匹配。

②步骤二：GPS到站时间的获取。

③步骤三：GPS数据和IC卡数据的融合。

IC卡数据与GPS数据融合整体处理流程如图3-1所示。

1）步骤一：数据整合与匹配

在进行GPS和IC卡数据融合之前，需要对数据进行整合和匹配，由于GPS数据存在于文本文件中，需要将有用的信息提取出来放到数据库中，同时通过车辆信息表和GPS数据中的SIM卡，得出线路号与车辆号信息，更新到数据库中。虽然GPS原始文件里包含有线路号，但是这里的线路号不准确，无法和IC卡数据进行匹配，所以需要首先进行数据整合，这里借用车辆信息表和线路信息表进行数据关联，SIM卡号与GPS公交车辆一一对应，因此通过对应 GPS 数据库和车辆信息表里的 SIM 卡号,可以找到车辆的自编号和线路 ID,又由于每条线路对应一个线路号,可以将线路信息表和车辆信息表联系起来,至此,便可以获得 GPS 车辆的线路号和车辆号,通过与 IC 数据库中的线路号和车辆号进行匹配,就可以将 GPS 数据库和 IC 卡数据库联系起来。匹配流程图如图 3-2 所示。

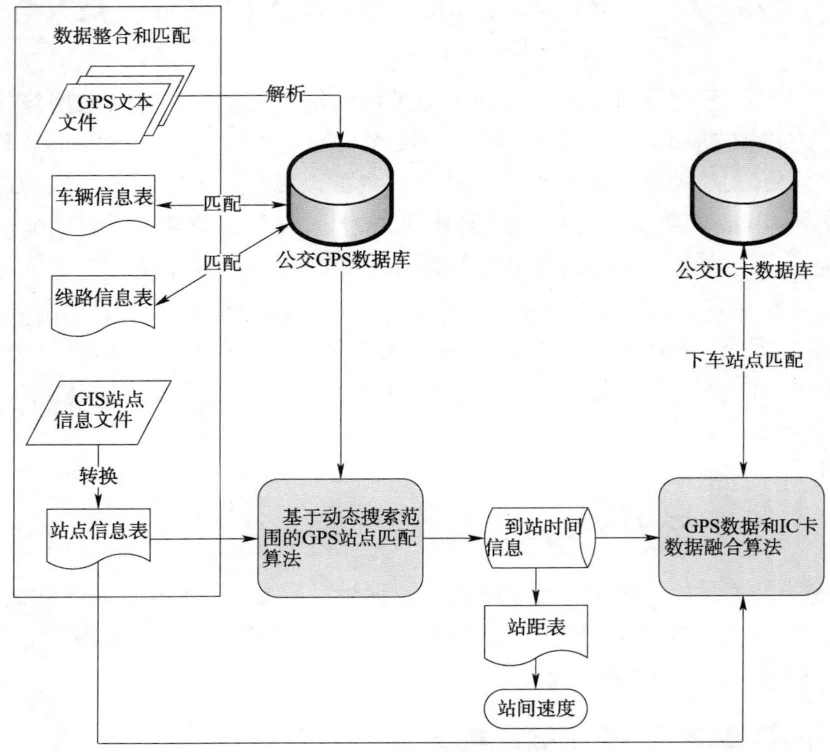

图 3-1　IC 卡数据与 GPS 数据融合整体处理流程图

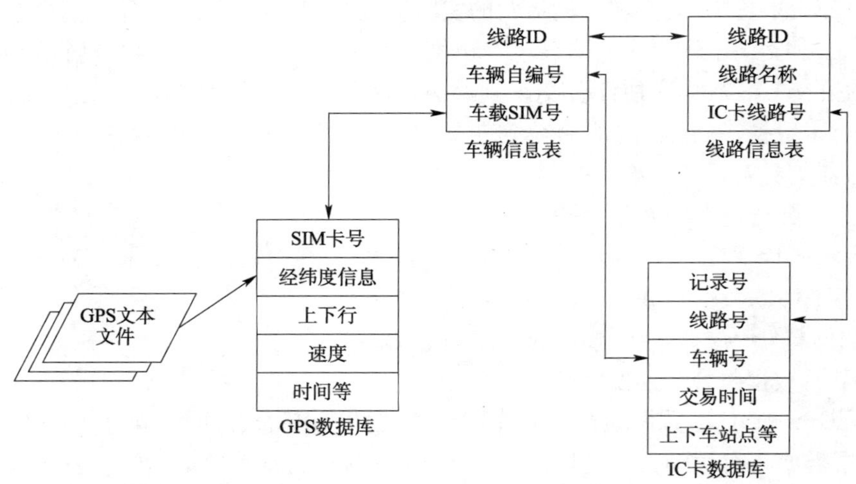

图 3-2　GPS、IC 卡和 GIS 数据整合匹配流程图

至此,数据预处理完成,这个步骤为下面的 GPS 数据和 IC 卡数据融合处理提供了数据支持。

2）步骤二：GPS 到站时间的获取

在原始数据解析完成后，该算法开始推算一天一条线路一辆车号的到站时间，程序分方向进行推算，算法的基本原理如下：

（1）找出站点的位置信息，每一个站点在站点信息表中都有一对经纬度，并且都落在一条线段上，线段的起始点和终止点的经纬度都存在，因此可以知道该站点的方向——从线段的起始点到终止点。例如：657 路，上行，站点 7，造甲村，所在的 linkno 为 5713，起点为 4703，终止点为 4676，起点的坐标为（39.84470938，116.29553309），终点的坐标为（39.84248938，116.29806245）。

（2）每一个 GPS 记录都有个方向信息，如果可以将这个方向信息与站点的方向信息做对比，就可以知道车辆的行驶方向。

（3）存在没有找到的到站时间，利用时间关系搜索原始 GPS 数据并补全。

算法整体流程如图 3-3 所示。

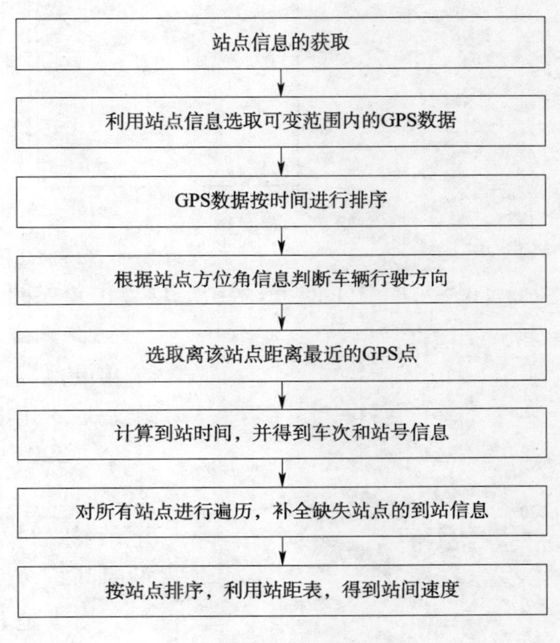

图 3-3 算法整体流程图

由于现有的 GPS 数据存在很多问题，上下行信息不可用，需要判断车辆的上下行方向，这里借助站点信息来辅助判定车辆的行进方向，利用 GIS 的 link 信息得到公交车站点的起始点和终止点，这样，就能够知道站点的方向信息。算法的核心思想是对每一个站点，取最近的一个 GPS 数据，从而得到该站的时间。由于 GPS 信号存在高楼遮挡现象和浮动问题，这就造成了 GPS 点的经纬度信息可能会有一定的偏差。这里采用方位角信息修正 GPS 数据浮动问题，利用行驶时间先后顺序推算由于被高楼遮挡的残缺 GPS 站点到站信息。这里以 616 路公交线路为例具体说明算法（图 3-4）。

这里，要计算出上行，站点为 3 的，车辆号为 00033339，616 路公交车的到站时间，首先通过线路表找出站号为 3 的站点所在的 link 的起始点，如图 3-4 所示，得到起始点和终止点的经纬度，利用公式（3-1），可以计算出从起始点到终止点的方位角（lat1、lon1，lat2、lon2 分别为起始点和终止点的经纬度）：

$$\alpha = \begin{cases} \dfrac{\arctan(\text{lon1} - \text{lon2})\cos\left[\dfrac{\pi(\text{lat1} + \text{lat2})}{360}\right]}{180\pi(\text{lat1} - \text{lat2})} & \text{if lat1} < \text{lat2} \\ 90 & \text{if lat1} = \text{lat2} \\ 180 + \dfrac{\arctan(\text{lon1} - \text{lon2})\cos\left(\dfrac{\pi(\text{lat1} + \text{lat2})}{360}\right)}{180\pi(\text{lat1} - \text{lat2})} & \text{if lat1} > \text{lat2} \end{cases} \tag{3-1}$$

$$\beta = \begin{cases} \alpha + 360 & \text{if } \alpha < 0 \\ \alpha & \text{if } \alpha \geqslant 0 \end{cases}$$

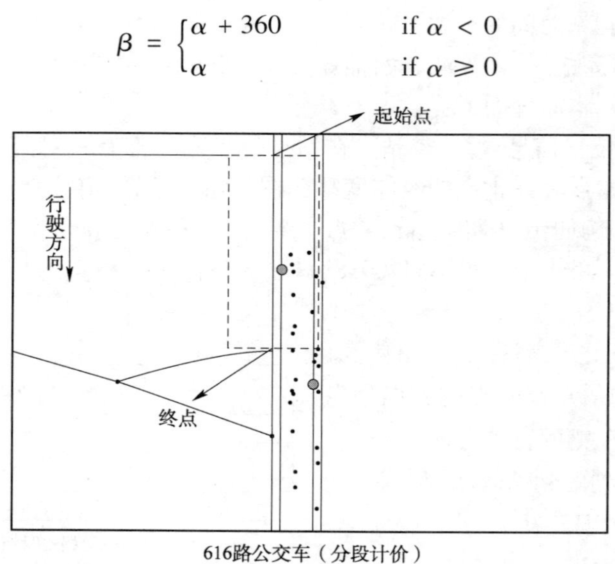

图 3-4　616 路公交车上行方向站点 3

GPS 角度规定如下,采用地理方位角如图 3-5 所示。

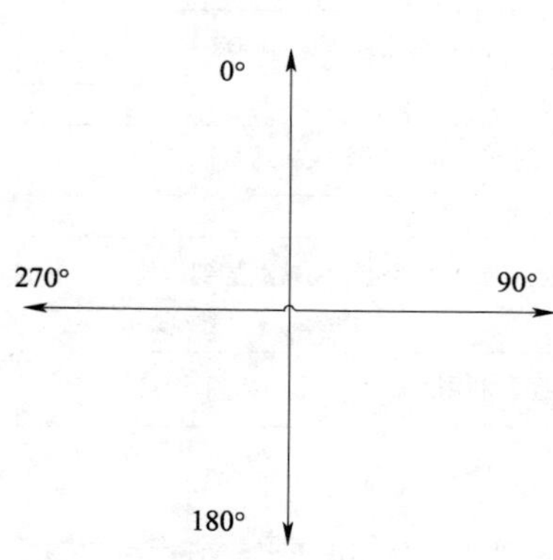

图 3-5　616 路公交车上行方向站点 3

如果限定角度范围为 30°,则可以得到 GPS 记录的一个角度范围,例如如果通过计算得出 616 路公交上行方向车站点 3 角度为 350°,即从南向北行驶,则方位角范围有三个,(320,350)和(350,360)以及(0,10)。遍历每一个站点,找到每一个站点的方向和 GPS 记录的方向符合的所有记录,然后找出离站点最近的那个记录,认为是该站点的到站时间。

由于是对一天的 GPS 数据处理,所以对每一个站点存在多个到站时间。然而对有的时段,无法找到对应的到站时间,这是因为 link 可能比较短,或者 link 曲度很大,方向有可能判断不准。需要进行下一步处理,处理的基本想法是利用下一个车站的到站时间(下一个车站必须存在两个以上 GPS 数据点)往前或者往后推一段时间找出该站点,该车站到站时间必须小于下一车站到站时间,找到离该站点最近的 GPS 点,用上述同样的方法,可以得到该站点的车辆到站时间,同时剔除那些不合规律的到站时间(到站时间应该按时间递增),在这一过程中,车次信息也可判断出来。例子如下:

对识别出的站点按时间排序,找到未能识别的站点,例如识别出了站点 7 和站点 10 的到站时间,可以得知站点 8 和 9 没有被成功识别,利用时间关系,即站点 8 和 9 的到站时间必然位于站点 7 和 10 之间,到 GPS 数据库中查询此段时间的 GPS 数据,便可以找到离站点 8 和 9 最近的 GPS 点,然后利用上述同样的方法,得到缺失站点的确切到站时间,并存到数据库中。

对上行所有站点进行遍历,可以得到所有站点的到站时间,同理,对下行站点进行同样

的操作,就可以得到所有站点的到站时间。这里需要注意的有两点:

(1)如果得到离某一站点最近的 GPS 数据距离大于 max_distance,由于需要估算,得到的到站时间可能会不准确,进行估算时,首先要计算点到曲线的投影点,然后再计算曲线上投影点到站点的距离,速度采用前一对 GPS 点的平均速度,即为两个 GPS 点的曲线距离除以两点的时间差。根据投影点与实际站点的空间位置关系(之前或者之后),结合行驶方向,加上或减去相应的差值时间,即为实际车辆的到站时间。

(2)对于站点首末站,车辆可能休息而不移动,如果找到多个离站点最近的 GPS 记录,对于首站来说,要找时间最远的那个记录作为到站时间,对于末站来说要找时间最近的那个记录作为到站时间。算法流程如图 3-6 所示。

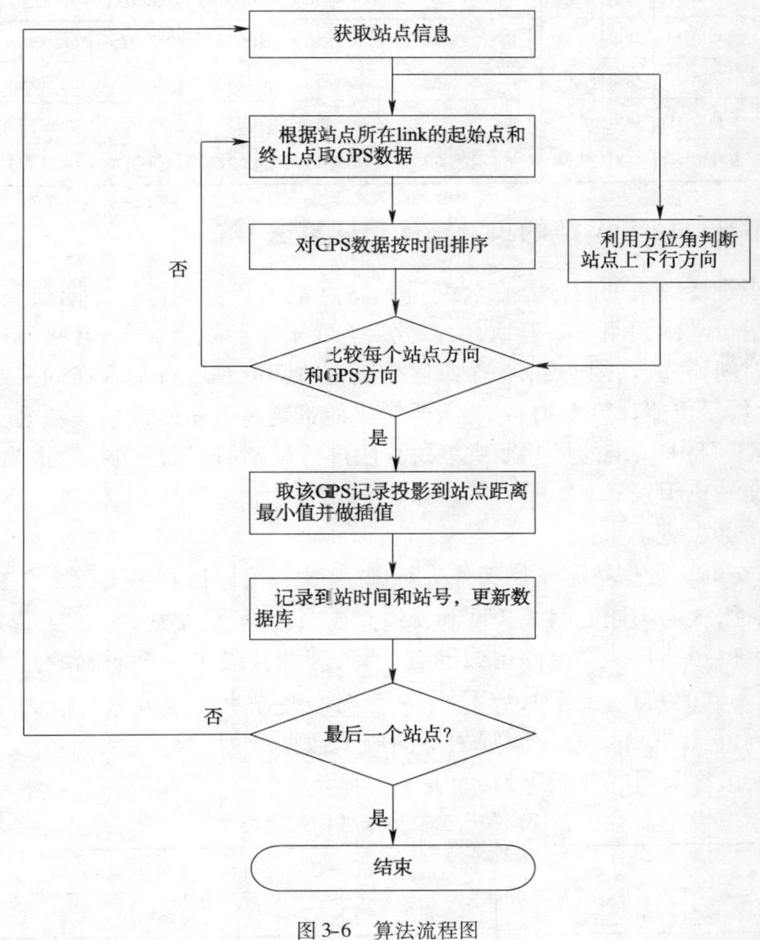

图 3-6 算法流程图

3)步骤三:GPS 数据和 IC 卡数据的融合

匹配的对象是刷卡交易时间和车辆到站时间。对每一条交易记录,和得到的站点表的到站时间进行比对,找到离该站点到站时间最近的数据,然后把该交易记录标记为站号,为该数据的站点号。对于交易时间与到站时间相差大于 5min 的记录,认为找不到匹配的站点信息,匹配好的 IC 卡数据如表 3-1 所示。

IC 卡数据库(616 路公交车) 表 3-1

序号	类型	应收金额	线路号	车辆号	上车站	下车站	司机号	监票员号	卡　　号	站号	上下行
298	00	100	00616	00033339	1	5	03003756	03003747	1000751015608893	5	下行
299	00	100	00616	00033339	4	6	03003756	03003747	1000751027546220	6	下行
300	00	100	00616	00033339	5	6	03003756	03003747	1000751046821654	6	下行
301	00	100	00616	00033339	5	6	03003756	03003747	1000751046885362	6	下行
302	00	100	00616	00033339	5	6	03003756	03003747	1000751046821343	6	下行
303	00	100	00616	00033339	5	6	03003756	03003747	1000751046543344	6	下行
304	00	100	00616	00033339	5	6	03003756	03003747	100075104686532	6	下行
305	00	100	00616	00033339	1	6	03003756	03003747	1000751046821363	6	下行
306	00	100	00616	00033339	5	6	03003756	03003747	1000751046821287	6	下行
307	00	100	00616	00033339	6	7	03003756	03003747	1000751048442432	7	下行
308	00	100	00616	00033339	6	7	03003756	03003747	1000751046821876	7	下行

3.1.2 基于 Markov 链的贝叶斯决策树算法

上车站点识别要解决的问题是在公交进站站点记录和公交行驶方向缺失的情况下,对乘客上车站点进行准确预测。一般地,大多数乘客在上车后就会刷卡,几乎所有乘客也会在上车后的一段时间刷完卡,因此,第一个乘客的刷卡时间就是所有乘客在同一站台上车的时间,上车乘客总数量也能计算得到。然而,要解决的难题是上车站点缺失和公交行驶方向缺失,因此引入基于 Markov 链的贝叶斯决策树算法进行推断,该算法包括两个步骤:公交刷卡数据聚类和公交站点识别。

1)公交刷卡数据聚类

首先,将公交刷卡数据按照车辆编号进行排序,这样可以得到每天每个公交的所有刷卡数据列表,一般地,根据不同的路线长度和交通路况,每一天公交在相同的线路中运营 2 ~ 10 个循环,当到达终点站时,公交会停留或继续运行,因此并没有一个明确的路线循环结束的标志。同时,在不同的站点,上车人数不等,甚至对一些站点上车人数可能为零。根据刷卡数据的时间间隔,可以将邻近时间间隔的不同刷卡数据聚为一类,对整个公交的运营而言,可视为一个关于上客流量的时间序列,如表 3-2 所示。

4 个关于公交刷卡数据的聚类 表 3-2

参　　数	数量/介绍			
	聚类类别 1	聚类类别 2	聚类类别 3	聚类类别 4
站台 ID	未知	未知	未知	未知
站台名称	未知	未知	未知	未知
总交易数量	18	9	11	27
交易时间戳	5:26:36	5:41:02	5:44:18	5:48:53
时间间隔	0:14:26	0:03:16	0:04:35	0:01:00

在表3-2中，总交易数量指在一个站台所有的上车乘客数量；交易时间戳指第一个上车乘客刷卡的时间；时间间隔指当前刷卡时间与下一次刷卡时间的时间间隔。与大多数美国的AFC系统不同，表3-2所示的交通系统中，站台ID和站台名称是缺失的，这也正是上车站点识别要解决的问题。在公交运营中，公交路线及站点是固定的，然而一些站点可能无上车乘客，即无刷卡数据，这使得在通过以上聚类方法形成的时间序列中，相邻的两个聚类并不一定是相邻的站点，这无疑使得上车站点识别更加困难[4]。将公交交易数据聚类的一般步骤总结如下：

(1)筛选得到每辆车全天的刷卡记录，对于刷卡比较密集的时间段，可以认为是一个到站时间。如果两个刷卡时间小于60s，认为是同一站；超过60s，认为是下一站。

(2)由于存在上车滞后刷卡这种情况，对于这部分刷卡时间，有可能误认为是到达某个站点的时间，造成干扰。所以此时得到的站点总数远远超过实际每条线路的站点总数。

(3)根据每辆车、每个司机分组得到的全天刷卡记录，如果两条相邻刷卡记录时间超过30min(待定)或者司机号和监票号有变化，很可能是一个车次的结束位置(强制车次分割点)。对于圈点线路来说，首末站是一个，车辆在两个车次之间不休息，无法得到车次分割点；对于首末站发车线路来说，车辆在两个车次之间有进站、出站，车次分割位置可能会比较明显。可以考虑使用这些比较明显的车次分割点。

聚类的结果是多个关于公交刷卡交易量的多个时间序列，每个序列可能包含多个公交的循环线路。对于一些特别的线路，由于公交终点站停留时间短或快速公交调度等原因，公交在终点站的停留时间不能用于区分该公交的一个循环，因此这些公交线路的聚类结果会是一个很长的关于公交刷卡交易量的时间序列，这显然使得准确识别上车站点更加具有挑战性。另一方面，乘客可能从公车的下车门上车，从而花费更多的时间来完成刷卡，这将使得聚类结果产生一些不确定性。

由于聚类形成的时间序列存在多个循环，正确地识别重要的循环节点并将时间序列缩短，可以降低公交客流OD矩阵推断的不确定性。一个有效的分析手段是公交换乘分析，其核心思想是：对一个乘客而言，上一条路线的下车站点与下一次换乘的上车站台在空间是最接近的，这是合理的，因为大多数乘客选择最接近的中转站。假定一个乘客 k 从 i 路线到 j 路线，如果两个路线为通过距离收费的公共汽车或地铁线路，可以识别中转站的名称，即使两条路线是单一收费的公交线路，对于一个特定的公交中转站点，仍然可以使用公交中转站点信息标识其ID或名称。此外，需要两站之间的步行距离来推断换乘站台的到达时间。基于所确定的公交中转站，可以将长的时间序列进一步细分为短时间序列，每一序列都是有界的，如终点站或通过公交换乘分析确定的公交中转站。分段的时间序列将作为后续算法的输入。

如果将每一个分段的时间序列作为一个未知模式，这种未知模式可以被视为时间序列的一个样本。如果每一站都有上车的乘客，那这种未知模式就是真实的公交站点序列。此外，由于站台间的距离和最大速度已知，在没有交通堵塞情形下，公交的旅行时间是可预测的。然而，现实中不同站台间的上车乘客是随机的，且道路拥堵可能会导致不可预知的延误，因此，未知模式识别是一个非常具有挑战性的问题。一旦未知模式被确认，乘客的上车站台信息就确定了。

贝叶斯决策树算法是一种广泛用于模式识别的数据挖掘技术[5]，贝叶斯决策树中的每个节点通过贝叶斯条件概率连接，而整个贝叶斯决策树由根节点逐步连接到叶节点。为了将贝叶斯决策树应用到公交站台识别问题中，将已知的公交站台表示为根结点，在时刻 k 乘客上车站点 ID 表示 S_k，时刻 $k+1$ 乘客上车站点 ID 表示 S_{k+1}，根据贝叶斯理论，S_{k+1}可以表示为：

$$S_{k+1} = \arg\max \Pr(S_{k+1} = j \mid S_1, S_2, \cdots, S_k)$$

其中，$\Pr(S_{k+1} = j \mid S_1, S_2, \cdots, S_k)$ 表示在 $S_1, S_2, \cdots, S_k$ 已知条件下下一站点为 j 的条件概率。

贝叶斯决策树表示许多可能的已知模式，为了匹配未知模式，需要计算每个已知模式的概率，现实中，乘客在时间 $k+1$ 在站点 S_{k+1}上车的概率仅依赖于在时间 k 在站点 S_k上车的概率。这是因为如果公交刷卡聚类 k 的时间和站点已知，下一个站点为 $k+1$ 的概率仅依赖于公交在站点 k 与站点 $k+1$ 之间行驶的平均速度。在此情况下，公交刷卡交易数据可以视为一个马尔可夫序列，即序列未来的状态只依赖于当前状态。因此，S_{k+1} 可以进一步表示为：

$$\begin{aligned} S_{k+1} &= \arg\max_j \Pr(S_{k+1} = j \mid S_1, S_2, \cdots, S_k) \\ &= \arg\max_j \Pr(S_{k+1} = j \mid S_k = i) \qquad i < j \end{aligned}$$

当马尔可夫转换概率表示为 $p_{ij} = \Pr(S_{k+1} = j \mid S_k = i)$，其中 i,j 为站点 ID。更一般地，当假定公交在驶向终点站过程为上行，即站点 ID 序列递增，用 n 表示公交线路的站点总数量，马尔可夫转换概率矩阵可以表示为：

$$\Pi = \begin{pmatrix} p_{11} & p_{12} & \cdots & p_{1n} \\ p_{11} & p_{12} & \cdots & p_{1n} \\ \vdots & \vdots & \vdots & \vdots \\ p_{n1} & p_{n2} & \cdots & p_{nn} \end{pmatrix} = \begin{pmatrix} 1-\sum_{i=2}^{n} p_{1i} & p_{12} & \cdots & p_{1n} \\ 0 & 1-\sum_{i=2}^{n} p_{2i} & \cdots & p_{1n} \\ \vdots & \vdots & & \vdots \\ 0 & 0 & \cdots & 1 \end{pmatrix}$$

2）概率转换矩阵生成

为了准确识别未知模式，转换概率 p_{ij}的度量至关重要，p_{ij}越大，在站点 j 上车的乘客就以更大的概率对应于下一个公交刷卡聚类类别，即：p_{ij}表示下一个公交刷卡聚类的时间戳为乘客在站点 j 上车的第一个时间戳的概率。因此，对公交刷卡聚类类别为 $k+1$，站点 ID 为 j 的公交站点，乘客上车时间可以根据站点 i、j 的距离，以及车辆的平均速度预测出来。设站点 i、j 的距离为 D_{ij}，公交刷卡聚类类别 $k, k+1$ 的乘客上车时间戳分别为 t_k, t_{k+1}，则公交的平均行驶速度可以表示为：

$$V_{ij} = \frac{D_{ij}}{t_{k+1} - t_k}$$

可见，V_{ij}是一个取决于交通状态的随机变量，一般地，假定 V_{ij}为正态分布，其平均值为 μ_{ij}，方差为 σ_{ij}，两者可以根据该线路所有公交的运营数据推算。而且，每个站台的乘客上车时间戳可以根据 GPS 地图匹配和站台位置信息推算出来。利用推算出的站点 i、j 的公交到达时间差以及距离，可以计算出公交平均行驶速度 μ_{ij} 以及方差 σ_{ij}，这些知识可以作为贝叶斯决策树的先验概率。需要指出的是，公交平均行驶速度和方差并不取决于 GPS 数据，而是通过其他的数据源计算而得，如按距离收费的公交刷卡记录。

通过敏感性分析可以发现，即使公交行驶平均速度和方差存在波动，贝叶斯决策树的结果也是健壮的。因此，转换概率可进一步表示为：

$$p_{ij} = \Pr(S_{k+1} = j \mid S_k = i) = \int_{z_{\bar{ij}}-\Delta}^{z_{\bar{ij}}+\Delta} \frac{1}{\sqrt{2\pi}} \exp\left(\frac{z^2}{2}\right) \mathrm{d}z \approx \frac{1}{\sqrt{2\pi}} \exp\left(\frac{-z_{ij}^2}{2}\right) \cdot 2\Delta$$

其中 $z_{ij} = (V_{ij} - \mu_{ij})/\sigma_{ij}$ 是标准化后的公交平均行驶速度，Δ 是公交行驶速度的一个增量，这个增量并不会影响算法的结果，只是一个转换概率中常见的一个设置。最后，概率转换矩阵的每个值都可以按照以上的方法数值化，公交刷卡聚类序列的未知模式可以表示为：

$$\begin{aligned}
&[S_{k+1}, S_k, S_{k-1}, \cdots, S_1] \\
&= \arg \max_{S_1, S_2 \cdots S_{k+1}} \Pr(S_{k+1}, S_k, S_{k-1}, \cdots, S_1) \\
&= \arg \max_{S_1, S_2 \cdots S_{k+1}} [\Pr(S_{k+1} \mid S_k, S_{k-1}, \cdots, S_1) \Pr(S_k, S_{k-1}, \cdots, S_1)] \\
&= \arg \max_{S_1, S_2 \cdots S_{k+1}} [\Pr(S_{k+1} \mid S_k) \Pr(S_k \mid S_{k-1}) \cdots \Pr(S_2 \mid S_1)] \\
&= \arg \max_{S_1, S_2 \cdots S_{k+1}} \left[\prod_{n=1}^{k} \Pr(S_{n+1} = j \mid S_n = i)\right] \\
&= \arg \max_{S_1, S_2 \cdots S_{k+1}} \left[\sqrt[k+1]{\prod_{n=1}^{k} \Pr(S_{n+1} = j \mid S_n = i)}\right] \\
&\triangleq \arg \max_{S_1, S_2 \cdots S_{k+1}} \bar{P}(k+1)
\end{aligned}$$

其中 $\bar{P}(k+1)$ 表示乘客在时间 $k+1$ 的上车站点的概率的几何平均值，也是被识别的站点序列匹配未知模式的概率。尽管推算过程运用 GPS 数据，算法验证可知算法结果对公交的平均行驶速度和方差波动保持健壮。

3.1.3　验证

1）GPS 数据与 IC 卡数据融合算法验证

通过程序首先利用基于动态搜索范围的 GPS 站点匹配算法处理 GPS 车辆到站信息，更新到数据库中，然后利用 GPS 数据和 IC 卡数据融合算法得到每一个 IC 卡交易记录的上车站点信息。由于分段计价线路，没有上车刷卡时间，采用人工调查数据进行验证，验证过程分以下三个部分：

（1）到站时间的比较。

（2）站间速度的比较。

（3）IC 卡推算站点的比较。

调查数据是取自 2011 年 1 月 13 日的 651 路公交车的手持 GPS 数据，由于该手持 GPS 数据和系统所用 GPS 格式不一致，系统 GPS 数据是 30s 更新一次，手持 GPS 数据是 15s 更新一次，首先要将两者格式进行匹配，然后用匹配好的格式进行车辆到站时间和站间速度的推断，由于调查数据有开关门时间，需要将开关门时间与车辆到站时间进行比对，找出差异值，同时也将站间速度与调查速度对比找出差异。这样，到站时间和站间速度结果便可以产生出来。对于 IC 卡站点的验证，因为分段计价没有上车刷卡时间，所以很难利用算法推出乘客的上车站点，采用以下验证，由于有车辆的开门时间，首先用这个时间和每个乘客的刷卡时间进行匹配，找到每个乘客的上车站点，并且认为是真值，然后再利用由 GPS 算法推出的到站时间与每个乘客的刷卡时间进行匹配，也找到上车站点，这两个上车站点进行比较，从而验证算法。结果如表 3-3 所示。

GPS 数据与 IC 卡融合算法验证结果 表 3-3

实际 IC 卡匹配站点数	GPS 匹配站点数	Error = 0	Error = 1
417	418	386	31

准确率为 92.6%，没有任何一条记录误差大于等于 2 个站点。总共识别出的到站时间有 75 个，到站时间与开门时间相差 10.75s，站间速度与实际速度相差 3.6km/h，对到站时间和速度分别作 T 检验，到站时间的 p 值为 0.993，站间速度的 p 值为 0.065，拒绝原假设，认为这两者没有显著差别。即到站时间与开门时间没有显著差别，站间速度与实际速度没有显著差别。

2）基于 Markov 链的贝叶斯决策树算法验证

对于一票制 IC 卡数据来说，无法得到每位乘客的上下车站点，采用 GPS 来验证上车站点。为了进一步验证贝叶斯决策树算法的精度，对两条单一票制的线路进行上车站点推断，并将结果与通过 GPS 到站时间算法得到的上车站点数据进行比对，这里采用的 IC 数据是 67 路和 22 路，时间为 2010 年 4 月 7 日。由于 67 路在站距表中存在缺失站点，并且存在区间车情况，所以推出的站点比例有所降低，所用参数为默认参数，即 5% 路径选择概率误差界限，3 个树权数，30min 车次强行分割时间间隔。结果如表 3-4、图 3-7 所示。

基于 Markov 链的贝叶斯决策树算法验证结果 表 3-4

67	决策树法推算结果	占推算记录比重	占总记录比重
全部记录	15003		
推算出的记录	12773		85.1%
误差 0 个的记录	5891	46.1%	39.3%
误差≤1 个的记录	9194	72.0%	61.3%
误差≤2 个的记录	10735	84.0%	71.6%
误差≤3 个的记录	12111	94.9%	80.7%

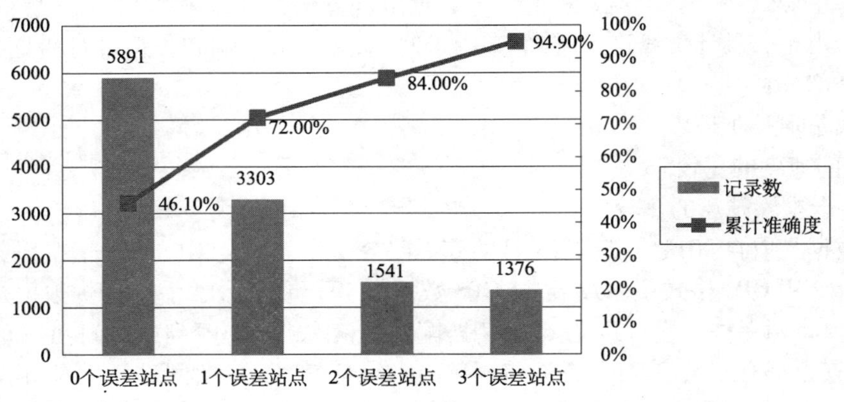

图 3-7　2010 年 4 月 7 日 67 路验证结果

可以看到,贝叶斯算法虽然能够推出的记录比例只有 85%,但是准确率相当高,3 站之内的准确度达到了 95%。这是因为引入的马尔科夫链吸收概率有纠错功能,同时由于考虑了片段概率,该概率过滤掉了很多不可能的站点组合,仔细分析那些推断错误或者没能推断出来的站点,很多是由于基础数据的错误造成的,例如站距表缺失站点、换乘关系表不准确。

3.2 下车站点识别

下车站点的推算方法主要分为以下两大类:基于刷卡的换乘分析和基于出行链的规律分析。基于出行链的规律分析又分为以下两类:基于往返规律的下车站点推算和基于通勤规律的下车站点推算。换乘分析指的是,由于乘客上下车时间间隔较短,可以通过乘客的上车站点,利用空间分析得到该乘客的下车站点。但是由于北京公交系统中,只有 50% 左右的线路是分段计价,即上下车站点均已知,所以利用换乘分析推断出的下车站点也是有限的。

表 3-5 显示了乘客一周(2011.10.10 ~ 2011.10.14)规律性出行的统计,一周内选择公交出行三天及以上的乘客总数为 385 万。

385 万乘客每天有规律出行次数统计 表 3-5

最频出行次数	IC 卡数量	所占比例
1	1405895	37%
2	2225298	58%
3	180081	5%
4	31157	1%
5	2798	0%
6	203	0%
7	12	0%

可以看出,大部分乘客一天最经常出行 2 次,如果把这些出行 2 次的刷卡细节按照时间形成一个矩阵,可得图 3-8。

		末次出行时段												
		0 ~ 2	2 ~ 4	4 ~ 6	6 ~ 8	8 ~ 10	10 ~ 12	12 ~ 14	14 ~ 16	16 ~ 18	18 ~ 20	20 ~ 22	22 ~ 24	合计
首次出行时段	0 ~ 2		1	1	28	23	14	39	71	81	62	64	5	389
	2 ~ 4			1	18	13	25	18	90	332	308	35	5	845
	4 ~ 6				564	912	1035	1988	5667	17344	10162	1725	181	39578
	6 ~ 8				604	7944	14218	19078	48595	450200	463309	63897	7249	1075094
	8 ~ 10					657	18638	25097	37577	203237	480059	104944	22082	892291
	10 ~ 12						339	10141	17948	20899	23422	19500	6724	98973
	12 ~ 14							497	9369	19540	11447	11644	7996	60493
	14 ~ 16								531	10767	9123	6733	4924	32078
	16 ~ 18									431	5802	8721	1709	16663
	18 ~ 20										303	6367	1777	8447
	20 ~ 22											110	375	485
	22 ~ 24												2	2
	合计	0	1	2	1214	9549	34269	56858	119848	722831	1003997	223740	53029	2225338

图 3-8 乘客出行分布图

由图 3-8 可以看出,大部分乘客集中在早高峰和晚高峰出行,应该形成一个往返链。对于单一票制,如果能够得到早晨乘客出行的起点,那么乘客最后一次出行的终点便已知。这就是往返关系推断。如果乘客不是偶然性出行,那么该乘客一周的出行应该服从一定的规律,所以可以利用其他天的出行 OD 来推算当天的出行 OD。这叫做规律性关系判断。三个难点需要解决:

(1)如果乘客早晚乘坐的不是一条线路,如何判断共线的出行规律?

(2)如何判断乘客具有规律性出行?

(3)乘客的规律性出行是什么?

对于一天有且只有一次公交出行的乘客或者在推断一天中最后的出行下车站点,可以利用第二天的起始站点和前一天乘客下车站点相距很近的关系来推断下车站点。算法整体流程如图 3-9 所示。

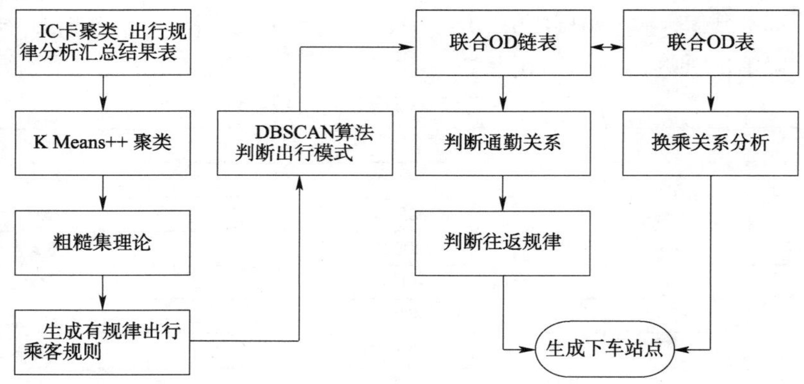

图 3-9　下车站点整体算法流程图

主要的算法优先级是,首先利用换乘关系分析推断乘客的下车站点,如果无法推断出结果,再利用通勤规律推断,如果通勤规律还无法推断出来,则利用往返规律推断。

3.2.1　基于换乘推算下车站点

如果利用贝叶斯决策树算法推断上车信息,则乘客的上车站点和车辆行驶方向已知。由于乘客在乘坐一票制公交车时,在下车时不需要刷卡,所以对于一票制线路,下车站点是未知的。但是可以利用换乘关系来推断出乘客的下车站点,如果乘客的下一行程是分段计价或地铁,那么其上车站点已知,假设下一行程上车站点和上一行程下车站点相邻很近,则上一行程的下车站点便可以推知,即使下一行程的线路是单一票制,其上车站点未知,可以通过两条单一票制线路的位置关系推断出下车站点,即两条线段间站点的最短距离。存在几种换乘类型:

1)一票制换分段计价

一票制换分段计价如图 3-10 所示。

2)一票制换地铁

一票制换地铁如图 3-11 所示。

3)一票制换一票制

一票制换一票制如图 3-12 所示。

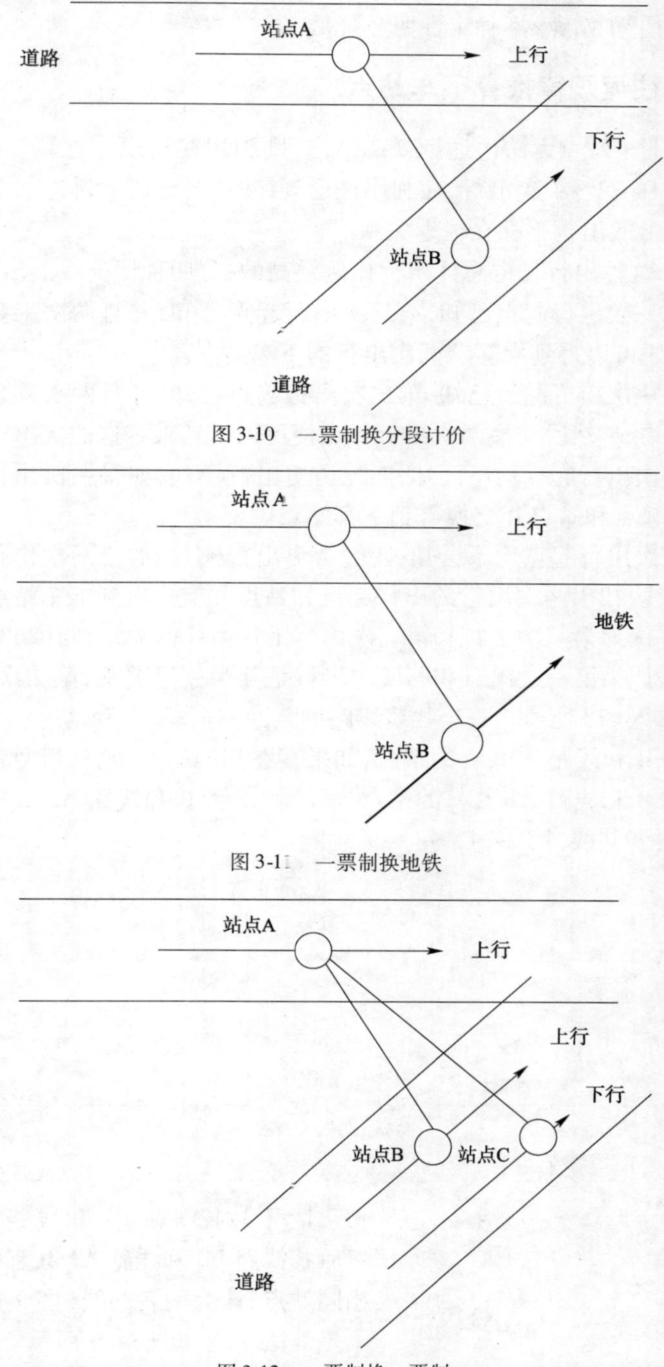

图 3-10　一票制换分段计价

图 3-11　一票制换地铁

图 3-12　一票制换一票制

对于前两种情况，可以通过 GIS 软件得到距离最近的站点；对于第三种情况，可能存在多个可能站点，需要找出距离最近的那个站点作为下车站点。乘客的换乘距离在 500m 内，换乘等待时间要根据不同票制有所变化，具体参数设置参见贝叶斯决策树的换乘推算部分。

需要说明的是，由于乘客上车站点可以推断出来，方向也已知，所以找到的换乘站点应该只有一个，即单方向的下车站点，不确定性明显降低。

3.2.2 基于往返规律推算下车站点

如果出行链的下车站点无法由通勤规律推出，则利用往返规律推算。根据表3-4，发现99%的乘客基本集中在1～4次出行，在利用往返规律时，要分情况讨论如下：

(1)1次出行。1次出行不存在往返关系。

(2)2次出行。这种出行是占总体出行比例最高的，分四种情况：

情况1：如果第一次出行起点已知，第二次出行起点已知，并且两次乘坐线路相同，直接交换两次出行起点便可以得到乘客这两次出行的下车站点。

情况2：如果第一次出行起点已知，第二次出行起点已知，并且两次乘坐线路不同，需要判断两条线路是否共线，然后交换两次出行起点便可以得到乘客这两次出行的下车站点。

情况3：如果两次出行起点均不已知，匹配历史出行模式，如果两次出行的线路相同，找出两次出行的出行起点和站点并交换得到下车站点。

情况4：如果两次出行起点均不已知，匹配历史出行模式，如果两次出行的线路不同，判断两条线路是否共线，找出两次出行的出行起点和站点并交换得到下车站点。

(3)3次出行。认为第一次出行和第三次出行是互为往返关系，同(2)处理。

(4)4次出行。认为第一次出行和第四次出行是互为往返关系，第二次出行和第三次出行是互为往返关系，同(2)处理。关于共线线路的判断，有以下三种情况：

情况1：找线路B和线路A共有的站点，如果存在相同站点，则认为两者共线(图3-13)。

情况2：找线路B和线路A1共有的站点，然后找线路B和线路A2共有的站点，如果存在相同站点，认为两者共线(图3-14)。

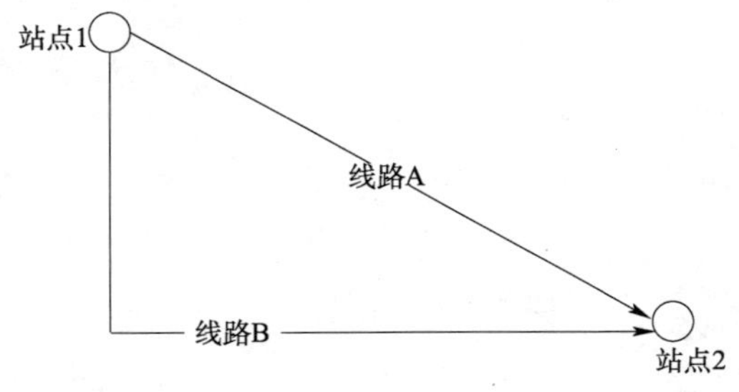

图3-13　共线线路情况1

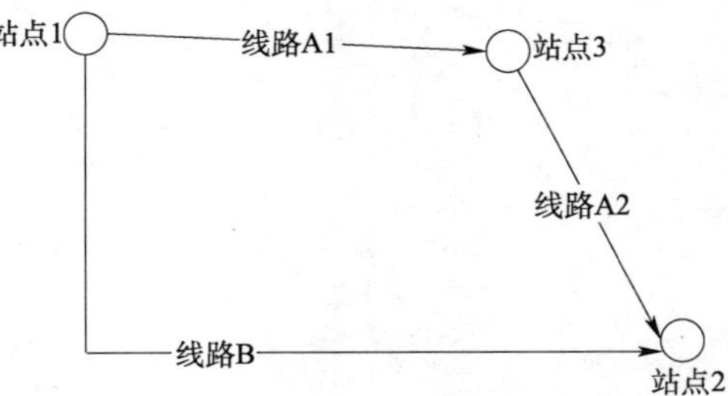

图3-14　共线线路情况2

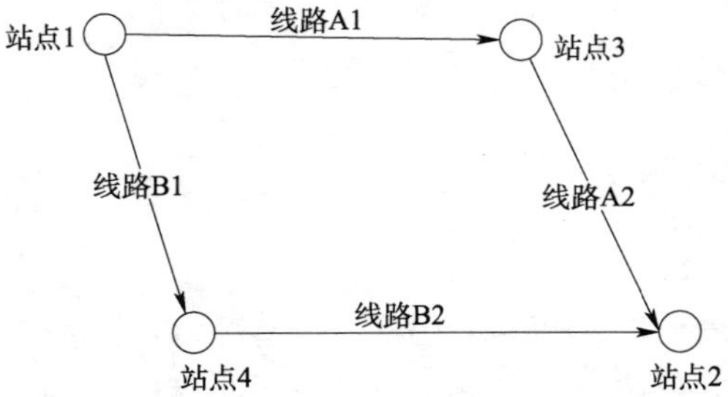

图3-15　共线线路情况3

情况3：找线路B1和线路A1共有的站点，然后找线路B2和线路A2共有的站点，如果存在相同站点，认为两者共线(图3-15)。

算法流程如图3-16所示。

3.2.3 基于长期出行特征

对于规律性出行的乘客，其一周出行有一些共同的特点，这些特点归纳如下：①出行天数比较多;②乘坐的相同线路比较多;③乘客经常在某几个站点上下车;④乘客经常在某几个时段上下车。综合这几个特征,可以得到存在规律性乘客的概率有多大,如果把这种规律性分为5类:非常经常,经常,一般,不经常,非常不经常,用数值型变量对应这几个指标,如表3-6所示。

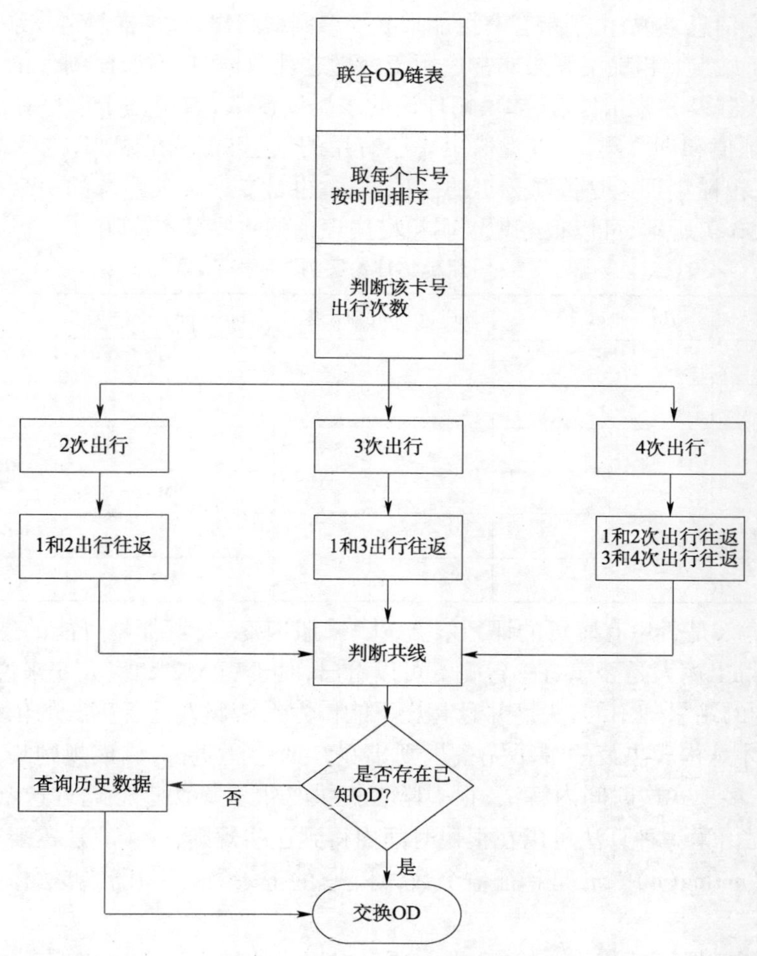

图3-16　往返关系推算下车站点流程图

乘客长期出行数值型变量　　表3-6

规律性	对应变量	规律性	对应变量
非常经常	5	不经常	2
经常	4	非常不经常	1
一般	3		

采用非层次性聚类的方法把不同的乘客分成以上这5类,至此可以得到哪些乘客具有规律性出行。然而这又产生了另一个问题,非层次性聚类需要考虑所有记录的特征来决定每个乘客属于哪种聚类,对于北京公交系统而言,一天的刷卡量就达到1600万,5天的数据可能会有8000万,8000万的数据聚类会对算法效率和可行性产生极大的阻碍,为此,可考虑

根据这些特征值得到一些规律,然后利用这些规律判断乘客的出行规律。

1)乘客的通勤规律聚类

为此,提出了粗糙集理论,粗糙集理论是由波兰学者 Z. Pawlak 于 1982 年提出的一种处理不确定数据的工具[6],这种算法非常适用于处理信息缺失,或者信息不准确的数据,对于北京公交的刷卡信息来说,由于乘客有可能乘坐一票制线路出行,这样就造成乘客的一周规律出行缺失上下行站点。粗糙集算法非常适用于处理这种数据,它不像模糊理论或者其他基于概率的算法需要假设一些条件,比如模糊理论的隶属度函数,或者基于概率算法的概率密度函数。根据特征值和训练集,可以提取出一些有用的信息,也就是规则,这些规则可以用于预测。可以说,粗糙集理论是关联分析的一种方法,也是专家决策系统的一个模块。下面的一个例子,如表 3-7 所示,可以很好地说明粗糙集理论的一些基本应用。

粗糙集理论案例 表 3-7

Patient(病人)	Headache(头疼)	Muscle Pain(肌肉疼)	Temperature(发烧)	Flu(感冒)
1	N	Y	H	Y
2	Y	N	H	Y
3	Y	Y	VH	Y
4	N	Y	M	N
5	Y	N	H	N
6	N	Y	VH	Y

表 3-7 是病人是否患有感冒的评判依据,头疼、肌肉疼、高烧都是可能的感冒症状,医生如何通过诊断得出病人是否患有感冒呢?可以看出,对于病人 2 和病人 5 来说,他们的症状相同,但是得到的结果却不同,头疼并且高烧不能作为判断病人是否感冒的依据。那么到底什么样的规律才是构成决策的最小完备规则集呢?理论证明,构成该规则集是个 NP-Hard 问题,即无法在多项式次时间内解决,很多学者提供了很多算法近似逼近这个最优解,其中 Wróblewski[7] 提出了一种算法可以在很快时间内得到这些规则,这个算法需要很少的内存和很少的时间 $O(mn\log(n))$,m 是特征值个数,n 是总的记录数。采用该算法作为粗糙集规律的提取。

由于粗糙集需要训练集作为输入,即需要已知规律的乘客提取规律信息,训练集取得是利用非层次聚类算法 K-means + +,经典的 K-means 算法对初始点选择有很大依赖性,选择不好聚类的结果不仅会不稳定,可能陷入局部最优,而且算法效率可能极其低下。K-means 经典算法过程为:首先随机选取 K 个初始点,而对于所剩下其他对象,则根据它们与这些聚类中心的相似度(距离),分别将它们分配给与其最相似的(聚类中心所代表的)聚类;然后再计算每个所获新聚类的聚类中心(该聚类中所有对象的均值);不断重复这一过程直到标准测度函数开始收敛为止(聚类间的方差最小)。K-means + + 对经典 K-means 算法初始点选取做了改进,它是由 David Arthur 和 Sergei Vassilvitskii 于 2007 提出来的,具体算法流程如下[8]:

(1)按照均匀分布取第一个聚类中心点。

(2)对每一个点 x,取该点到最近聚类中心点距离,记为 $D(x)$。

（3）随机取一个新点作为聚类中心，该点的选取服从如下规则，其概率密度函数与 $D^2(x)$ 成正比。

（4）重复步骤（2）和步骤（3），直到 k 个中心确定。

初始化完成，进行经典 K-means++ 计算。David Arthur 和 Sergei Vassilvitskii 验证得到 K-means++ 算法至少可以使算法加快 2 倍以上，保证其算法复杂度为 $O(\log k)$，k 为聚类个数。根据以上理论，采用 K-means++ 算法选取聚类，这里距离选取为欧几里得距离。综合几个特征，可以得到实际点到几个特征值中心点到 0 的距离：

$$D_i = \sqrt{(v_{i1}-0)^2+(v_{i2}-0)^2+(v_{i3}-0)^2+(v_{i4}-0)^2} \quad (i = \text{ith centriod})$$

按从大到小排列，便得到 5 个不同的聚类，从非常经常到非常不经常。然后对每一个卡号，计算到 5 个聚类最近的距离，作为该聚类。这样，训练集便产生完毕。将产生的训练集用于训练粗糙集，可以得到一系列规则，这些规则用于判断某一乘客是否存在规律性乘车，例如：

[相同通勤线路 in（3.5;Infinity）]&[相同出行时段 in（16.5;Infinity）]→（DEC = 5）

此语句意味着如果乘客在一周内乘坐相同线路数大于 4 次，并且出行相同时段数大于 17 次，则认为该乘客属于非常有规律的出行的乘客。由粗糙集推出的规则可以作为判断其他规律性乘客的依据，对于大数据量来说，简单几条 SQL 语句即可解决海量数据的挖掘，而且准确率很高，这些具有规律性出行的乘客可以保存在数据库中，隔一段时间更新一次，这些数据不仅可以用于推断下车站点，也为研究公交出行提供了依据。以上算法流程如图 3-17所示。

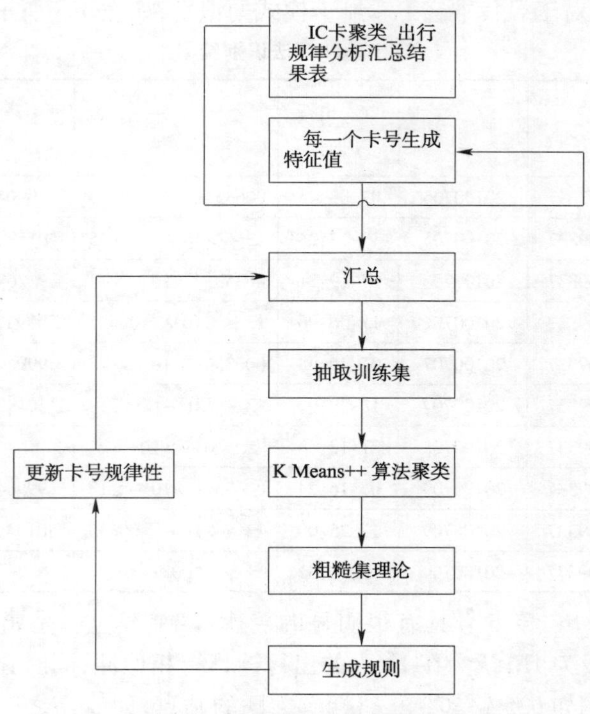

图 3-17　乘客的通勤规律聚类算法流程图

2)乘客的规律性出行模式提取

粗糙集理论仅仅回答了哪些乘客具有规律性出行,究竟乘客的规律性出行是什么,还需要进一步处理[9-10]。这里用到的算法是基于密度的DBSCAN(Density-Based Spatial Clustering of Applications with Noise)算法,不同于层次聚类和K-means算法,DBSCAN算法不需要事先确定类的数目,它将簇定义为密度相连的点的最大集合,能够把具有足够高密度的区域划分为簇,并可在噪声的空间数据库中发现任意形状的聚类。DBSCAN要求二个参量:ε(eps)和极小的点(minPts)。它开始以unvisited的一个任意出发点。它在出发点的距离eps之内发现所有附近点。如果附近点的数量是大于或等于minPts,群被形成。出发点和它的邻居增加到这群,并且出发点被标记为visited。然后递归评估所有未被标记为visited的该群成员,从而对群进行扩展。如果邻居的数量比minPts时较少,则该点暂时被标记作为噪声。如果群充分地被扩展(群内的所有点被标记为visited),然后用重复的算法去处理unvisited点。

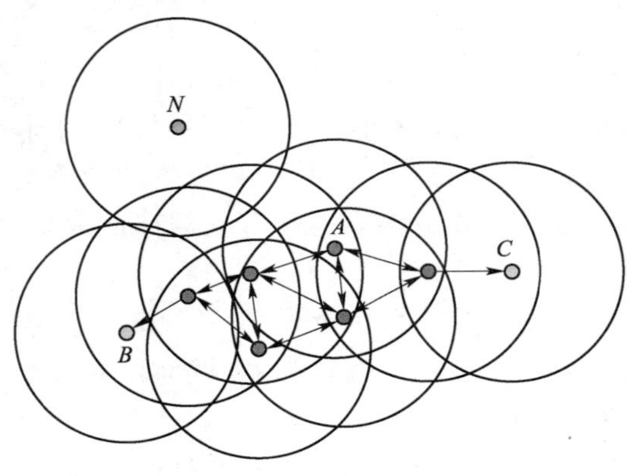

图3-18 DBSCAN算法示意图

图3-18是DBSCAN算法的一个简单说明,深色点代表visited,浅色点代表已经开始新的cluster,每一个点圈定一个距离,然后把在距离内的所有点作为聚类,一直到最后没有新的点可以作为新的聚类,程序结束。可以用以下例子说明DBSCAN算法对于寻找乘客下车刷卡模式的识别,如表3-8所示。

DBSCAN算法识别结果 表3-8

Chain ID	卡　　号	日　　期	首次出行时间	经过线路号	经过站点标识
46388399	1000751018309337	20100705	07:08:45	00635 - >10 - >13	99964,99966 - >50258,50167
46388400	1000751018309337	20100705	18:15:24	13 - >10 - >00635	50192,50245 - >100013,100015
46388401	1000751018309337	20100706	07:19:21	00350 - >10 - >13	91267,91269 - >50258,50167
46388402	1000751018309337	20100706	17:56:08	13 - >10 - >00635	50192,50245 - >100013,100015
46388403	1000751018309337	20100707	07:10:43	00635 - >10 - >13	99964,99966 - >50258,50167
46388404	1000751018309337	20100707	18:29:00	13 - >10 - >00350	50192,50245 - >91276,91278
46388405	1000751018309337	20100708	21:13:58	5 - >10	50125,50246
46388406	1000751018309337	20100709	07:16:24	00635 - >10 - >13	99964,99966 - >50258,50167
46388407	1000751018309337	20100709	17:25:00	13 - >10 - >00635	50192,50245 - >100013,100015
46388408	1000751018309337	20100709	18:30:31	00031	NULL

由表3-8可以看出,该卡号具有很明显的规律,该乘客应该是属于往返出行的。DBSCAN算法中的eps设为1h,认为在1h内的出行链具有相似性,同时在空间上,需要考虑不同线路的共线问题,例如635路和350路拥有共同的站点,即线路之间有重叠,可以利用换乘关系表,找出两条线路重叠的站点,如果存在相同的站点,则认为两条线路共线。可以把

这一周的数据展现在 GIS 平台上，如图 3-19 所示。

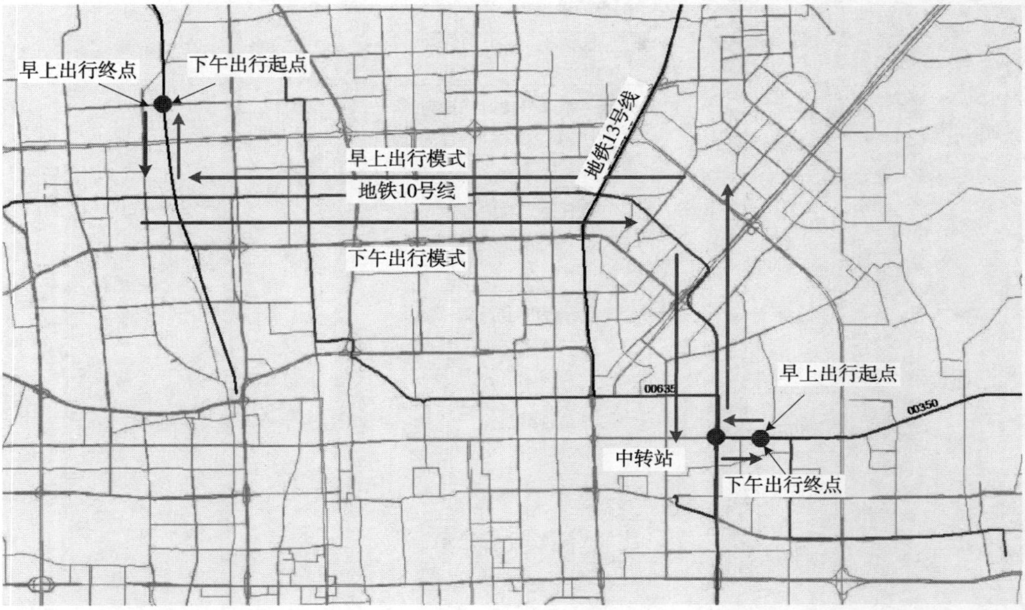

图 3-19 乘客出行规律 GIS 展示

可以发现乘客的出行时间集中在早高峰和晚高峰，是典型的两次出行。通过计算该乘客一周出行信息中最频线路以及起点和终点，可以得到，乘客最经常乘坐 635 路公交车往返于家（朝阳公园附近）和工作地点（五道口附近），他需要在农展馆附近换乘地铁。DBSCAN 算法可以根据时间和空间判断出该乘客在一周内属于 2 次出行的，而且可以找出该乘客最经常出行的时间，以及最频 OD。把这些规律性的模式记录下来，可以作为利用往返关系和通勤规律的数据基础。以上算法流程如图 3-20 所示。

3.2.4 算法验证

采用分段计价数据来验证算法准确性。数据为 2011 年 7 月 5 日，线路为 729 路，历史数据取 2011 年 7 月 5 日到 7 月 9 日一周的数据。数据总量为 348912，其中 729 路共有 IC 卡乘客 37020。根据 K-means + + 和粗糙集算法，得到规律性乘客结果如表 3-9 所示。

规律性乘客结果 表 3-9

乘车规律	乘客数	比例
非常经常	5444	14.7%
经常	12096	32.7%
一般	8620	23.3%
偶尔	6557	17.7%
少见	4303	11.6%

有规律性乘客的比例占到了 7 成，接下来，分析这些乘客的规律性出行，加上下车站点算法得到结果如表 3-10 和图 3-21 所示。

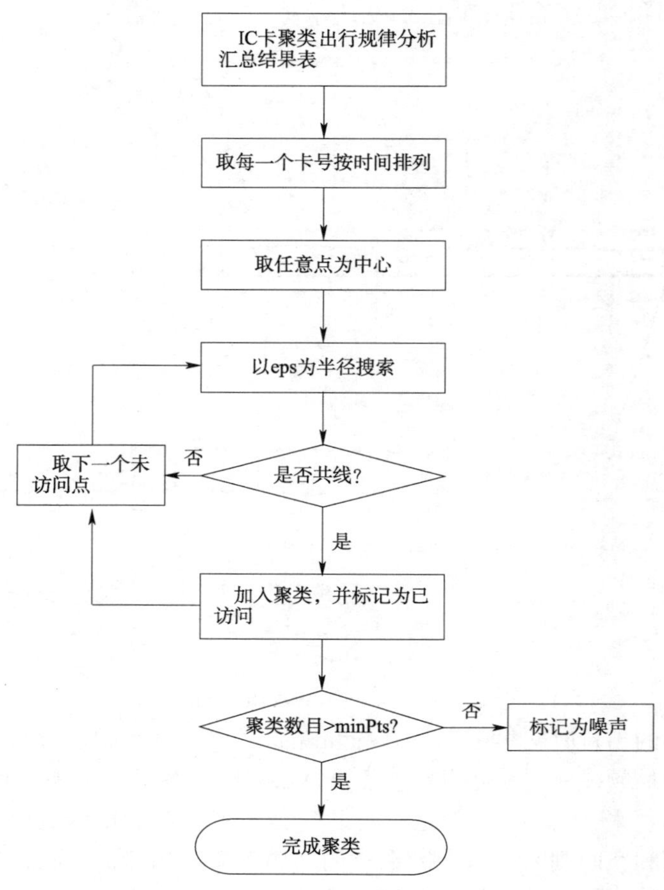

图 3-20　规律性出行模式识别算法流程图

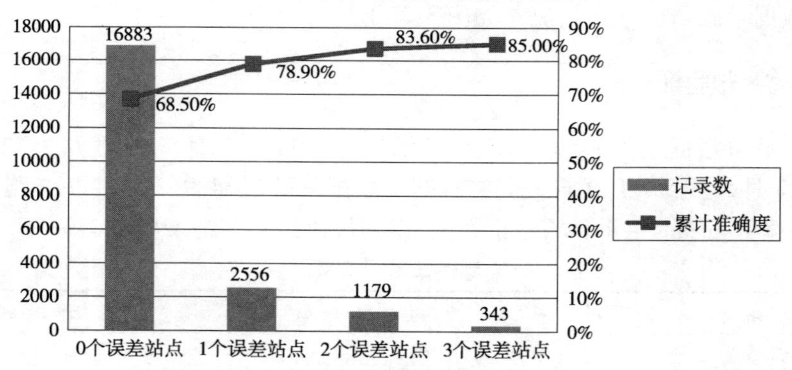

图 3-21　2011 年 7 月 5 日 729 路验证结果

乘客规律性出行结果　　表 3-10

729 路公交	算法推算结果	占推算记录比重	占总记录比重
全部记录	37020		
推算出的记录	24650		66.6%
误差 0 个的记录	16883	68.5%	45.6%

续上表

729 路公交	算法推算结果	占推算记录比重	占总记录比重
误差≤1 个的记录	19439	78.9%	52.5%
误差≤2 个的记录	20618	83.6%	55.7%
误差≤3 个的记录	20961	85.0%	56.6%

同时,还测试了 2011 年 7 月 5 日 976 路和 753 路车辆的下车站点,结果如表 3-11、表 3-12和图 3-22、图 3-23 所示。

976 路车辆的下车站点　　表 3-11

976 路	算法推算结果	占推算记录比重	占总记录比重
全部记录	23054		
推算出的记录	14249		61.8%
误差 0 个的记录	12553	88.10%	45.6%
误差≤1 个的记录	13482	94.60%	52.5%
误差≤2 个的记录	13673	96.00%	55.7%
误差≤3 个的记录	13740	96.40%	56.6%

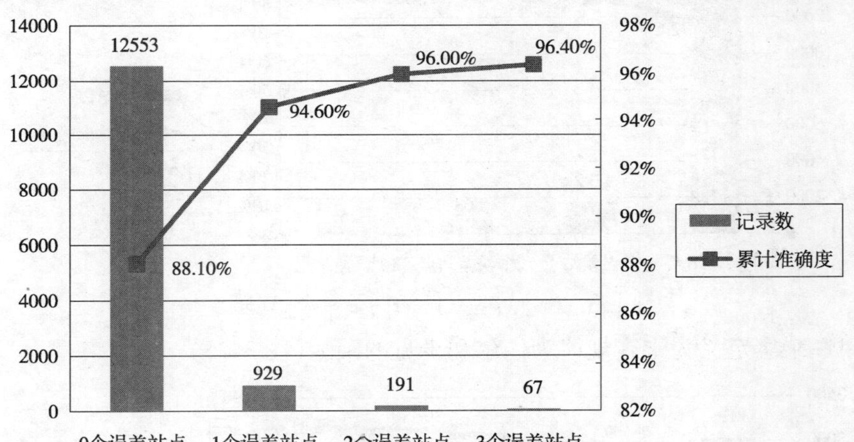

图 3-22　2011 年 7 月 5 日 967 路验证结果

753 路车辆的下车站点　　表 3-12

753 路	算法推算结果	占推算记录比重	占总记录比重
全部记录	27349		
推算出的记录	17629		61.8%
误差 0 个的记录	12553	86.20%	45.6%
误差≤1 个的记录	13482	91.30%	52.5%
误差≤2 个的记录	13673	94.00%	55.7%
误差≤3 个的记录	13740	95.20%	56.6%

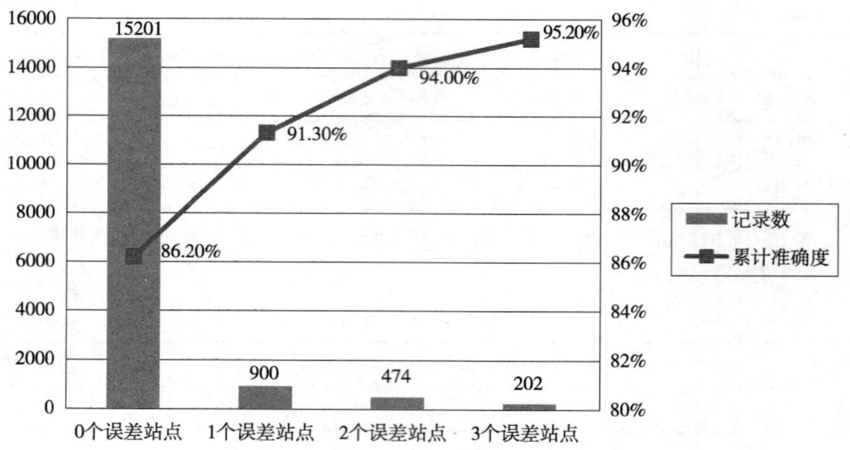

图 3-23　2011 年 7 月 5 日 753 路验证结果

如果对 729 路的乘客按其规律性强弱进行进一步分析，可以将结果细分如下：规律性乘客定义为乘车规律为非常经常、经常和一般的乘客(图 3-24)。

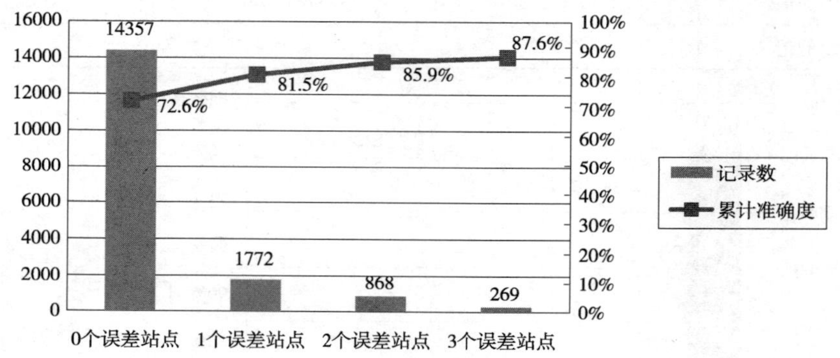

图 3-24　2011 年 7 月 5 日 729 路验证结果

非规律性乘客定义为乘客规律为偶尔和少见的乘客(图 3-25)。

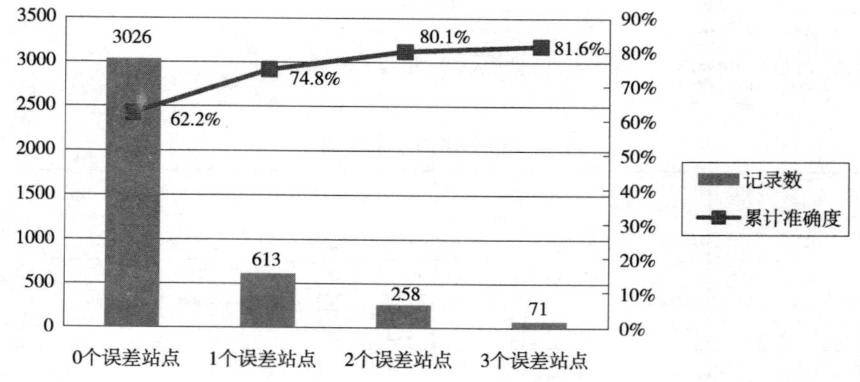

图 3-25　2011 年 7 月 5 日 729 路验证结果

由图 3-24 和图 3-25 可以很明显地看到，有规律性乘车的乘客下车站点推出的比例要远远大于无规律性乘车的乘客。这也从另一个侧面说明了算法的准确性。

本章参考文献

[1] Hofmann M. ,Wilson S. P. ,White P. In automated identification of linked trips at trip level using electronic fare collection data [J]. Transportation Research Board 88th Annual Meeting,2009.

[2] Reddy A. ,Lu A. ,Kumar S. ,et al. Entry-only automated fare-collection system data used to infer ridership,rider destinations,unlinked trips,and passenger miles[J]. Transportation Research Record Journal of the Transportation Research Board,2009,2110:128-136.

[3] Pelletier M. P. ,Trépanier M. ,Morency C. Smart card data use in public transit:a literature review[J]. Transportation Research Part C:Emerging Technologies,2011,19 (4):557-568.

[4] Jang W.. Travel time and transfer analysis using transit smart card data[J]. Transportation Research Record Journal of the Transportation Research Board,2010,2144 (1):1-2.

[5] Janssens D. ,Wets G. ,Brijs T. ,et al. Integrating bayesian networks and decision trees in a sequential rule-based transportation model[J]. European Journal of Operational Research 2006,175(1):16-34.

[6] Pawlak Z. Rough sets[J]. International Journal of Parallel Programming,1982,11(5):341-356.

[7] Wróblewski J. In Covering with Reducts—A Fast Algorithm for Rule Generation[J]. First International Conference Rough Sets and Current Trends in Computing,1998,402-407.

[8] Arthur D. ,Vassilvitskii S. In K-means + + :the advantages of careful seeding[J]. Eighteenth Acm-Siam Symposium on Discrete Algorithms,2007:1027-1035.

[9] Ma X, Wang Y, Chen F, et al. Transit smart card data mining for passenger origin information extraction[J]. Journal of Zhejiang University-Science C,2012,13(10):750-760.

[10] Ma X, Wu Y J,Wang Y,et al. Mining smart card data for transit riders' travel patterns [J]. Transportation Research Part C:Emerging Technologies,2013,36:1-12.

第 4 章　公交到站信息服务优化

公共交通系统的信息化作为目前的研究热点，可以提高公交车辆的有效利用率，实现公交管理从静态到动态、从简单化到智能化的转变，进而实现公交系统的动态调度和运行管理，因此实现公共交通信息化是完善城市公共交通系统的重要内容[1]。

4.1　公交到站信息概况

公交系统信息化不仅仅面向管理者，对乘客而言，信息化同样可以给使用者带来极大的便利。利用先进的信息和通信技术，动态采集、分析公交车辆的行驶信息和道路交通信息，并将结果通过电子站牌、手机或者因特网等手段进行实时发布，可以为乘客提供诸如公共交通拥挤程度、车辆运行时间、换乘信息等。信息的提供可以极大地提高公共交通系统的吸引力，树立城市公共交通的良好形象，提高其运营效率[2]。

基于公共交通大数据，对公交到站信息服务分为两种情况，一种是从乘客个人行为出发，提出一种积极主动的控制策略来预测公交串车，本章首先基于公交 IC 卡获取全面准确的乘客信息，针对多辆车次的数据，并通过识别提取与公交串车密切相关的影响因素，然后利用智能算法来预测公交串车的发生。使乘客了解公交运行情况，合理调控出行时间，提高出行效率；还能使公交运营部门做出相应对策并及时调整公交发车间隔，避免串车的发生，提高公交服务水平。另一种是基于相关向量机的乘客候车时间及其置信区间预测，该方法填补了公交到站时间范围预测的空白。我们引入乘客候车时间范围，将预测结果的不确定性进行量化，以 95% 的概率预测公交将在某个时间段到来，大大提高出行者候车时的“安全感”，公交服务也将有质的提高。

4.2　公交到站信息影响因素分析

公交到站信息服务受到人为因素和环境因素的共同影响，具有一定的随机性和突变性，且也是衡量公交服务水平的重要指标。分析公交到站信息的影响因素，部分因素随时间变化而变化，会对公交到站时间信息产生影响；部分因素虽然自身不会发生变化，但会因为设置的不合理或者其他原因间接影响公交到站信息；还有一些突然因素，一旦发生，将会对到站信息产生很大的影响。本书从乘客自身的出行行为出发，对影响公交到站信息的相关因素从几个方面进行分析。

(1)交通状况

交通状况是影响公交到站信息最直接的因素。如果交通不拥堵，大部分公交车会以正常速度、按照既定的时刻表运行，且在中间各站保持较高的准点率。但当道路发生交通拥堵时,公交车运行速度急剧下降,造成大量乘客在站台的等待时间过长,前车与同线路的相邻下一车次的间隔越来越小,在之后的路线行走中,发生到站信息不准确的可能性增加。

(2)公交出行需求

不断变化的公交出行需求也会对公交到站信息造成很大影响。在低峰时段,乘客需求量不大,能够在规定时间内上车,公交车在站台停靠时间得到保障。但在高峰时段,乘客需求量大,上车时间明显拉长,前车在站台停留超过预定时间,因此缩短了与同线路相邻下一车次的时间间隔,在之后的路线行走中,发生到站信息不准确的可能性增加。

(3)公交线网和站点布置

公交线路和站点的设计是制约公交线网性能的主要因素,也是影响公交到站信息的重要因素。目前,在国内大、中城市中,普遍都存在线路和站点重复、多条线路共用一个停靠站的问题,这些都容易产生公交车排队进站的现象,造成公交资源的浪费,影响公交服务水平。

(4)重大活动及突发事件

重大活动及突发事件是指那些在正常情况下不会发生的,可是一旦发生就会对道路状况产生影响的因素,尤其是一些随机性大、可预测性差、不利于公交公司提前采取措施避免的事件。比如:演唱会、车辆故障、道路施工、交通事故等。

(5)气候因素

气候因素是影响公交串车的外界因素,雾天、空气能见度、降雨、冰雹、降雪等恶劣的天气都会对公交车辆的运行产生很大的影响,进而间接地影响公交串车。

4.3 基于相关向量机的乘客候车时间范围预测

随着交通的日益发达,公共交通在人们的出行中所占的比重也日趋上升,尤其在一些大城市中,越来越多的人选择公交地铁出行,一方面是这种出行成本相对廉价,另一方面是地铁出行时间可靠性高。在公交运营过程中,由于交通拥堵、站点停靠时间和上下车人数的变化等因素影响,公交车辆的到站时间并不规律。尤其是高峰时段,公交车到站时间不太稳定,容易发生串车现象,极大地影响人们的出行效率,降低了公交的服务水平,降低人们对公交服务的满意度。因此很有必要将乘客的候车时间进行精确预测,即提供该公交下一车次的到达时间,这对出行者具有很大的意义。

在现有的研究现状中,已经有一些针对公交到站时间预测的方法。但是有以下几个不足点:①算法本身的局限性。BP 神经网络对初始网络权重非常敏感,容易导致陷入局部最优;卡尔曼滤波采用不断逼近的方式,对公交前几站的到站时间预测精度差,而且计算量大,实时性较差;支持向量机(Support Vector Machine,SVM)算法对惩罚因子十分敏感,对预测精度影响较大,且在核函数的选择上受 Mercer 定理的限制。②GPS 采集数据有限,无法获得公交车在公交停靠站的停留时间,也不能获得公交车在某一个站点的上下车人数,会影响预测精度;而且 GPS 通信易受外界环境(如恶劣天气、高建筑物)影响,对公交旅行时间的判断极为不利。③只给出预测公交到站时间点,这种预测方式不能保证预测结果的可靠性,因此很有必要在保证可靠性的前提下对乘客候车时间范围进行预测,提高乘客候车时的"安全感"。

所以本书为解决以上现有技术的不足,提供一种基于 IC 卡数据的公交乘客候车时间范围的预测方法。该方法是基于相关向量机的乘客候车时间及其置信区间预测，填补了公交到站时间范围预测的空白。

4.3.1 相关向量机简介

相关向量机(Relevance Vector Machine，下文简称 RVM)是 Micheal E. Tipping 于 2001 年提出的，它是基于稀疏贝叶斯框架构建的学习机[3]，是一种有监督的机器学习算法，常用于解决回归和分类问题，与支持向量机相比，它是一种基于贝叶斯的概率学习模型，可以获得概率输出和置信区间输出，下面我们详细介绍一下相关向量机[4]。

给定一个训练集，$D = \{(x_1,t_1),(x_2,t_2),\cdots,(x_N,t_N)\}, x_i \in R^n, t_i \in R, i = \{1,2,\cdots,N\}$，$x_i$ 表示输入，t_i 表示输出，输入输出的关系表示为：

$$t_i = y(x_i;\omega) + \varepsilon_i \tag{4-1}$$

其中 $y(x_i;\omega) = \sum_{i=1}^{N}\omega_i K(x,x_i) + \omega_0$，$K(\cdot,\cdot)$ 为核函数，$\omega = [\omega_0,\omega_1,\cdots,\omega_N]^T$ 是权重矩阵，ε_i 是附加的高斯噪声，即 $\varepsilon_i \sim N(0,\sigma^2)$，因此 $t_i \sim N(y_i,\sigma^2)$。我们假设 t_i 是独立同分布的，在已知 ω,σ^2 的情况下，可得整个训练集的似然函数为：

$$\begin{aligned} P(t|\omega,\sigma^2) &= \prod_{i=1}^{N} P(t_i|\omega,\sigma^2) \\ &= (2\pi\sigma^2)^{-N/2}\exp\{-(2\sigma^2)^{-1}\|t-\Phi\omega\|^2\} \end{aligned} \tag{4-2}$$

其中 Φ 是一个 $N\times(N+1)$ 的核矩阵，$\Phi = [\varphi(x_1),\varphi(x_2),\cdots,\varphi(x_N)]^{\mathrm{T}}$，$\varphi(x_i) = [1,K(x_i,x_1),K(x_i,x_2),\cdots,K(x_i,x_N)]$，如果直接对式(4-2)做最大似然估计，容易导致 ω 和 σ^2 的过拟合。为了避免这一问题，Tipping 引入超参数 α 对 ω 进行限制，使 ω_i 服从高斯分布，即 $\omega_i \sim N(0,\alpha_i^{-1})$，这意味着大部分的 ω_i 在训练的过程中将趋于零，体现了 RVM 的稀疏性。因此根据稀疏贝叶斯原理对每个 ω_i 定义零均值高斯先验分布，则 ω_i 的先验分布为：

$$P(\omega|\alpha) = \prod_{i=0}^{N} N(\omega_i|0,\alpha_i^{-1}) \tag{4-3}$$

其中 $\alpha = [\alpha_0,\alpha_1,\cdots,\alpha_N]$，利用贝叶斯原理可得 t 的后验概率：

$$P(\omega,\alpha,\sigma^2 \mid t) = P(t \mid \omega,\alpha,\sigma^2)\cdot\frac{P(\omega,\alpha,\sigma^2)}{P(t)} \tag{4-4}$$

因此我们的目标是找到使 $P(\omega,\alpha,\sigma^2 \mid t)$ 最大的 ω、α、σ^2。假设我们已经找到这样的 ω、α、σ^2，那么当给定一个新的 x^*，t^* 可以通过式(4-5)得到。

$$P(t^* \mid t) = \int P(t^* \mid \omega,\alpha,\sigma^2)\cdot P(\omega,\alpha,\sigma^2 \mid t)\,\mathrm{d}\omega\mathrm{d}\alpha\mathrm{d}\sigma^2 \tag{4-5}$$

然而式(4-5)中的 $P(\omega,\alpha,\sigma^2 \mid t)$ 难以直接求解，所以我们需要对其进行分解：

$$P(\omega,\alpha,\sigma^2 \mid t) = P(\omega \mid t,\alpha,\sigma^2)P(\alpha,\sigma^2 \mid t) \tag{4-6}$$

式(4-6)中的 $P(\omega \mid t,\alpha,\sigma^2)$ 可以通过式(4-7)求解：

$$P(\omega|t,\alpha,\sigma^2) = (2\pi)^{-(N+1)/2}|\Sigma|^{-1/2}\cdot\exp\left\{-\frac{1}{2}(\omega-\mu)^{\mathrm{T}}\Sigma^{-1}(\omega-\mu)\right\} \tag{4-7}$$

其中 μ、Σ 分别是先验分布的均值和协方差，即：

$$\Sigma = (\sigma^{-2}\Phi^{\mathrm{T}}\Phi + A)^{-1} \tag{4-8}$$

$$\mu = \sigma^{-2} \Sigma \Phi^{\mathrm{T}} t \tag{4-9}$$

其中 $A = \mathrm{diag}(\alpha_0, \alpha_1, \cdots, \alpha_N)$。

关于式(4-6)中的 $P(\alpha, \sigma^2 \mid t)$，Tipping 等引入狄克拉函数来做近似计算，表达式为 $P(\alpha, \sigma^2 \mid t) \approx \delta(\alpha_{\mathrm{MP}}, \sigma^2_{\mathrm{MP}})$，也就是找到 α_{MP}、σ^2_{MP} 使得 $P(\alpha, \sigma^2 \mid t)$ 最大化，即 $\alpha_{\mathrm{MP}} = \arg\max(P(\alpha \mid t))$、$\sigma^2_{\mathrm{MP}} = \arg\max(P(\sigma^2 \mid t))$。

由于 $P(\alpha, \sigma^2 \mid t) \propto P(t \mid \alpha, \sigma^2) P(\alpha) P(\sigma^2)$，所以只需要将 $P(t \mid \alpha, \sigma^2)$ 最大化，$P(t \mid \alpha, \sigma^2)$ 可以通过式(4-10)计算。

$$\begin{aligned} P(t \mid \alpha, \sigma^2) &= \int P(t \mid \omega, \sigma^2) P(\omega \mid \alpha) \mathrm{d}\omega \\ &= (2\pi)^{-N/2} \left| \sigma^2 I + \Phi A^{-1} \Phi^{\mathrm{T}} \right|^{-1/2} \cdot \exp\left(-\frac{1}{2} t^{\mathrm{T}} (\sigma^2 I + \Phi A^{-1} \Phi^{\mathrm{T}})^{-1} t \right) \end{aligned} \tag{4-10}$$

通过极大似然估计对 α、σ^2 进行估计。根据 MacKay 迭代估计法可以获得 α_{MP}、σ^2_{MP}，迭代公式如下：

$$\alpha_i^{\mathrm{new}} = \frac{\gamma_i}{\mu_i^2} \tag{4-11}$$

$$(\sigma^2)^{\mathrm{new}} = \frac{\| t - \Phi\mu \|^2}{N - \Sigma_i \gamma_i} \tag{4-12}$$

其中 $\gamma_i = 1 - \alpha_i \Sigma_{ii}$，$\Sigma_{ii}$、$\mu_i$ 可以通过式(4-9)、式(4-10)获得。因此当给定一个新的 x^*，其对应的预测值的概率分布为：

$$P(t^* \mid t, \alpha_{\mathrm{MP}}, \sigma^2_{\mathrm{MP}}) = \int F(t^* \mid \omega, \sigma^2_{\mathrm{MP}}) \cdot P(\omega \mid t, \alpha_{\mathrm{MP}}, \sigma^2_{\mathrm{MP}}) \mathrm{d}\omega \tag{4-13}$$

由于 $\int P(t^* \mid \omega, \sigma^2_{\mathrm{MP}})$ 和 $P(\omega \mid t, \alpha_{\mathrm{MP}}, \sigma^2_{\mathrm{MP}})$ 都是已知的高斯分布，所以 $P(t^* \mid t, \alpha_{\mathrm{MP}}, \sigma^2_{\mathrm{MP}}) = N(t^* \mid y^*, \sigma^2_*)$，其中，$t^* = \mu^{\mathrm{T}} \varphi(x^*)$，$\sigma^2_* = \sigma^2_{\mathrm{MP}} + \varphi(x^*)^{\mathrm{T}} \Sigma \varphi(x^*)$。因此当给定显著水平 α^*，可得 t^* 的 $1 - \alpha^*$ 的置信区间为：

$$[t^* - t_{*\alpha/2}(N - K - 1)\sigma_*, t^* + t_{*\alpha/2}(N - K - 1)\sigma_*] \tag{4-14}$$

其中 K 代表参数个数，N 代表样本数目。$t_{*\alpha/2}(N - K - 1)$ 通过查找 t 分布表得到，角标 $\frac{\alpha}{2}$ 代表 t 分布的 $\frac{\alpha}{2}$ 分位点。

4.3.2 公交到站时间影响因素变量选择

本节内容是基于 IC 卡数据，选取影响公交到站时间的变量，提取 IC 卡数据中有用的字段，包括车次标识、线路标识、站点标识、到站时间、日期、上车客流量、下车客流量的数据集。针对数据集，进行车次标识匹配，找出两个目标站点车次标识不对应的数据，剔除其对应的数据，设 s 为两个站点的距离，$\bar{v}$ 为平均速度，t 为旅行时间。旅行时间是同一辆车在相邻站点间的时间差，根据 $\bar{v} = \frac{s}{t}$ 获取平均速度，剔除平均速度超出国家规定公交车最高车速的数据。

公交在某一站点的到站时间不太规律，其影响因素有很多，如道路的拥堵情况，各站点的上下车客流量(在高峰时段,乘客需求量大,上车时间明显拉长)等。拥堵情况会直接影响公交车在两个站点的旅行时间,上下车客流量会影响公交车在站点停留时间的长短。预测公交到站时间可以通过预测目标站点的车头时距值,车头时距是衡量两个车次在某一站点的时间差,如果已知两个车次在上一站点的车头时距,那么只需要预测后车在下一站点的车头时距就可以获得后车在下一个站点的到站时间。因此上一站点的车头时距值也是影响公交到站时间的重要因素。假设一条公交线路中有两个站点 A 和 B,公交车次 i 和相邻的公交车次 $i+1$ 先后经过 A 站点和 B 站点,A 站和 B 站可以是相邻或者相隔较远的两个站点,假定 B 站点是预测公交串车的目标站点,则 A 站点是上游站点。本章节选取以下 6 个变量作为影响公交到站时间的因素,作为模型的输入特征。

(1)上游站点 A 的车头时距值(h_A)。

(2)公交车次 i 在上游站点 A 的上车人数 $b_{i,A}$。

(3)公交车次 i 在上游站点 A 的下车人数 $a_{i,A}$。

(4)公交车次 $i+1$ 在上游站点 A 的上车人数 $b_{i+1,A}$。

(5)公交车次 $i+1$ 在上游站点 A 的下车人数 $a_{i+1,B}$。

(6)公交车次 i 在上游站点 A 和目标站点 B 的旅行时间 $T_{i,A}$、$T_{i,B}$。

其中上下车人数可以通过在每个站点的公交 IC 卡的交易记录总数计算出来,公交车次在站点的旅行时间等于公交车到达相邻两个站点的到站时间差值,计算公式如式(4-15)所示,其中 $T_{i,j-1}$ 代表公交车次 i 在站点 $j-1$ 的到站时间,$T_{i,j}$ 代表公交车次 i 在站点 j 的到站时间。

$$TT_{i,j-1} = T_{i,j} - T_{i,j-1} \tag{4-15}$$

那么模型的输出变量为目标站点 B 的车头时距值(h_B)。

4.3.3 基于 RVM 的公交到站时间范围预测——案例分析

根据 4.3.2 节所述,影响公交到站时间的因素主要包括 6 个,我们将这 6 个因素作为 RVM 的输入特征,即 $x_i = \{h_A, b_{i,A}, a_{i,A}, b_{i+1,A}, a_{i+1,B}, T_{i,A} T_{i,B}\}$,$t_i = h_B$。核函数选用径向基函数,其表达式为 $K(x_i,x_j) = \exp\left(-\frac{\| x_i - x_j \|^2}{2\delta^2}\right)$,其中 δ 需要人为给定,或者通过交叉验证得到,值得注意的是 δ 的取值对预测结果有明显的影响。在本章节的案例中,我们取 δ 为 7.5,其他参数初始化为 0~1 之间的随机数。

以北京 AFC 系统中公交线路昌 51 路为例,线路标识为“6385”,选取公交 IC 卡数据字段主要有线路标识、车辆标识、站点标识、到站时间、交易日期,其数据记录如表 4-1 所示。

昌 51 路刷卡数据记录 表 4-1

车次标识	线路标识	方向编号	站点标识	到站时间	时段标识	上车客流量	下车客流量	日期
5410	6385	1	163241	2012-10-13 09:47:00	20	5	2	2012-10-13
5410	6385	1	163242	2012-10-13 09:47:00	20	2	3	2012-10-13

续上表

车次标识	线路标识	方向编号	站点标识	到站时间	时段标识	上车客流量	下车客流量	日期
5410	6385	1	163243	NULL	20	1	2	2012-10-13
5410	6385	1	163244	2012-10-13 09:52:00	20	1	5	2012-10-13
5410	6385	1	163245	2012-10-13 09:57:23	20	0	2	2012-10-13
5410	6385	1	163246	2012-10-13 10:00:00	21	6	4	2012-10-13
5412	6385	1	163241	2012-10-13 14:50:00	30	9	4	2012-10-13

注:表中方向编号"1"代表上行,"0"代表下行。

针对上述数据做数据预处理:

(1)错误数据清理。公交IC卡数据在实际记录、存储和传输过程中,不可避免地产生一些异常错误数据。因此需要对数据字段中的错误数据进行筛选、清理,提高数据准确性。根据线路标识和车辆标识对公交IC卡单日的数据进行统计,清理数据为"0"或者为"NULL"的数据记录,改善数据质量,保留有效的数据。

(2)公交车次匹配。本节对公交IC卡数据处理是按乘客每一天的刷卡数据为基准进行筛选的,首先从数据库中提取某一天的公交IC卡基础数据,以2012年7月2日的某一时间段的乘客刷卡数据为例。其数据如表4-1所示。昌51路站点标识为163246的站点作为目标站点,上一站点标识163245的车次顺序依据目标站点的车次顺序排列,将车次标识不同的记录删除,其对应的记录也随之删除,这样当车次标识统一后求得同一车次在两个站点的旅行时间。

两个站点间的旅行时间的确定需考虑以下两个方面:

(1)旅行时间是上一站点与当前目标站点的到站时间差,应该为正值,如果处理得到的值为负,则应清理删除,并将其对应的记录删除。

(2)根据国家对公交车的最高车速 $v_m = 80$ km/h,由站距表可以获得两个站点的距离 s,可以求得最小旅行时间值 t_{min},计算公式为:$t_{min} = s/v_m$。而两个站点间的最大旅行时间 t_{max} 是由经验值得到,$t_{max} = 2$h。根据上述值可以得到两个站点间的旅行时间,剔除不符合这个范围的记录。

基于上述数据,我们可以计算这两个站点相邻两个车次的车头时距,以及旅行时间的计算,结果如表4-2所示。

昌51路刷卡数据处理结果 表4-2

B站点车头时距	A站点车头时距	AB站点旅行时间	A站点上车人数	A站点下车人数	B站点上车人数	B站点下车人数	日期
15	15	4	5	0	7	11	2012-07-02
20	17	4	2	0	2	3	2012-07-02
31	31.4	1	3	5	5	15	2012-07-02

续上表

B 站点车头时距	A 站点车头时距	AB 站点旅行时间	A 站点上车人数	A 站点下车人数	B 站点上车人数	B 站点下车人数	日　期
13	11	4	2	0	5	5	2012－07－02
26	24	4	1	1	5	2	2012－07－02
19.16666667	21	2	3	2	4	6	2012－07－02
12.25	12	3.833333333	0	2	4	4	2012－07－02
19	19	1	1	1	2	0	2012－07－02

本案例所选用的数据时间跨度为2012－07－01至2012－10－31,其中前三个月用于训练RVM模型,最后一个月用于测试模型。为了验证RVM的准确性和有效性,我们将其余SVM算法进行比较,建立评价指标(MAPE和RMSE),其表达式如下:

$$\mathrm{MAPE}=\frac{1}{n}\sum_{i=1}^{n}\left|\frac{h(i)-\hat{h}(i)}{\bar{h}}\right|\times 100\% \tag{4-16}$$

$$\mathrm{RMSE}=\sqrt{\frac{1}{n}\sum_{i=1}^{n}[h(i)-\hat{h}(i)]^{2}} \tag{4-17}$$

测试结果:

图4-1是基于RVM和SVM算法的预测值与真实值对比。从图4-1可以看出,RVM预测值更接近于真实值,从表4-3可以发现RVM在MAPE和RMSE的误差上均小于SVM,验证了RVM的准确性。

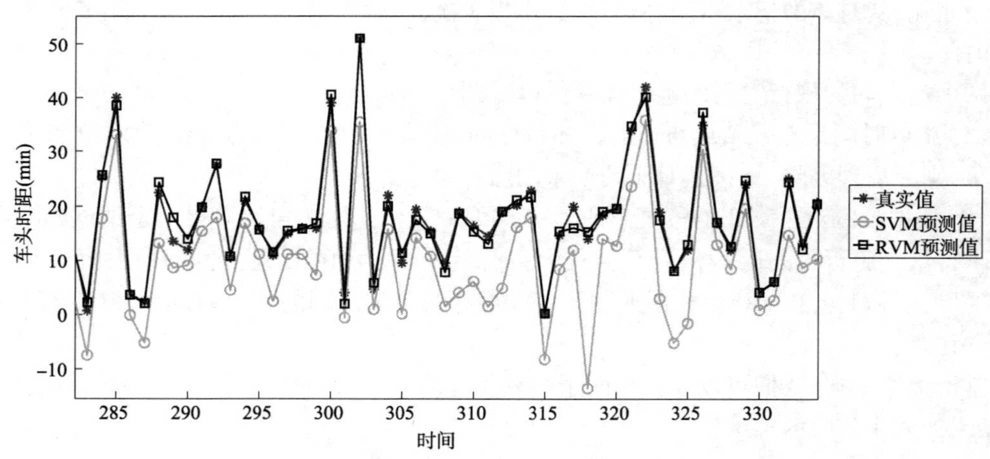

图4-1　RVM和SVM预测值与真实值对比

RVM和SVM误差表　　表4-3

算　法	MAPE	RMSE	算　法	MAPE	RMSE
RVM	14.63%	3.5147	SVM	35.76%	8.8054

图4-2所示为RVM算法车头时距置信区间预测,其置信水平为95%。从图4-2中可以看到,大部分的真实值落在置信区间以内。实际车头时距的均值为18min,而置信区间的宽

度约为 7min,这意味着我们最多只需要提前 7min 到公交站候车,这有利于提高我们的出行效率,验证了 RVM 算法的有效性。

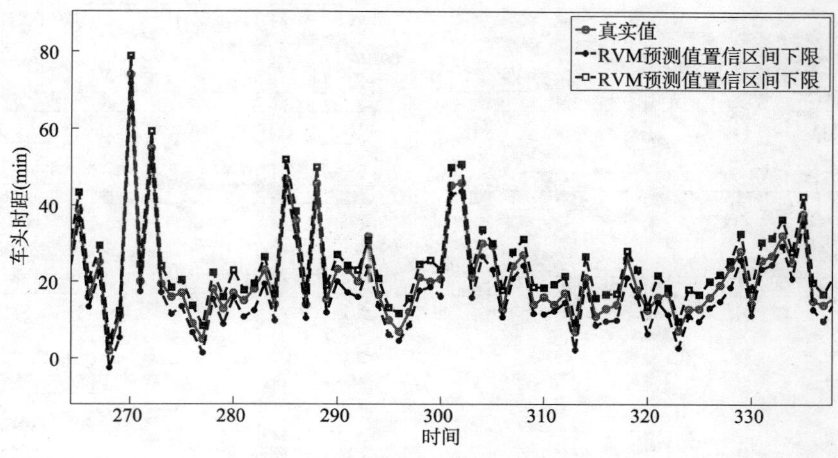

图 4-2　RVM 预测值置信区间与真实值对比

4.4　基于 LS-SVM 的公交串车预测

4.4.1　公交串车概论

在一些计划不稳定、高度密集路线,某辆公交车在某个站点的延误,可能会导致其到下一个站点的时间增加,同时造成下一个站点乘客量和等待时间的增加,进一步增加了该辆公交车的延误时间。另一方面,下一车次的公交车承载的乘客量将会减少,同时减少了站点延误时间,缩短了与前车的时间间隔,这如同滚雪球效应,在之后的同一路线行走中,这两个公交车有很大可能在某一站点相遇。如图 4-3 所示,这种现象被称为公交串车[5-7]。

公交串车的发生可以通过公交线路的车头时距值来检测,我们应当基于一个阈值来定义公交串车。为了识别不规则的公交线路车头时距值,公交运输能力和质量服务手册(TC-QSM)建议运输车辆的实际公交线路车头时距的概率大于计划公交线路车头时距值的一半[8]。北京市公共交通系统采用基于公交线路车头时距值的公交调度策略。由于乘客的需求量、每天的时间延迟和交通状况等原因,大多数公交线路的计划表随时间变化而变化,不能为乘客提供一个固定的时间表。因此,本节将起始站点的公交线路车头时距值作为"计划"的公交线路车头时距值。更为严格的公交串车探测准则如下[6]:

$$\text{公交串车} = \begin{cases} 1 & \text{如果 } h_i < \dfrac{h_1}{4} \\ 0 & \text{其他情况} \end{cases} \tag{4-18}$$

式中, h_i 为在任一个站点预测的公交线路车头时距值; h_1 为相同路线起始站点的公交线路车头时距值。

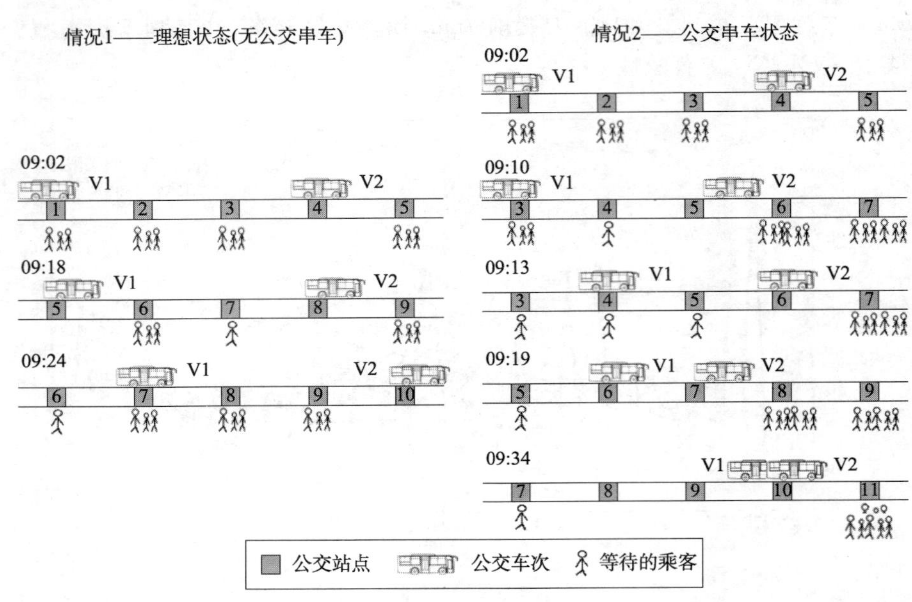

图 4-3　公交串车现象说明图

4.4.2 LS-SVM 简介

Vapnik 等人根据应用统计学的 VC 维理论提出了一种新的通用机器学习算法——支持向量机[9],采用结构风险最小化原理提高泛化能力,可以很好地解决小样本、非线性和高维数等实际问题,现如今已广泛应用于分类、回归、时间序列预测等领域。但是,在解决数据规模比较大的问题上,SVM 的运算速度会明显变慢,不利于在线应用。

在标准支持向量机的目标函数中增加误差平方和项则组成了最小二乘支持向量机(Least Squares Support Vector Machines,LS-SVM)。在这里我们以非线性系统为例,其中非线性回归函数公式为:

$$y(x) = \omega^{\mathrm{T}}\varphi(x) + b \tag{4-19}$$

式中,输入数据是 $x \in R^n$,是作为预测输出变量的影响因素,n 是所选输入变量的维数,输出数据是 $y \in R$,非线性映射 $\varphi:R^m \rightarrow R^N$ 将输入数据映射到一个高维特征空间 H, $\omega \in R^N$, $b \in R$,为了求出向量 ω 和标量 b,给定训练数据集 $\{x_k, y_k\}_{k=1}^{M}$,M 是已知数据点的总数。根据结构最小化原理,综合考虑函数复杂度和拟合误差,LS-SVM 函数的目标优化可以按照以下公式进行定义:

$$\min_{\omega,b,e} J(\omega,e) = \frac{1}{2}||\omega||^2 + \frac{1}{2}\gamma\sum_{k=1}^{M}e_k^2, s.\ t.\ y_k = \omega^T\varphi(x_k) + b + e_k \qquad (k=1,\cdots,M) \tag{4-20}$$

式中, $e \in R^{M\times 1}$ 为误差向量; γ 为正则化参数,误差的惩罚程度是由此函数决定; e_k 为松弛变量。

为解决上述函数目标优化,可以建立拉格朗日函数,将约束优化转化为简单的无约束优化,其公式为:

$$L(\omega,b,e,\alpha) = \frac{1}{2}||\omega||^2 + \frac{1}{2}\gamma\sum_{k=1}^{M}e_k^2 - \sum_{k=1}^{M}\alpha_k(\omega^{\mathrm{T}}\varphi(x_k) + b + e_k - y_k) \tag{4-21}$$

其中，$\alpha_k(i=1,\cdots,n)$ 是拉格朗日乘子。根据最优性条件，分别求拉格朗日函数 $L(\omega,b,e,\alpha)$ 关于变量 (ω,b,e,α) 的偏微分，得

$$\begin{cases} \frac{\partial L}{\partial \omega}=0 \to \omega=\sum_{k=1}^{M}\alpha_k\varphi(x_k) \\ \frac{\partial L}{\partial b}=0 \to \sum_{k=1}^{M}\alpha_k=0 \\ \frac{\partial L}{\partial \omega}=0 \to \omega=\sum_{k=1}^{M}\alpha_k\varphi(x_k) \\ \frac{\partial L}{\partial \alpha_k}=0 \to \omega^{\mathrm{T}}\varphi(x_k)+b+e_k-y_k=0 \end{cases} \tag{4-22}$$

由 $\alpha_k=\gamma e_k$ 可知，只要 e_k 不为0，拉格朗日乘子就不为0，因此，LS-SVM 丧失了稀疏性。整理方程组(4-22)，消去变量 ω 和 e_k，得到以下方程：

$$\begin{bmatrix} 0 & \vec{1}^{\mathrm{T}} \\ \vec{1} & \Omega+\gamma^{-1}I \end{bmatrix}\begin{bmatrix} b \\ \alpha \end{bmatrix}=\begin{bmatrix} 0 \\ y \end{bmatrix} \tag{4-23}$$

其中，$\vec{1}=[1,\cdots,1]^{\mathrm{T}}$ 为 $M\times1$ 维列向量，$y=[y_1,\cdots,y_M]^{\mathrm{T}}$，$\alpha=[\alpha_1,\alpha_2,\cdots,\alpha_M]^{\mathrm{T}}$，$\Omega$ 是一个 $M\times M$ 阶对称矩阵，其中元素 $\Omega_{ij}=\varphi(x_i)^{\mathrm{T}}\varphi(x_j)=K(x_i,x_j)$，$K(x_i,x_j)$ 为核函数，这样计算比较简便，是因为用原空间的核函数取代了高斯特征空间中的点积计算。根据上述计算求解线性方程组，可以得到 α 和 b，则非线性回归预测模型表达式为：

$$f(x)=\sum_{k=1}^{M}\alpha_k K(x,x_k)+b \tag{4-24}$$

4.4.3 基于 LS-SVM 的公交串车预测——案例分析

本节所述的公交串车预测主要包括两个部分：首先预测公交车在某一站点的车头时距，然后根据车头时距来判断是否发生串车。值得注意的是，在4.3节里面，我们已经对影响公交到站时间的因素进行了深入的分析，并筛选出6个影响公交车车头时距的因素，具体细节本节将不再叙述。本节的案例分析所选取的样本与4.3节的样本相同，数据预处理过程详见4.3.3节。

1）车头时距预测

本案例选取径向基核函数作为 LS-SVM 回归预测模型中的核函数，LS-SVM 回归模型在建模过程中要确定两个参数：正则化参数 γ，径向基核函数的宽度 σ。这两个参数对 LS-SVM 的性能有很大影响。因此，只有选择合适的模型参数，才能使 LS-SVM 回归模型的预测效果好。

γ 是经验风险与正则化部分之间的平衡因子，我们需要根据公交 IC 卡数据的特性来确定模型的复杂度以及对拟合偏差的惩罚程度。γ 取值过小，对偏差的惩罚忽略不计，模型过于简单，造成机器欠学习；γ 取值过大，对偏差的惩罚变得重要，造成训练数据过学习，并导致泛化性能恶化。γ 一般取一个较大的正数。

σ 是核函数的参数，其直接影响支持向量数目的参数，反映了训练数据集的特性，对于系统的泛化能力有影响。σ 过小，支持向量多，导致过饱和；σ 过大，支持向量减少，模型简

单导致模型精确度降低。σ 一般取 0～1 之间的正数。

如何合理选择 LS-SVM 回归预测模型的参数,目前尚缺乏一致认可的方法,一般都是凭借经验、实验对比或大范围的搜寻等方法进行寻优,这些方法人为因素太多,易陷入局部极小,影响了 LS-SVM 的实际应用。

K 交叉验证是一种高度并行的、随机的、自适应的全局优化算法,适用于解决复杂的非线性优化问题,本节采用 K 交叉验证算法对 LS-SVM 模型参数进行优化求解,可提高模型的预测精度。

交叉验证基本思想是在某种意义下把原始数据进行分组,一部分作为训练集,另一部分作为验证集,首先用训练集对分类器进行训练,再利用验证集来测试训练得到的模型。应用于 LS-SVM 回归模型的参数的具体过程为:将训练集分成 k 份相等的子集,每一次都将 k 份中的 $k-1$ 份数据作为训练数据,而将剩下的那一份数据作为测试数据。通过反复操作 k 次相同的步骤,并通过 k 次迭代,期望泛化误差将通过得出的 MSE 平均值来估计,最后选取一组最优的参数来作为核函数的参数 σ。

利用上述方法得到最佳参数 γ 和 σ,利用训练集对 LS-SVM 进行训练,并通过测试集对模型进行验证,评价指标仍然采用 MAPE 和 RMSE。

2)串车判别与分析

公交串车预测本质上是一个基于公交线路车头时距的二进制分类预测。在公交串车探测背景下,选取精确度(Accuracy,ACC)、灵敏度(Sensitivity,SES)和特异度(Specificity,SPC)作为性能评价指标。灵敏度也被称为真阳性率,它代表正确识别出串车事件的比例。特异度也被称为真阴性率,它代表正确识别出非串车的比例[10]。

$$\text{准确度}=\frac{\text{正确的预测事件数}}{\text{总事件数}}$$

$$\text{灵敏度}=\frac{\text{预测的正确串车个数}}{\text{实际总串车个数}}$$

$$\text{特异度}=\frac{\text{预测的正确非串车个数}}{\text{实际总的非串车个数}}$$

4.4.4 公交串车预测评估与对比

1)实验数据来源

为了获得相应的实验数据,并验证所选取的回归预测模型的效果,研究使用北京郊区的实际公交线路数据进行实例研究,使用的数据来自北京 AFC 系统,此系统涵盖 1000 多个公交线路和 17 条地铁线路。选取北京郊区的两条实际公交路线——昌 51 路和房 15 路,且都是分段计价制公交线路,公司按照乘客乘车距离计价收费,乘客上下车都要刷卡,因此交易数据有上车刷卡时间及上下车站点信息。其中在地理信息系统(GIS)地图上,公交线路和站点的布局图如图 4-4 和图 4-5 所示。

本实验从 2012 年 7 月 1 日开始采集昌 51 路和房 15 路相邻的 6 个站点的公交 IC 卡数据,截止到 2012 年 10 月 31 日共有四个月的数据。由于图 4-4 和图 4-5 中黑色虚线圆圈区域发生公交串车的频率高,所以被选中作为研究区域,其中公交线路和站点分别采用黑色和圆点突出显示。公交线路昌 51 路,在站点 49868 的公交串车预测是通过先前的 49863 到

49867 站点探测的；公交线路房 15 路，在站点 42915 的公交串车预测是通过先前的 42910 到 42914 站点探测的。选用前三个月的数据作为训练数据来标定模型，后一个月的数据作为测试数据来检验模型的预测性能。

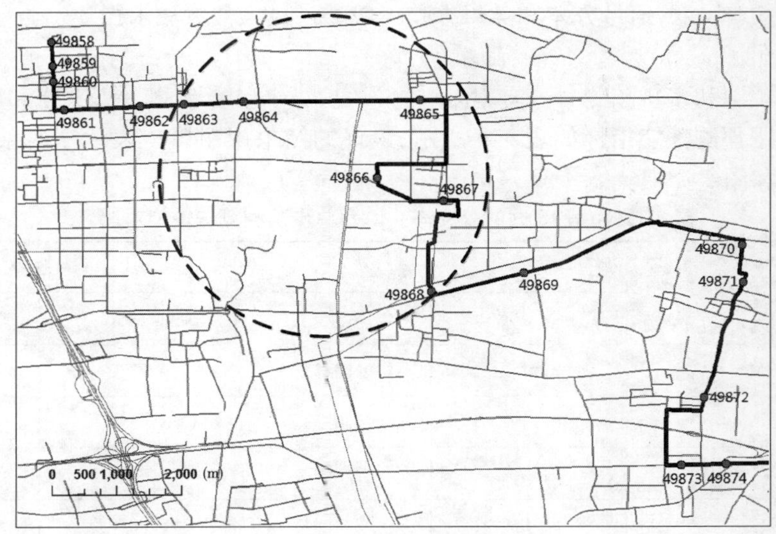

图 4-4　昌 51 路公交线路和站点布局图

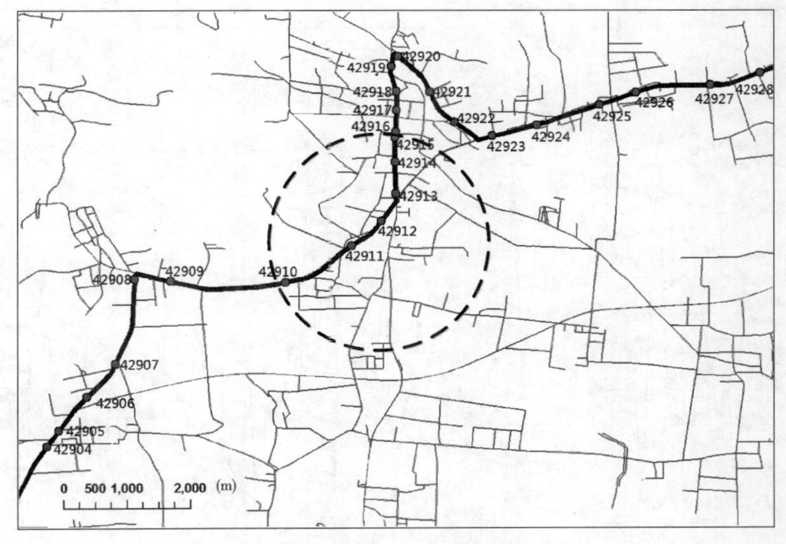

图 4-5　房 15 路公交线路和站点布局图

2）公交串车预测模型评估与对比

根据公交车头时距和公交串车二分类的预测性能，选取四个回归预测模型——人工神经网络（ANN）、K 近邻（KNN）、随机森林（RF）和高斯过程回归（GPR），与最小二乘支持向量机（LS-SVM）模型进行分析比较。这些算法根据原始数据在 MATLAB 实现。其中 5 倍交叉验证技术用于确定 LS-SVM 回归模型的最优参数设置。为了公平地比较这四种回归算法和 LS-SVM 的预测效果，我们通过不同的参数设置对每个算法进行多次试验，选出参数最优化的算法。其中 ANN 通过运行 10 次求平均,并且最大迭代 1000 次的方式来消除结果波动,设置学习率为 0.001,隐层单元设为 10;KNN 的 K 值最终取 10,输出即为测试点与它近邻标准化欧氏距离的倒数的加权值;GPR 的性能主要体现在协方差函数及其超参数的设置上[11],超参数方差尺度、信号方差和噪声方差一般通过极大似然法求得。

(1)单步预测

通过单步预测和多步预测对公交串车进行研究,对于单步预测,昌 51 路和房 15 路的公交线路车头时距预测性能指标如表 4-4 所示,最优的结果用粗黑体表示。两条路线的结果展示在图 4-6 和图 4-7 中。

昌 51 路和房 15 路的公交车头时距单步预测算法性能对比 表 4-4

算　法	昌 51 路		房 15 路	
	MAPE	RMSE	MAPE	RMSE
LS-SVM	**5.41%**	**1.3439**	**4.97%**	**3.3495**
KNN	6.71%	2.0933	8.43%	3.9851
ANN	9.99%	7.2992	7.46%	7.3128
RF	8.70%	2.7804	8.08%	3.7639
GPR	10.24%	4.1122	9.63%	5.7565

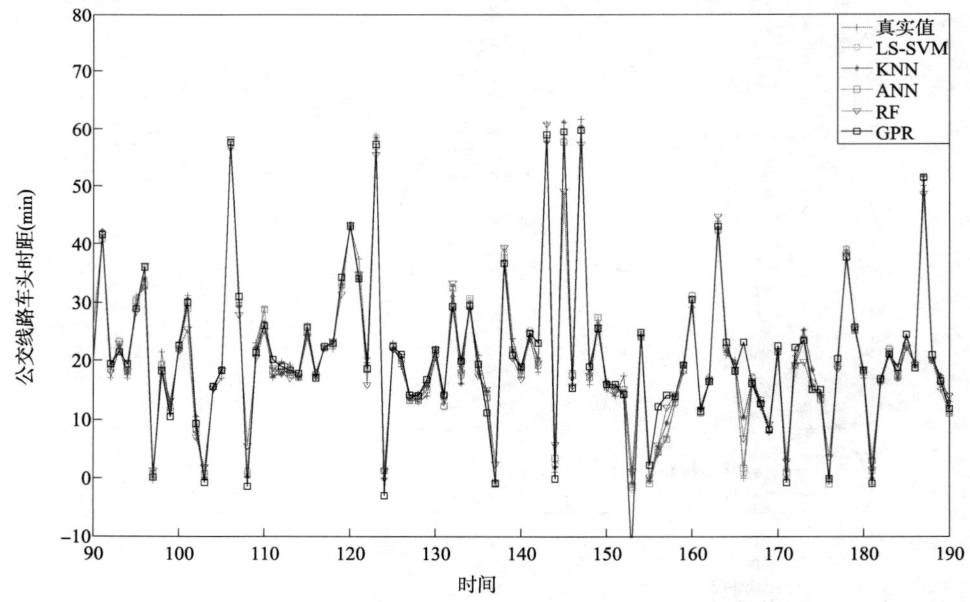

图 4-6 昌 51 路在 49868 站点的公交线路车头时距单步预测结果展示

对于公交昌 51 路,在 49868 站点公交线路车头时距平均值是 19.8min,标准差是 14.6min;而对于公交房 15 路,在 42915 站点公交线路车头时距平均值是 17.0min,标准差是 13.7min。在实际情况下,昌 51 路的公交串车率是 17.5%,高于房 15 路的公交串车率 14.4%,这个结果与图 4-6 和图 4-7 展示的不规则公交线路车头时距值保持一致,而且这个结果意味着公交串车很可能发生在公交线路车头时距偏差高的线路上。

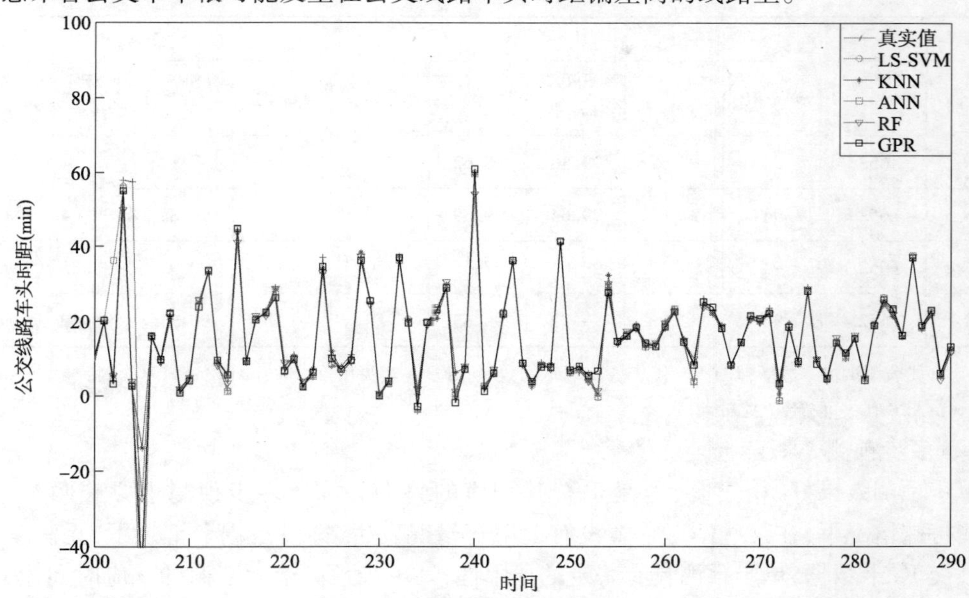

图4-7 房15路在42915站点的公交车头时距单步预测结果展示

如表4-4所示,不难发现对比其他四种算法,LS-SVM算法有最好的预测性能,公交路线昌51路和房15路对应的MAPE值分别是5.41%和4.97%。由于如图4-6和图4-7所示昌15路展示的是更为不规则的公交线路车头时距,所以预测昌51路的公交线路车头时距比房15路的更有挑战性。这个也解释了昌51路MAPE值比房15路的高的原因。对于其他四种算法,GPR表现得最差,接着是ANN和KNN算法。GPR算法是基于核函数的非线性多元回归模型,它假定随机变量服从高斯分布。而这个规则可能不适用于预测公交线路车头时距。ANN可以处理随机和非线性数据,但是在它的初始化问题上容易陷入局部最优,因而由于机器学习失败造成高均方误差(MSE)(表4-4)。RF在噪声过大的回归问题方面容易发生过拟现象,对于属性数据,且对于不同取值的属性的数据,取值划分较多,对随机森林影响越大,本节选取6个自变量易造成随机森林机器学习失败。因此,从有效性和鲁棒性的角度来看,LS-SVM回归预测模型优于其他四种算法。

基于公交车头时距预测值,接下来根据公式(4-18)探测公交串车的发生。结果如表4-5所示。

如表4-5所示,在昌51路和房15路线路上,LS-SVM算法预测的串车准确率和灵敏度超过其他四种算法。LS-SVM回归模型成功地识别两条公交线路上的所有公交串车事件,生成虚警概率低至0.18%和1.28%。

昌51路和房15路的公交串车单步预测性能对比 表4-5

算法	昌51路					房15路				
	Size	# of BB	SES (%)	SPC (%)	ACC (%)	Size	# of BB	SES (%)	SPC (%)	ACC (%)
LS-SVM	652	94	**100**	**99.82**	**99.85**	756	132	**100**	98.72	**98.94**

续上表

算法	昌 51 路					房 15 路				
	Size	# of BB	SES (%)	SPC (%)	ACC (%)	Size	# of BB	SES (%)	SPC (%)	ACC (%)
KNN	652	94	93.62	99.46	98.62	756	132	87.12	98.24	96.30
ANN	652	94	97.87	99.64	99.39	756	132	84.85	**99.04**	96.56
RF	652	94	85.11	99.64	97.55	756	132	90.91	98.08	96.83
GPR	652	94	82.98	98.92	96.63	756	132	90.91	98.40	97.09

注:Size 代表测试样本数量;# of BB 代表公交串车的数量;SES 代表灵敏度(Sensitivity);SPC 代表特异度(Specificity);ACC 代表准确率(Accuracy)。

(2)多步预测

单步预测效果好,精度高,但是也有其相应的弊端。选择多步预测主要有两个原因:①一些特殊情况下,在某些站点乘客没有上下车情况发生,即没有刷卡记录下,无法获得所需的公交 IC 卡数据,单步预测具有一定的局限性;②单步预测给运营商的反应时间短,不能及时做出相对策略,运营商更希望早点预测出串车发生并能及时做出有效对策。因此我们将距离预测的第一个目标站点 2 ~5 个站点的下游站点数据作为输入信息,然后评估这些多步预测的性能。对于公交昌 51 路和房 15 路,多步预测公交线路车头时距值算法性能对比分别如表 4-6 ~ 表 4-9 所示。

昌 51 路和房 15 路的公交线路车头时距两步预测算法性能对比 表 4-6

算　法	昌 51 路		房 15 路	
	MAPE	RMSE	MAPE	RMSE
LS-SVM	**6.82%**	**1.9707**	**6.05%**	**3.2269**
KNN	7.27%	2.2184	9.17%	3.9845
ANN	9.06%	8.4504	7.97%	4.1344
RF	9.58%	3.4527	9.37%	3.7836
GPR	8.23%	2.5438	11.34%	5.5539

昌 51 路和房 15 路的公交线路车头时距三步预测算法性能对比 表 4-7

算　法	昌 51 路		房 15 路	
	MAPE	RMSE	MAPE	RMSE
LS-SVM	**7.63%**	**1.8817**	**6.78%**	**4.0160**
KNN	9.11%	2.5792	7.72%	4.4668
ANN	10.07%	5.9997	7.75%	5.5259
RF	9.96%	2.8372	9.73%	4.9867
GPR	10.94%	3.8851	10.19%	4.9997

昌 51 路和房 15 路的公交线路车头时距四步预测算法性能对比 表 4-8

算 法	昌 51 路		房 15 路	
	MAPE	RMSE	MAPE	RMSE
LS-SVM	**7.26%**	**2.5174**	**2.50%**	**1.9941**
KNN	8.02%	2.6210	5.14%	15.6407
ANN	9.55%	4.4681	4.27%	6.4230
RF	9.32%	3.1961	9.24%	15.6704
GPR	10.46%	3.6914	4.33%	5.9344

昌 51 路和房 15 路的公交线路车头时距五步预测算法性能对比 表 4-9

算 法	昌 51 路		房 15 路	
	MAPE	RMSE	MAPE	RMSE
LS-SVM	15.80%	5.9399	**5.19%**	**2.3652**
KNN	**14.68%**	**5.8779**	6.65%	3.4094
ANN	14.84%	6.8900	6.27%	4.2713
RF	15.44%	6.0225	10.51%	5.0473
GPR	19.77%	8.0360	13.82%	11.8483

随着预测步骤的增加,所有算法的预测指标没有显著恶化。LS-SVM 回归模型在公交线路昌 51 路和房 15 路上,除了一个场景(在公交线路昌 51 路第五步预测算法性能)预测效果不显著以外,其他场景都具有最佳性能。对于这个特殊场景,仔细检查这个异常显示,可观测出测试数据中有高稀疏数据,更为极端的公交线路车头时距(由于长时间的交通延误所致)发生,而偏离了公交线路车头时距其他场景的平均分布(图 4-8)。LS-SVM 回归模型未能预测出极端公交线路车头时距,这些数据如图 4-8a)呈现的圆圈中的数据点,引起算法预测失败的原因可能是高拥堵交通状况,这些情况通过图 4-8b)圆圈中突然上升的旅行时间衡量出。当旅行时间突然变化,对应的不规则的公交线路车头时距值出现。而这些极端值不能充分被 LS-SVM 学习到,这也是 LS-SVM 回归算法一个主要缺点[12,13]。LS-SVM 回归模型由于缺乏稀疏性不能有效处理异常值或噪声[14]。一个可能的补救方法是引入鲁棒回归加权模型[15]。对比其他情况,LS-SVM 回归模型具有最小的 MAPE 值和 RMSE 值,优于其他四种算法。

图 4-9 和图 4-10 直观地展示了昌 51 路和房 15 路公交车的公交线路车头时距多步预测下 MAPE 和 RMSE 的变化情况。

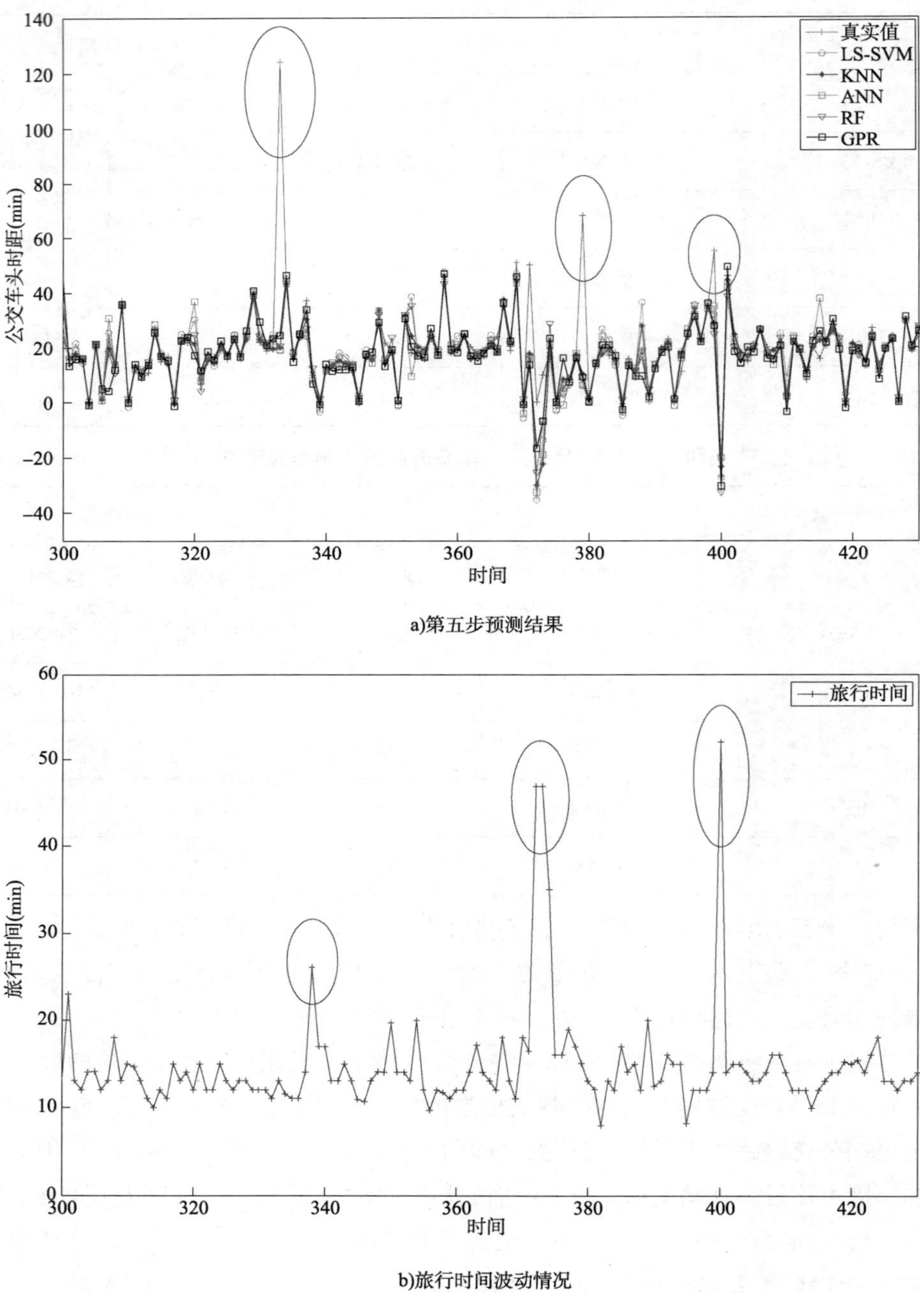

a)第五步预测结果

b)旅行时间波动情况

图 4-8　昌 51 路在站点 49868 极端公交车头时距值分析

基于车头时距预测值,我们可以根据公交串车定义探测公交串车的二分值,并与实际二分值进行对比,计算预测误差评价指标。多步预测公交串车算法性能对比分别如表 4-10 ~ 表 4-13 所示。

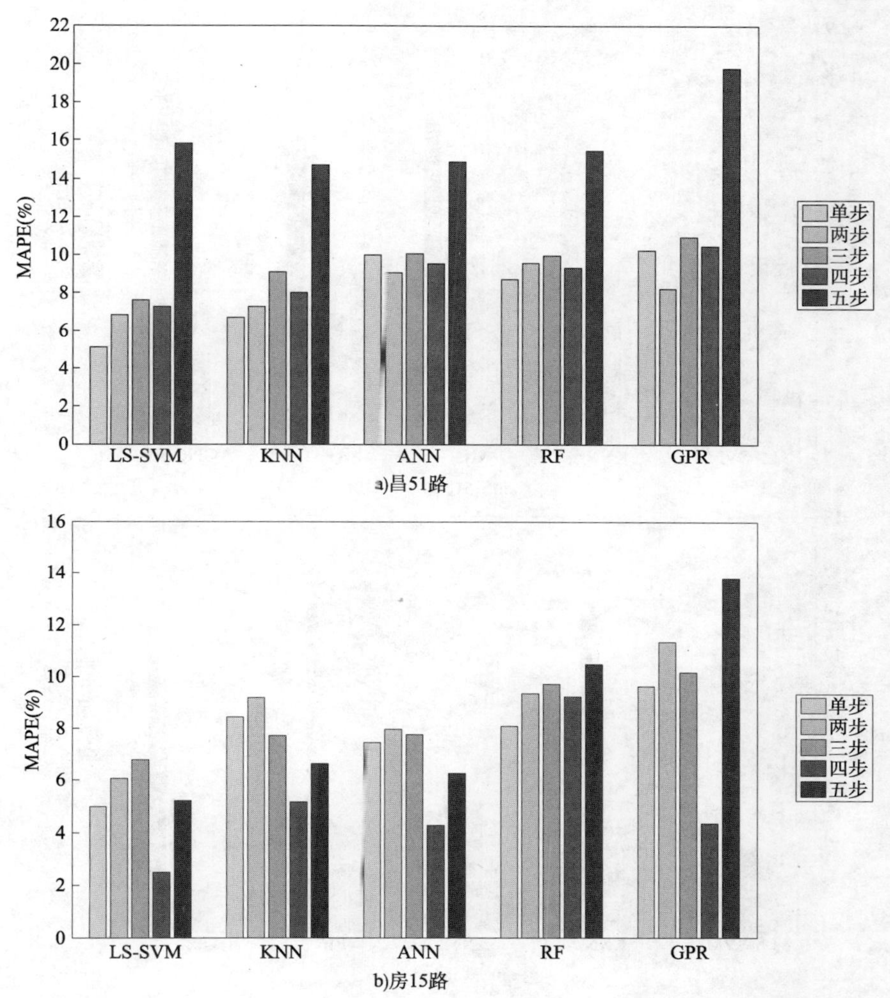

图 4-9 公交线路车头时距多步预测下 MAPE 对比

昌 51 路和房 15 路的公交串车两步预测算法性能对比 表 4-10

算 法	昌 51 路					房 15 路				
	Size	# of BB	SES (%)	SPC (%)	ACC (%)	Size	# of BB	SES (%)	SPC (%)	ACC (%)
LS-SVM	743	87	**100**	99.85	**99.87**	824	138	**95.65**	98.83	**98.30**
KNN	743	87	**100**	99.54	99.60	824	138	88.41	97.81	96.24
ANN	743	87	98.85	**100**	**99.87**	824	138	78.26	**99.27**	95.75
RF	743	87	94.25	99.85	99.19	824	138	86.96	98.54	96.60
GPR	743	87	97.70	99.70	99.46	824	138	88.41	97.23	95.75

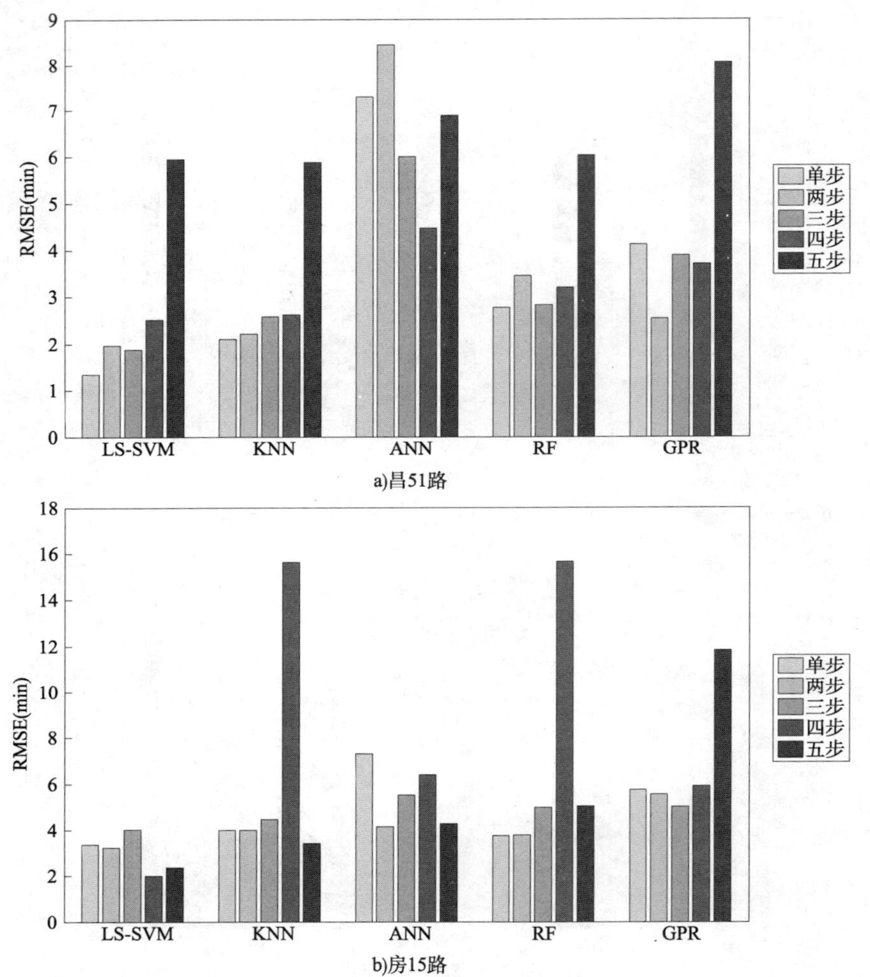

图 4-10　公交线路车头时距多步预测下 RMSE 对比

昌 51 路和房 15 路的公交串车三步预测算法性能对比　　表 4-11

算　法	昌 51 路					房 15 路				
	Size	# of BB	SES (%)	SPC (%)	ACC (%)	Size	# of BB	SES (%)	SPC (%)	ACC (%)
LS-SVM	1078	187	**98.40**	**99.55**	**99.35**	590	59	**88.14**	98.12	**97.12**
KNN	1078	187	**98.40**	99.33	99.17	590	59	**88.14**	97.93	96.95
ANN	1078	187	91.44	99.44	98.05	590	59	32.20	**99.44**	92.71
RF	1078	187	97.33	99.44	99.07	590	59	61.02	98.87	95.08
GPR	1078	187	97.86	**99.55**	99.26	590	59	74.58	97.74	95.42

昌 51 路和房 15 路的公交串车四步预测算法性能对比　　表 4-12

算法	昌 51 路					房 15 路				
	Size	# of BB	SES (%)	SPC (%)	ACC (%)	Size	# of BB	SES (%)	SPC (%)	ACC (%)
LS-SVM	826	72	97.22	**99.87**	**99.64**	203	6	**66.67**	**100**	**99.01**
KNN	826	72	**100**	99.73	99.76	203	6	**66.67**	**100**	**99.01**
ANN	826	72	94.44	**99.87**	99.39	203	6	**66.67**	99.49	98.52
RF	826	72	88.89	**99.87**	98.91	203	6	0	**100**	97.04
GPR	826	72	95.83	99.47	99.15	203	6	**66.67**	**100**	**99.01**

昌 51 路和房 15 路的公交串车五步预测算法性能对比　　表 4-13

算法	昌 51 路					房 15 路				
	Size	# of BB	SES (%)	SPC (%)	ACC (%)	Size	# of BB	SES (%)	SPC (%)	ACC (%)
LS-SVM	961	122	73.77	**99.52**	96.25	482	52	76.92	**99.30**	**96.89**
KNN	961	122	**91.80**	**99.52**	**98.54**	482	52	**78.85**	98.60	96.47
ANN	961	122	87.70	99.40	97.92	482	52	63.46	**99.30**	95.44
RF	961	122	86.07	99.40	97.71	482	52	71.15	98.84	95.85
GPR	961	122	86.89	98.93	97.40	482	52	23.08	99.53	91.29

根据总的精确度，多步串车预测在昌 51 路和房 15 路公交车 8 次对比中，LS-SVM 有 6 次胜出。在昌 51 路公交车第四步预测中 LS-SVM 排名第二。然而，LS-SVM 在第五步预测中效果非常不显著，可以看到最低的准确度和灵敏度。这个LS-SVM 算法差的性能结果对应表 4-13 中第五步公交线路车头时距预测。在公交串车预测的背景下，公交串车是个相对偶然事件（如同虚警概率），对灵敏度（Sensitivity）和特异度（Specificity）来说，由于低灵敏度表明公交串车发生而误认为正常操作，没有额外的预防措施，低特异度表明正常的操作被误预测为公交串车时间，所以说灵敏度比特异度更为重要。上面的结果显示房 15 路的灵敏度高于昌 51 路的灵敏度。对于房 15 路，大多数情况下 LS-SVM 可以获得最优结果，但在第五步预测中，落后 KNN 算法 1.93%；在第四步预测中所有算法预测表现不佳，灵敏度低至66.67%。这个结果也是由于只有 6 个公交串车小样本事件的原因，说明在 42911 站点刷公交卡的乘客人数较少，从而获得的训练和测试数据匹配率低。对于昌 51 路，在第四步和第五步预测中，KNN 算法比 LS-SVM 算法性能略好。KNN 算法预测性能较好主要源于其对拥有大 K 值的噪声数据的鲁棒性[16]，而 LS-SVM 算法在这些场景下效率较低。然而，在预测公交线路车头时距值情况下，LS-SVM 还是比 KNN 算法有更准确的结果和更大的优势。考虑到 KNN 计算高成本，LS-SVM 在实时探测公交串车方面比 KNN 更有优势。

本章参考文献

[1] 刘宇. 城市公交到站时间预测方法研究[D]. 南京:东南大学, 2011.

[2] 张堂贤,郭中天. 公交车到站时间暨符合路线旅行时间预估模式的研究[J]. 土木工程学报,2005,38(12):115-123.

[3] Lou J. ,Jiang Y. ,Shen Q. ,et al. Software reliability prediction via relevance vector regression[J]. Neurocomputing,2016,186(C):66-73.

[4] Tipping M. E. Sparse bayesian learning and the relevance vector machine[J]. Journal of Machine Learning Research,2001,1(3):211-244.

[5] Moreira-Matias L. ,Ferreira C. ,Gama J. ,et al. Bus bunching detection by mining sequences of headway deviations[J]. Advances in Data Mining. Applications and Theoretical Aspects Lecture Notes in Computer Science,2012,7377:77-91.

[6] Moreira-Matias L. ,Gama J. ,Mendes-Moreira J. ,et al. An incremental probabilistic model to predict bus bunching in real-time[J]. Advances in Intelligent Data Analysis XIII Lecture Notes in Computer Science,2014,8819:227-238.

[7] Daganzo C. A headway-based approach to eliminate bus bunching: systematic analysis and comparisons[J]. Transportation Research Part B: Methodological,2009,43(10):913-921.

[8] TCRP Report 100: Transit Capacity and Quality of Service Manual,2nd[J]. Transportation Research Board of the National Academies,Washington,D. C,2003.

[9] Cortes C. ,Vapnik V. Support vector network[J]. Machine Learining,1995,20(3):273-297.

[10] Ma X. ,Yu H. ,Wang Y. ,et al. Large-scale transportation network congestion evolution prediction using deep learning theory[J]. Plos One,2015,10(3).

[11] Rasmussen C. E. ,Williams C. K. I. Gaussian processes for machine learning[M]. The MIT Press. 2005,5249(8):5.

[12] Suykens J. A. K. ,Brabanter J. D. ,Lukas L. ,et al. Weighted least squares support vector machines: robustness and sparse approximation[J]. Neurocomputing, 2002, 48(1-4): 85-105.

[13] Mall R. ,Suykens J. A. Very sparse LS-SVM reductions for large-scale data[J]. IEEE Transactions on Neural Networks & Learning Systems,2015,26 (5):1086-1097.

[14] Yang X. ,Tan L. ,He L. A robust least squares support vector machine for regression and classification with noise[J]. Neurocomputing,2014,140:41-52.

[15] Suykens J. A. K. ,Gestel T. V. ,Brabanter J. D. ,et al. Least square support vector machine[J]. Euphytica,2002,2(2),1599-1604.

[16] Tang J. ,Zou Y. ,Ash J. ,et al. Travel time estimation using freeway point detector data based on evolving fuzzy neural inference system[J]. Plos One,2016,11(2).

第5章 公共交通短时客流预测

公交客流预测是指对某条线路的公交客流量进行预测,包含断面客流量和站点客流量。不同预测周期的公交客流预测具有不同的作用。传统意义上对公交客流进行预测,其目的在于为线网规划及行车计划编制提供依据,所以对客流预测的研究偏向宏观,研究对象一般是公交断面客流量,并且选取中长期预测的时间跨度。然而随着乘客对公交服务水平要求的日益提高,根据短时客流对公交运营情况进行及时的反馈与调整将成为公交运营与组织的重中之重。因此,只有充分掌握公交短时客流变化,公交运营部门才能根据实际情况作出符合乘客出行期望的调度安排。

本章将从三个方面对公共交通短时客流预测的方法进行介绍,并通过案例分析对方法的有效性进行验证,为公交的实际运营与调度提供技术基础。

5.1 考虑动态波动性的轨道交通站点短时客流预测

本小节基于轨道交通短时客流数据,采用时间序列模型和波动性模型研究常态下的客流预测问题。如何准确预测轨道交通站点短时客流,进而为合理地配置调度列车、编制行车组织方案等提供依据已成为交通领域前沿热点问题,但是当前研究缺乏对短时客流动态波动性的考虑,不能准确预测短时客流波动变化,造成研究结果与真实情况存在较大偏差。通过构建整合 ARMA 和 GARCH 的随机波动预测模型,识别验证轨道交通站点短期客流的动态波动性特征,并将其体现在预测过程中。以北京市典型轨道交通站点为例开展实证研究,基于大规模公交刷卡数据应用构建的有关模型和方法,分析模型预测结果和精度。模型结果显示构建的 ARMA-GARCH 混合模型可显著提高预测精度,并且降低客流平均置信区间长度、提高置信区间覆盖率。考虑到工作日与节假日、高峰与非高峰交通客流的差异性,研究亦对不同时段下的轨道交通短时客流进行了预测。该研究有助于深入理解轨道交通站点短时客流的动态波动性,为科学优化轨道交通列车运营计划、制订客流输送方案及站点应急预警等提供关键理论支撑。

5.1.1 背景介绍

关于短时客流预测方面的研究国内外起步均相对较晚[1],而对轨道交通客流预测的研究也大都集中在中长期领域。目前,国内外对轨道交通站点短时预测的研究逐渐增多,总体而言主要集中在预测方法的改进及适用性探讨方面[2,3]。由于轨道交通站点客流具有时间序列特性,时间序列模型成为轨道交通站点短时客流预测的主要建模方法,其基本原理是基于客流的时间变化规律,建立数学模型来捕捉客流数据的周期性及局部变化特征。然而,由于时间序列模型本身是线性模型[4],尤其适用于稳定的客流状态[5],对于存在显著非线性的短时客流状态而言，模型预测结果相对较差。对于随机性大、非线性、不确定性的短时客流问题[6]，单纯依靠时间序列模型已经难以获得满意的预测结果。因此，建立与时间序列模型相组合的预测方法成为近年来国内外研究的热点。

随着众多学者对道路交通流短时预测研究的深入，人们逐渐发现动态波动性对于短时预测结果具有深刻的影响[7-9]。道路交通流量、速度或行程时间等参数常常表现出"尖峰厚尾"和"聚集性"等波动特征，即大的波动后面跟随着大的波动，小的波动后面跟随着小的波动。然而，在以往的研究中通常存在时间序列数据同方差性的假设，因而无法捕捉其动态波动性。为刻画交通状态的潜在动态波动性特征，Zhang 等将动态波动性引入短时交通流量和行程时间预测过程中[10-12]，假设预测的误差是随时间变化且依赖于过去误差的大小，描述了波动的"成群"现象和时变性，其研究成果表明预测过程中考虑动态波动性具有重要性。

5.1.2 研究方法

采取 ARMA-GARCH 混合模型研究短时客流数据，式(5-1)是 ARMA 模型预测客流量的均值方程，y_t是实际客流量，c_t是客流量预测值，该模型认为误差项 ε_t服从同方差的正态分布[13]。但是实际中，客流量的误差项并不是同方差的，ε_t也不一定服从正态分布。因而要用 GARCH 模型构建 ε_t的条件方差方程并估计预测客流置信区间。

$$\ln(y_t) = \ln(c_t) + \varepsilon_t \tag{5-1}$$

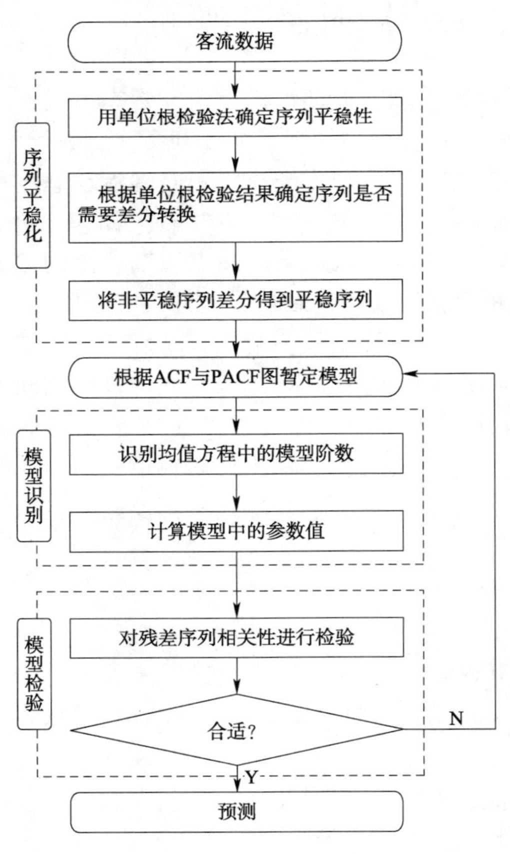

图 5-1 ARMA 模型建模过程

ARMA 模型建立客流数据的均值方程，仅仅能预测出客流量，这不能满足乘客和轨道站点组织者对不同时刻不同客流预测区间的信息需求，在预测中将客流波动聚集性体现出来尤为重要。如果能得到一个较窄的平均置信区间和一个较大的置信区间范围概率，就说明 ARMA-GARCH 模型比 ARMA 模型对客流量预测更准确。在构建 GARCH 模型时还需考虑客流量序列是否具有"尖峰厚尾"特性及非对称效应。"尖峰厚尾"是指相对于正态分布假设，客流量序列的概率分布具有更厚的"尾巴"，使用 t 分布能够比正态分布较好地描述客流量的这种"厚尾"特性；非对称效应是指客流量增长和降低过程中，非对称项对客流波动性的冲击不一样大。

ARMA 模型和 ARMA-GARCH 混合模型的建模过程如图 5-1 和图 5-2 所示。ARMA 模型的建模过程主要是序列平稳性检验、模型识别、模型估计、模型检验和模型预测。GARCH 模型的建模过程主要是异方差性检验、模型识别、模型诊断和模型预测。构建 ARMA-GARCH 混合模型时先选出优良的 ARMA 模型，再确定 GARCH 模型。

1)构建均值方程的 ARMA 模型

基于 ARMA 模型构建均值方程,预测短时客流量值。为获得平稳的客流数据,构建 ARMA 模型时对客流量进行对数转换,其形式如式(5-2)所示。

$$\ln(y_t) = c + \sum_{i=1}^{p}\phi_i \ln(y_{t-i}) + \sum_{j=1}^{q}\varphi_j \varepsilon_{t-j} + \varepsilon_t \tag{5-2}$$

式中,y_t为当前客流量;c 为常数;$\varnothing_i$、φ_j 为参数;y_{t-i}为前 i 时刻的客流量;ε_{t-j}为前 j 时刻的误差项;ε_t为当前时刻误差项;p、q 为解释当前客流量的滞后客流量和滞后误差项阶数。

2)构建条件方差方程的 GARCH 模型

短时客流数据误差项 ε_t的方差依赖于过去时刻的变化量,基于 GARCH 模型构建条件方差方程,捕捉短时客流的波动性特征。基于 GARCH 模型的基本形式,尝试采用不同条件方差方程的 GARCH 模型以度量动态波动性[13]。

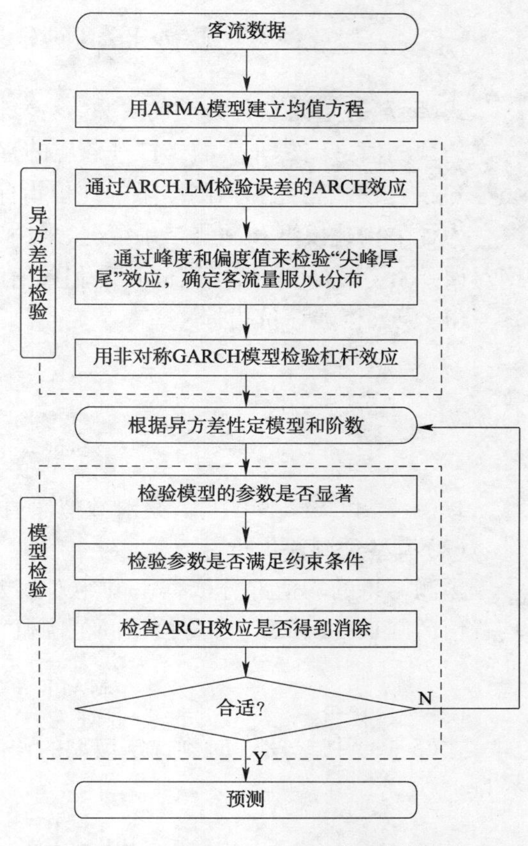

图 5-2 ARMA-GARCH 混合模型建模过程

(1)GARCH 模型形式

基本 GARCH(p,q)模型条件方差方程如式(5-3)所示,当前时刻的条件方差是由误差项平方的滞后项 ε_{t-i}^2和条件方差的滞后项 σ_{t-j}^2来解释,式中 α_i和 β_j是参数。

$$\sigma_t^2 = \omega + \sum_{i=1}^{p}\alpha_i \varepsilon_{t-i}^2 + \sum_{j=1}^{q}\beta_j \sigma_{t-j}^2 \tag{5-3}$$

(2)对称 GARCH 模型

将条件标准差 σ_t引入均值方程中,从而观测到预期风险波动对因变量 y_t的影响程度,它代表了波动性和预测值之间的一种权衡,该模型被称为对称 GARCH-M 模型,其均值方程和条件方差方程可表述为:

$$\ln(y_t) = c + \sum_{i=1}^{p}\phi_i \ln(y_{t-i}) + \sum_{j=1}^{q}\varphi_j \varepsilon_{t-j} + \varepsilon_t + \rho\sigma_t \tag{5-4}$$

$$\sigma_t^2 = \omega + \sum_{t=1}^{p}\alpha_i \varepsilon_{t-i}^2 + \sum_{j=1}^{q}\beta_j \sigma_{t-j}^2 \tag{5-5}$$

(3)非对称 GARCH 模型

TGARCH 模型是在条件方差方程中引入非对称项,来观察客流上升和下降过程的波动性大小的差异。TGARCH(1,1)模型条件方差方程如式(5-6)所示:

$$\sigma_t^2 = \omega + \sum_{i=1}^{p}\alpha_i \varepsilon_{t-i}^2 + \sum_{j=1}^{r}\gamma_j \varepsilon_{t-j}^2 d_{t-j} + \sum_{k=1}^{q}\beta_k \sigma_{t-k}^2 \tag{5-6}$$

式中,d_{t-1}是一个虚拟变量,当 $\varepsilon_{t-1} < 0$ 时,$d_{t-1} = 1$,否则,$d_{t-1} = 0$。只要 $\gamma \neq 0$,就存在非对称效应。

EGARCH 模型是将条件方差取对数,并且在条件方差方程中加入非对称项,EGARCH

(1,1)模型条件方差方程如式(5-7)所示：

$$\log(\sigma_t^2) = \omega + \sum_{i=1}^{q}\beta_i \log(\sigma_{t-i}^2) + \sum_{j=1}^{p}\alpha_j \left|\frac{\varepsilon_{t-j}}{\sigma_{t-j}}\right| + \sum_{k=1}^{r}\gamma_k \frac{\varepsilon_{t-k}}{\sigma_{t-k}} \tag{5-7}$$

式(5-7)左边是条件方差的对数,这意味着杠杆影响是指数的,而不是二次的,所以条件方差的预测值一定是非负的。杠杆效应的存在能够通过 $\gamma \neq 0$ 的假设得到检验。

3)混合模型构建和预测结果的评价指标

为评估构建模型和预测结果情况,采用 AIC 和 SC 值评价模型选取的优劣[13],采用平均绝对误差百分比、平均置信区间长度和置信区间范围概率评估模型预测精度[12]。

(1)模型构建评价指标

$$\text{AIC} = \frac{-2L}{n} + \frac{2K}{n} \tag{5-8}$$

$$\text{SC} = \frac{-2L}{n} + \frac{K\ln n}{n} \tag{5-9}$$

式(5-8)和式(5-9)中, L 是对数似然值, n 是观测值数目, K 是被估计的参数个数 。

(2)模型预测评价指标

预测结果的均值部分依据平均绝对误差百分比(MAPE)来评价;条件方差部分依据平均置信区间长度(MPIL)和置信区间范围概率(PICP)来评价。

$$\text{MAPE} = \frac{1}{n}\sum_{i=1}^{n}\left|\frac{y'_i - y_i}{y_i}\right| \tag{5-10}$$

式(5-10)中, y'_i 是 i 时刻选定模型的预测客流值, y_i 是 i 时刻实际客流值, n 是预测样本容量。

$$\text{MPIL} = \frac{1}{n}\sum_{i=1}^{n}[U(y'_i) - L(y'_i)] \tag{5-11}$$

$$U(y'_i) = y'_i + \tau_{1-\alpha/2} \times \text{S. E} \tag{5-12}$$

$$L(y'_i) = y'_i - \tau_{1-\alpha/2} \times \text{S. E} \tag{5-13}$$

式(5-11)中, n 是预测值的样本容量, $U(y'_i)$ 是 i 时刻预测值的置信上限, $L(y'_i)$ 是 i 时刻预测值的置信下限。式(5-12)和式(5.13)中, $\tau_{1-\alpha/2}$ 是95%置信水平的 t 分布临界值(样本量较大时,等同于正态分布临界值),S. E 是样本标准差。

$$\text{PICP} = \frac{1}{n}\sum_{i=1}^{n}c_i \tag{5-14}$$

式(5-14)中, n 是预测值的样本容量,当 $y_i \in [L(y'_i), U(y'_i)]$ 时, $c_i = 1$;反之, $c_i = 0$。

5.1.3 研究数据

1)数据选取

根据轨道交通站点所属类型及空间区位的不同,分别选择大望路、复兴门和回龙观三个地铁站作为研究对象,进行短时客流预测分析。大望路地铁站处于商业区,复兴门地铁站处于混合区,回龙观地铁站处于居住区。采用的数据是 2012 年 10 月 1 日至 30 日三个站点的短时客流数据,分别用前 24d 的数据进行模型构建,后 6d 的数据进行样本内的静态预测,从而对模型进行验证。为了提高模型构建的有效性,排除列车停运时段的零客流量数据,使用列车运行时段的数据进行模型的构建和预测。大望路站点的运行时间是5:30—23:45;复兴门是5:15—23:45;回龙观是6:00—23:15。以15min为时间间隔,大望路建模样本数据共1752个,预测样本数据共438个;复兴门建模样本数据共1776个,预测样本数据共444个;回龙观建模样本数据共1656个,预测样本数据共414个。

2)数据处理

为了减小偏度、峰度和异方差性,构建更加平稳的模型,将客流数据对数转换后建模。表5-1为对数客流统计量汇总表。从表5-1中看出,大望路、复兴门和回龙观站点的对数客流量偏度都显著不为零,峰度也明显大于正态分布的峰度值3,因此短时客流数据不服从正态分布,而服从具有"尖峰厚尾"效应的t分布。

对数客流统计量汇总表 表5-1

对数客流	样本数量	平均值	标准差	偏度 S	峰度 K
大望路	2190	6.3875	0.9084	-1.9013	9.3466
复兴门	2220	5.0781	1.2778	-0.8779	4.5508
回龙观	2070	5.5292	1.0673	0.3541	4.2449

5.1.4 ARMA-GARCH 混合模型结果与分析

1)不考虑时段划分的模型结果

基于Eviews软件通过极大似然法对混合模型进行估计,表5-2给出大望路站点不考虑时段划分时ARMA-GARCH混合模型评价参数。通过对比发现,混合模型的拟合优度均较高,并且考虑"尖峰厚尾"效应时,几种模型的AIC值和SC值都更小,这说明考虑客流数据"尖峰厚尾"效应的混合模型更加优良。对复兴门和回龙观站点构建ARMA-GARCH混合模型可以得到相同的结论。

大望路站点 ARMA-GARCH 混合模型建模结果 表5-2

模型类型	ε_t 分布	拟合优度	AIC 值	SC 值
ARMA(1,4) - GARCH(1,1)	正态分布	0.8250	-0.4852	-0.4571
	t分布	0.8301	-0.5623	-0.5311
ARMA(1,4) - GARCH - M(1,1)	正态分布	0.8154	-0.4938	-0.4625
	t分布	0.8205	-0.5716	-0.5372
ARMA(1,4) - TGARCH(1,1)	正态分布	0.8252	-0.4846	-0.4534
	t分布	0.8302	-0.5619	-0.5275
ARMA(1,4) - EGARCH(1,1)	正态分布	0.8251	-0.4565	-0.4252
	t分布	0.8325	-0.5443	-0.5100

为了分析三个站点客流数据的波动非对称性,表5-3分别给出三个站点ARMA-非对称GARCH混合模型的建模结果。发现三个站点客流波动信息均存在非对称性,且非对称情况和程度各有不同。这与站点的空间区位和样本数据选取的时间段有关。不同的轨道站点周边的交通状况及人们的生活工作环境都是有所差异的;随着时代的快速演变,同一站点

周边的环境不断改变，其客流波动信息也会发生变化。

对数客流波动非对称性 表 5-3

站　点	非对称模型	非 对 称 项	非对称项系数	波动非对称情况
大望路	TGARCH	ε_{t-1}^2	$\gamma=0.16$	客流减小阶段波动性较大
复兴门	EGARCH	$\varepsilon_{t-1}/\sigma_{t-1}$	$\gamma'=0.07$	客流增长阶段波动性略大
回龙观	EGARCH	$\varepsilon_{t-1}/\sigma_{t-1}$	$\gamma'=-0.44$	客流减小阶段波动性较大

表 5-4 是大望路、复兴门和回龙观站点 ARMA 模型与 ARMA-GARCH 模型的对数客流预测结果对比。与 ARMA 模型比较，ARIMA-GARCH 混合模型对预测值的均值方程部分影响不大。然而，ARMA-GARCH 混合模型使三个站点的 MPIL 值明显降低，PICP 值有所上升。这表明在客流预测的误差率保持基本不变的情况下，混合模型使预测的客流区间变窄了，预测区间覆盖实际客流量的概率有所提升。

ARMA 模型与 ARMA-GARCH 模型的预测结果对比 表 5-4

站　点	模 型 类 型	MAPE	MPIL	PICP（%）
大望路	ARMA	3.5340	1.5127	96.1098
	ARMA-GARCH-M	3.6089	1.1551	97.0183
复兴门	ARMA	5.7957	1.6518	95.7111
	ARMA-EGARCH	5.9187	1.3855	96.8397
回龙观	ARMA	3.4778	1.4457	98.0392
	ARMA-TGARCH	3.3939	1.1572	98.5294

预测客流值存在误差，高峰时段预测误差尤其大，列车组织人员有必要依据预测客流置信区间调整列车发行时刻表。大望路站点 ARMA 模型预测客流置信区间如图 5-3 所示，黑色的点表示客流量实际值，灰色区域是预测客流量的置信区间。观察到 10 月 25 ~ 30 日所有时刻预测的置信区间是一样宽的，在客流波动剧烈的高峰期和客流波动微弱的平缓期，客流量估计区间长度一样，乘客无法得知客流波动性大小的差异。波动剧烈的客流高峰期的实际客流量很容易落在客流估计区间之外，因而这些区间估计失效；而客流平缓期的置信区间客流预测的区间太大，同样起不到有效的估计作用。大望路站点 ARMA-GARCH 混合模型预测客流置信区间如图 5-4 所示，客流量波动微弱的平缓期置信区间较小；客流量波动剧烈的高峰期置信区间较宽，并且此时段实际客流值和预测客流值置信上限比较接近。

2）考虑时段划分的模型结果

以大望路站点为例，研究选取不同客流时段对模型预测结果产生的影响。休息日（周末）、工作日（周一至周五）、高峰时段和非高峰时段的客流波动性如表 5-5 所示。

不同时段客流波动性比较 表 5-5

客 流 时 段	波动性程度	非对称性情况
休息日	波动性较弱，波动持续性较差	客流减小阶段波动性较大
工作日	波动性较大，波动持续性很强	非对称性不显著
高峰时段	波动性十分大，波动持续性很强	客流增大时波动性明显更大
非高峰时段	客流同方差，无波动性	—

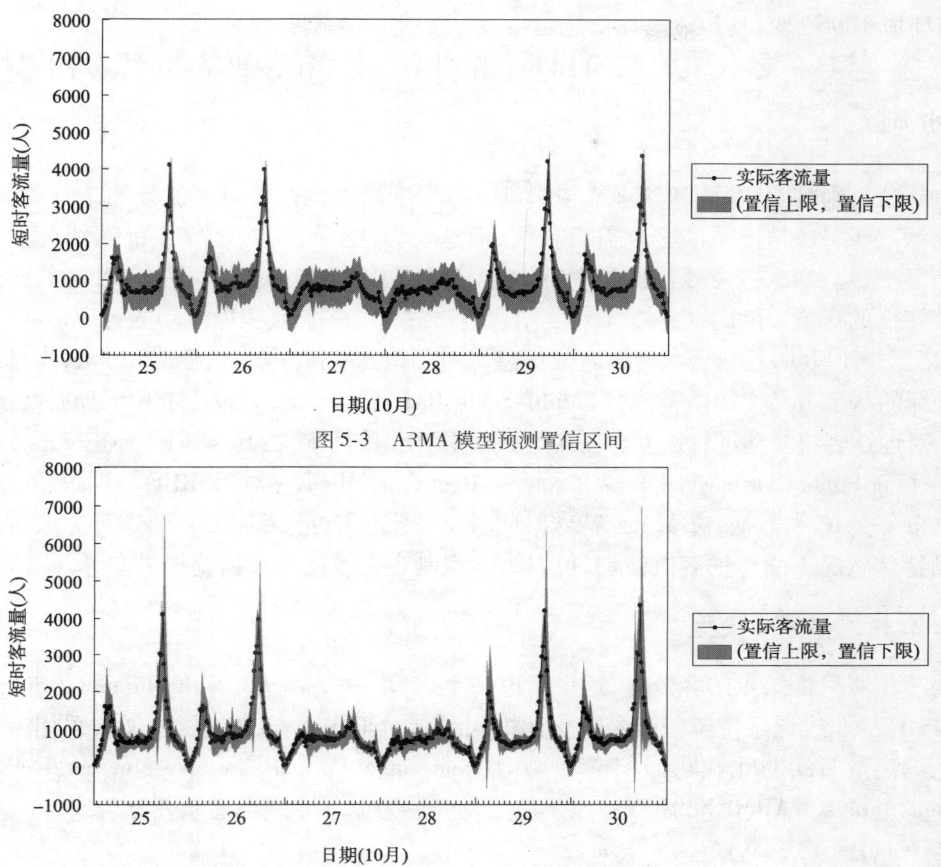

图 5-3　ARMA 模型预测置信区间

图 5-4　ARMA-GARCH-M 模型预测置信区间

图 5-5 为休息日、工作日和高峰时段客流量的 MPIL 值对比图。相比 ARMA 模型，ARMA-GARCH 混合模型将休息日客流数据平均置信区间的长度减小一半，并且显著小于该时段样本平均客流量；对于工作日，混合模型预测的平均置信区间长度明显减小，但是仍然略大于平均客流量；而对于高峰时段，混合模型的平均置信区间长度要增大两倍，并且显著大于该时段的客流均值。工作日内高峰期客流的波动性最大，该时段波动非对称性最显著，预测误差也相对较大。

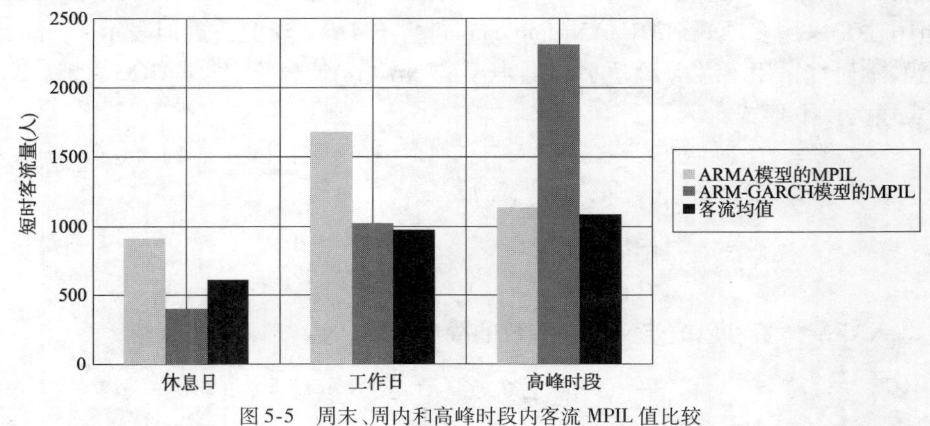

图 5-5　周末、周内和高峰时段内客流 MPIL 值比较

5.2 基于多尺度径向基函数神经网络模型的地铁短时客流预测

对于公交乘客、运营商和管理机构来说，可靠、准确的地铁短时客流预测十分重要，传统的研究侧重于一般情况下的客流需求预测，而这些方法在应用到特殊或极端情况下客流预测时略显不足。当一些特殊情况发生时（如大型活动或极端天气），可能会对公共交通系统造成破坏性的影响。因此，应对此情况给予更多的关注，并采取积极主动的管理措施，并且在特殊状况下可以及时地向公众传播有效信息。对于特殊状况下的客流预测方法，本部分提出了一种新的基于多尺度径向基函数（Multi-Scale Radial Basis Function，MSRBF）的神经网络模型方法对地铁客流波动进行预测。在构建 MSRBF 模型的基础之上，利用一种正交匹配追踪算法（Matching Pursuit Orthogonal Least Squares Algorithm，MPOLS）对 MSRBF 模型进行化简。结合北京市公交 IC 卡数据，选取 3 个特殊时间段进行实证研究。结果表明，这种方法可以较好地预测特殊状况下的地铁客流波动，可以为地铁制定有效的管控措施提供参考。

5.2.1 NARX 模型

为了预测目标站点的客流量，这里考虑一个多输入—单输出（Multi-Inputand Single-Output，MISO）的非线性系统辨识和参数化建模问题。对于构建 MISO 系统，通常采用一个带外部输入的离散时间非线性自回归滑动平均（Non-linear Auto Regressive Moving Average with exogenous inputs，NARMAX）模型。该模型可以表述为以下非线性递归差分公式：

$$y(t)=f(y(t-1),\cdots,y(t-n_y),u_i(t-1),\cdots,u_i(t-n_u),\varepsilon(t-1),\cdots,\varepsilon(t-n_\varepsilon))+\varepsilon(t) \tag{5-15}$$

式中，$y(t)$ 为 t 时刻时所求目标站点的下车客流量；$u_i(t)$ 为 t 时刻站点 i 的上车客流量；$\varepsilon(t)$ 为 t 时刻模型的误差；f 为一个未知的线性或非线性映射；n_y、n_u、n_ε 分别为输出、输入和模型误差项的最大延迟。

在本研究中，地铁客流量的样本采样率与单位延迟设定为 15min。关于 NARMAX 模型的方法和理论可以参看[14]。

对于大多数实际问题，公式（5-15）中的非线性函数 f 通常是未知的，一个常用的对函数 f 的逼近方法是采用多项式 NARMAX（Polynomial NARMAX）模型去近似表示 f。因此，为了简化问题，本研究采用不考虑滑动平均噪声项的 NARMAX 模型，即 NARX 模型。NARX 模型可以表述为以下形式：

$$y(t)=f(y(t-1),\cdots,y(t-n_y),u_i(t-1),\cdots,u_i(t-n_u))+\varepsilon(t) \tag{5-16}$$

定义 $q=n_y+n_u$ 和 $x(t)=[x_1(t),x_2(t),\cdots,x_q(t)]$，且

$$x_k(t)=\begin{cases} y(t-k) & 1\leqslant k\leqslant n_y \\ u(t-(k-n_y)) & n_y+1\leqslant k\leqslant n_y+n_u \end{cases} \tag{5-17}$$

因此，NARX 模型可以被定义为含参数的线性形式：

$$y(t)=\hat{f}(x(t))+e(t)=\sum_{m=1}^{M}\theta_m\phi_m(x(t))+e(t)=\varphi^{\mathrm{T}}(t)\theta+e(t) \tag{5-18}$$

式中，M 为回归项的总数；θ_m 为模型的系数；$\phi_m(x(t))$ $(m=1,2,\cdots,M)$ 为模型回归项；$\phi(t)=[\phi_1(x)t),\cdots,\phi_M(x(t)))]^{\mathrm{T}}$、$\theta$ 分别为回归矩阵和参数矩阵。

本节内容中，将采用一种新的带 Gaussian 核函数的 MSRBF 神经网络模型去近似表示非线性函数 $\hat{f}$，下面将具体介绍该方法。

5.2.2　多尺度径向基函数(MSRBF)神经网络

一般来讲，MSRBF 具有多尺度特性。因此，其可以与基函数的局部和全局性质相适应。在多尺度建模中，多宽度核函数和不同尺度的参数被分配到每个基函数，图 5-6 展示了 MSRBF 神经网络结构图，下面将阐述如何构建网络结构，确定核函数的中心与尺度。

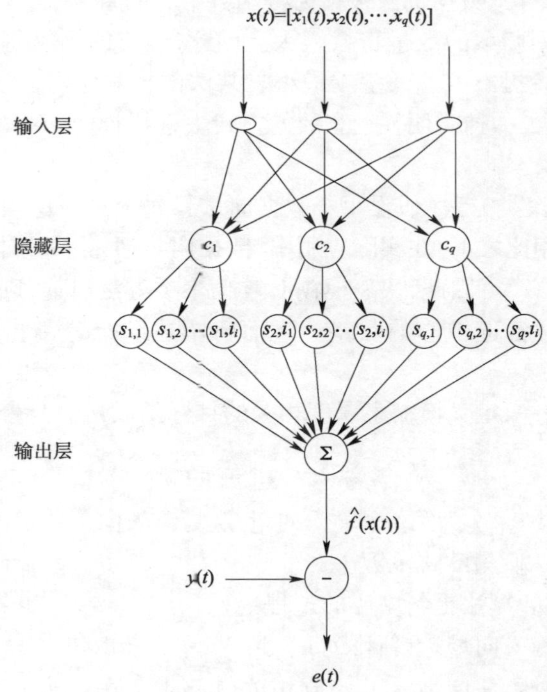

图 5-6　MSRBF 神经网络结构图

1)构建 MSRBF 神经网络结构

根据非线性动力系统理论，MSRBF 神经网络可以描述为：

$$y(t)=\sum_{k=1}^{q}\theta_k^{(\mathrm{linear})}x_k(t)+\sum_{i=0}^{I}\sum_{j=0}^{J}\sum_{m=1}^{Nc}\theta_{i,j,m}^{(\mathrm{RBF})}\varphi_{i,j,m}(\boldsymbol{x}(t);\boldsymbol{c}_m,\boldsymbol{s}_m^{(i,j)})\tag{5-19}$$

式中，$\theta_k^{(\mathrm{linear})}$、$\theta_{i,j,m}^{(\mathrm{RBF})}$ 为需要被估计的未知参数；$\varphi_{i,j,m}(x(t);c_m,s_m^{(i,j)})$ 为第 m 个基函数，即高斯核函数，可以定义为：

$$\varphi_{i,j,m}(\boldsymbol{x}(t);\boldsymbol{c}_m,\boldsymbol{s}_m^{(i,j)})=\exp\left[-\sum_{k=1}^{n_y}\left(\frac{x_k(t)-c_{m,k}}{s_{y,m}^{(i)}}\right)^2-\sum_{k=n_y+1}^{n_y+n_u}\left(\frac{x_k(t)-c_{m,k}}{s_{u,m}^{(j)}}\right)^2\right]\tag{5-20}$$

式中，$\boldsymbol{x}(t)=[x_1(t),\cdots,x_q(t)]$ 为公式(5-17)中给出的神经网络的输入向量；$\boldsymbol{c}_m(t)=[c_{m,1},\cdots,c_{m,q}]$ 为第 m 个核函数的中心向量；$\boldsymbol{s}_m^{(i,j)}$ 为神经网络中第 m 个核函数的尺度矩阵。

$s_{\mathrm{m}}^{(\mathrm{i,j})}$ 可以被表示为：

$$\boldsymbol{s}_m^{(i,j)} = [\overbrace{s_{y,m}^{(i)},\cdots,s_{y,m}^{(i)}}^{1:n_y},\overbrace{s_{u,m}^{(j)},\cdots,s_{u,m}^{(j)}}^{1:n_u}] \tag{5-21}$$

注意：N_c 是 MSRBF 网络的中心或者核函数的数量，$(I+1)$ 和 $(J+1)$ 分别表示第 m 个中心上输入和输出变量尺度的数量。因此，对于单输入—单输出系统，在网络中总共有 $M=(I+1)(J+1)N_c$ 个基函数。特别地，对于 MISO 系统，输入变量的基函数数量是 $(J+1)^n$，n 是输入变量的个数。因此，该网络共有 $M=(I+1)(J+1)^n N_c$ 个基函数。

2）核函数中心的确定方法

当测试样本的长度较少时，可以考虑用样本数据作为核函数中心的备选项 c_m。相比之下，如果样本长度较大，样本数据仍然被视为核函数中心的备选项，那么在初始的 MSRBF 网络模型中，未知变量或回归项的数量将会很大。因此，网络的训练将会很耗时。近年来，为了解决这一问题，有学者提出了一种基于最小二乘法的样本学习算法去选择最优的核函数的中心[15]，此方法提供了一种简便并且有效的方式去选择神经网络的中心且避免数值的病态问题。

通常，采用 K 均值聚类方法（假设每个数据向量只属于一个单一的簇）来选择神经网络中核函数的中心[16]。相比之下，在实际应用中，数据向量通常不只属于一个簇，并且与每个元素的一组隶属度相关[17]。因此，快速模糊 C 均值聚类方法（Fast Fuzzy C-Means，FFCM）被用来有效降低核函数中备选中心的数量。下面将阐述结合分割指标准则（Partition Index Criterion）的 FFCM 方法。

在 FFCM 聚类算法中，定义模糊隶属度相关的目标函数 $\boldsymbol{\mu}_{m,j}$ 与聚类中心 $\boldsymbol{c}_m$：

$$J_\gamma = \sum_{m=1}^{N_k}\sum_{j=1}^{N}\mu_{m,j}^{\gamma}\|\boldsymbol{x}_j-\boldsymbol{c}_m\|^2 \tag{5-22}$$

式中，$\boldsymbol{x}_j(j=1,2,\cdots,N)$ 为第 j 个输入向量；N 为输入向量的长度；N_k 为聚类的数目；γ 为模糊指数，$\gamma>1$；$\|\cdot\|$ 为欧式范数。

下面介绍采用 FFCM 算法更新中心的过程：

第一步，对于 q 维输入向量，重新排列 μ_{mj} 到 $N_k\times N$ 维矩阵。

第二步，令新的模糊隶属度为 μ_{mj}^*，类别矩阵（Label Matrix）为 $\boldsymbol{L}=\{L^1,L^2,\cdots,\boldsymbol{L}^{N_k}\}$，这里 L^k 是当前迭代中第 k 个类的 label 向量。

第三步，定义对应于 $\boldsymbol{L}^k$ 的数据点的类别矩阵 $\boldsymbol{I}^k$。

第四步，对于第 k 个类，定义 $\boldsymbol{I}^k=\{I_1^k,I_2^k,\cdots,I_{c_{n_k}}^k\}$，这里 c_{n_k} 是第 k 个类中数据点的数量。

第五步，利用公式（5-23），更新第 k 个类的中心：

$$c_k^* = \frac{\sum_{i=1}^{c_{n_k}} I_i^k}{c_{n_k}} \tag{5-23}$$

与 K 均值聚类方法类似，在 FFCM 算法中，也应该给定初始聚类个数。一些准则，包括分割系数、分类熵和分割索引（Partition Index），可以被用来寻找最优聚类。分割系数和分类熵并不直接与几何特征有关。因此，采用分割指标准则选择最优聚类。通过最小化分割指标（SC），聚类数目的最优值 N_k 可以由下式计算[18]：

$$\mathrm{SC}(N_k)=\sum_{m=1}^{N_k}\frac{\sum_{j=1}^{N}\mu_{m,j}^{\gamma}\|\boldsymbol{x}_j-\boldsymbol{c}_m\|^2}{\overline{\omega}_m\sum_{k=1}^{N_k}\|\boldsymbol{c}_m-\boldsymbol{c}_k\|^2} \tag{5-24}$$

式中,$\overline{\omega}_m$ 为 m 类的模糊基数,$\overline{\omega}_m=\sum_{j=1}^{N}\mu_{m,j}$。

带分割指标 FFCM 聚类算法可以被应用到选择 MSRBF 网络中心的数量。对于神经网络,给定的长度为 N 训练样本,令 $N_c=\arg\min_{N_k}\{\mathrm{SC}(N_k)\}$。因此,由 FFCM 算法,MSRBF 网络中至少包含 N_c 个核函数中心的备选项(通常 $N_c \ll N$)。一般情况下,依赖于聚类中心初始位置的选择,传统的 K 均值聚类方法仅仅能获得局部的最优解。因此,包括 FFCM 方法,一些改进的方法可以克服以上这些问题。

3)核函数尺度的确定

对于给定的 N_c 对输入输出样本 $\{u(t),y(t)\}_{t=1}^{N}$,令 σ_u 和 σ_y 分别作为输入向量 $\{\boldsymbol{u}(t)\}_{t=1}^{N}$ 和输出向量 $\{\boldsymbol{y}(t)\}_{t=1}^{N}$ 的标准差。在公式(5-21)中,尺度向量可以被定义为:

$$s_{y,m}^{(i)}=\beta\alpha^{-i}\sigma_y \qquad (i=0,1,\cdots,I) \tag{5-25}$$

$$s_{u,m}^{(j)}=\beta\alpha^{-j}\sigma_u \qquad (j=0,1,\cdots,J) \tag{5-26}$$

这里 $m=1,2,\cdots,N_c$,$\alpha>1$ 为常数。通过大量的实验,合理的 α 和 β 取值为 $\alpha=2$、$1\leqslant\beta\leqslant3$[14]。

令 $\wp_3=\{\varphi_{i,j,m}(\cdot;\delta_m^{(i,j)},c_m)\}$,$i=0,\cdots,I;j=0,\cdots,J$;$m=1,\cdots,N_c$。令三指标集(Triple-Indexed set)为 $\wp_3$,为了简化描述,重新定义 $\wp_3$ 中的元素,使三指标 (i,j,m) 可以用单指标(Single Index)表示,$m=1,2,\cdots,M$,这里 M 是神经网络中基函数的数量,令单指标集 $\wp_1=\{\phi_m(\cdot):\phi_m\in\wp_3,\ m=1,2,\cdots,M\}$。在本研究中,不区分 $\wp_1$ 和 $\wp_3$,它们都被用于表示一般形式的 $\wp$。因此,MSRBF 神经网络表达式(5-19)可以表示为:

$$\hat{f}(x(t))=\sum_{m=1}^{M}\theta_m\phi_m(x(t)) \tag{5-27}$$

5.2.3 模型结构选择与 MPOLS 算法

在非线性系统辨识和建模过程中,模型结构选择或者模型子集检测通常是一个关键步骤[19]。这一步骤通常是从模型中选择相对重要的项,之后通过这些项去构建简化的模型。根据公式(5-27),当 I、J 和 N_c 以及输入变量 n 的值足够大时,MSRBF 网络中基函数或项的数量可能相当大。然而,模型中只有一部分项是重要的,其中一些可能是多余的[20,22],而且模型可能会对训练样本十分敏感且不会发挥出好的性能。因此,检测并判断哪些项应包含在 MSRBF 网络模型中变得十分重要。在本节中,采用一种 MPOLS 算法用来处理 MSRBF 网络模型的结构选择问题,该方法简便、有效且计算效率高,关于该算法的细节可以参考相关文献[22]。

当选择完模型的项,可以证明选择的原始基函数 $\alpha_1,\alpha_2,\cdots,\alpha_n$ 与相关正交基的关系为:

$$\boldsymbol{A}_n=\boldsymbol{W}_n\boldsymbol{U}_n \tag{5-28}$$

式中,$\boldsymbol{A}_n=[\boldsymbol{\alpha}_1,\cdots,\boldsymbol{\alpha}_n]$;$\boldsymbol{W}_n$ 为 $N\times n$ 正交矩阵;$\boldsymbol{w}_1,\boldsymbol{w}_2\cdots,\boldsymbol{w}_n$ 为列向量;$\boldsymbol{U}_n$ 为由正交化步骤计算得出的 $n\times n$ 单位上三角矩阵。模型中未知参数向量定义为 $\boldsymbol{\theta}_n=[\theta_1,\cdots,\theta_n]^{\mathrm{T}}$,之

后可以由 $\boldsymbol{U}_n\boldsymbol{\theta}_n=\boldsymbol{g}_n$ 求出，其中 $\boldsymbol{g}_n=[g_1,g_2,\cdots,g_n]^{\mathrm{T}}$，$\boldsymbol{g}_k=(\boldsymbol{y}^{\mathrm{T}}\boldsymbol{w}_k)/(\boldsymbol{w}_k^{\mathrm{T}}\boldsymbol{w}_k)$。

5.2.4 多步向前预测

在时间序列预测中，由于信息缺失和累积误差的影响等因素，多步向前预测是一项具有挑战性的任务[23]。多步向前时间序列预测的基本目标是利用历史数据 $\{y(t)\}_{t=1}^{N}$，包括 N 个观测序列，预测 $y(t+s)$，$s\geqslant1$ 的值。为了实现这一目标，通常基于有效数据构建模型，并采用迭代方法来获得非线性时间序列的多步向前预测[24]。对于 s 步向前预测问题，首先进行一步向前预测。预测结果作为下一步预测的输入，这样通过不断迭代进行预测。

s 步向前预测的任务是构建一个采用一组选定变量 $\{y(t),y(t-1),\cdots,y(t-d+1)\}$ 来预测 $y(t+s)$ 值的模型。令单步预测模型为 $f^{(1)}=f(y(t),y(t-1),\cdots,y(t-d+1))$；因此，预测过程可以被定义为：

$$y(t+s)=\begin{cases}f^{(s)}(\hat{y}(t+1),\cdots,\hat{y}(t+s-1),y(N-d+s),\cdots,y(t)) & s\in\{2,\cdots,d\}\\ f^{(s)}(\hat{y}(t+s-d),\cdots,\hat{y}(t+s-1)) & s\in\{d+1,\cdots,s\}\end{cases}\tag{5-29}$$

式中，$f^{(s)}$ 为非线性函数，$s\geqslant1$；d 为模型的阶数。

在实际应用中，$f^{(s)}$ 通常是未知和复杂的非线性函数。因此，通常利用一类弹性模型来实现多步向前预测，这类模型具有优异的逼近能力，可以近似表示一类高度复杂的系统。在本研究中，采用 MSRBF 作为基函数去近似表示 $f^{(s)}$ 来获得准确的 s 步预测值。

5.2.5 实证研究

在实证研究中，分别选取北京地铁中三个站点作为研究对象来验证 MSRBF 神经网络模型方法在预测特殊状况下客流波动时的适用性和有效性，并与其他几种预测算法的结果进行比较，包括支持向量机（SVM）、回归树（Boosted Regression Tree，BRT）和单尺度径向基函数（Single-Scale RBF，SSRBF）神经网络方法。采用平均绝对百分误差（Mean Absolute Percentage Error，MAPE）、绝对百分误差方差（Variance of Absolute Percentage Error，VAPE）和均方根误差（Root Mean Square Error，RMSE）作为评估各预测模型的标准[25-27]，定义如下：

$$\mathrm{MAPE}=\frac{1}{N}\sum_{i=1}^{N}\frac{|y_i-\hat{y}_i|}{\bar{y}}\times100\%\tag{5-30}$$

$$\mathrm{VAPE}=\frac{1}{N}\sum_{i=1}^{N}(e_i-\bar{e})^2\times100\%\tag{5-31}$$

$$\mathrm{RMSE}=\sqrt{\frac{1}{N}\sum_{i=1}^{N}(y_i-\hat{y}_i)^2}\tag{5-32}$$

式中，N 为观测样本量；$y=\{y_1,y_2,\cdots,y_N\}$、$\hat{y}=\{\hat{y}_1,\hat{y}_2,\cdots,\hat{y}_N\}$、$\bar{y}=\frac{1}{N}\sum_{i=1}^{N}y_i$ 分别为观测值、模型的预测值、观测值的平均值；$e_i=|(y_i-\hat{y}_i)|/y_i$、$\bar{e}=\frac{1}{N}\sum_{i=1}^{N}e_i$ 分别为绝对误差和绝

对误差的平均值。

1）五棵松站

本小节主要内容是通过建立数学模型来预测北京地铁五棵松站在 2012 年 7 月 21 日某个时段的下车客流。本部分用到的数据见图 5-7、图 5-8 与表 5-6。这里，地铁网络可以被抽象为一个 18 个输入和单输出的系统，五棵松站的下车客流（WKS 圈）作为系统输出，其他 18 个换乘站（其他的圈）的上车客流作为系统的输入。以 15min 为采样率，公交 IC 卡数据记录为早 4:45 到晚 23:15。因此，每天可以记录 76 个数据点，连续记录 15d 可以获得 15 × 76 = 1140 个数据点，如图 5-9 所示。使用 MSRBF 神经网络方法进行迭代多步预测，前 1064 个数据点将用于模型辨识，其余的 76 个数据点进行模型预测。

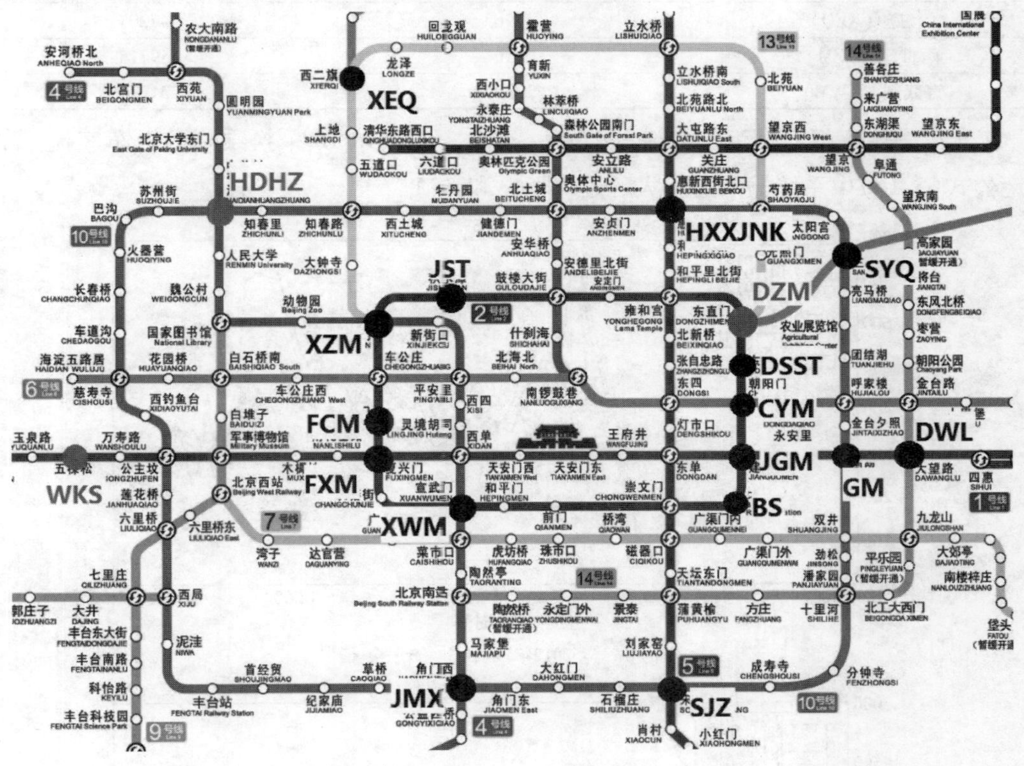

图 5-7　北京地铁网络（研究站点为五棵松站 WKS，东直门站 DZM，海淀黄庄站 HDHZ）

北京地铁 19 个站点的日均上下车客流量　表 5-6

站　名	上　车	下　车
北京站（BS）	34261	36906
朝阳门（CYM）	34374	35529
大望路（DWL）	61608	61888
东四十条（DSST）	28337	29699
东直门（DZM）	68115	76757
阜成门（FCM）	40719	41256
复兴门（FXM）	25738	25965
国贸（GM）	37648	42513

续上表

站 名	上 车	下 车
海淀黄庄(HDHZ)	16530	24348
惠新西街南口（HXXJNK）	15917	15931
积水潭（JST）	42887	41686
建国门（JGM）	19172	20078
角门西（JMX）	15654	15373
三元桥（SYQ）	21642	26334
五棵松（WKS）	22802	19444
宋家庄（SJZ）	36461	34595
西二旗(XEQ)	47962	47204
西直门（XZM）	61966	59315
宣武门（XWM）	22397	21278

$y_W(t)$ 表示五棵松站下车客流，$u_1(t)$，…，$u_{18}(t)$ 表示 18 个换乘站的上车客流。下面确定公式(5-16)中系统输入的最大延迟(即 n_y 和 n_u)。

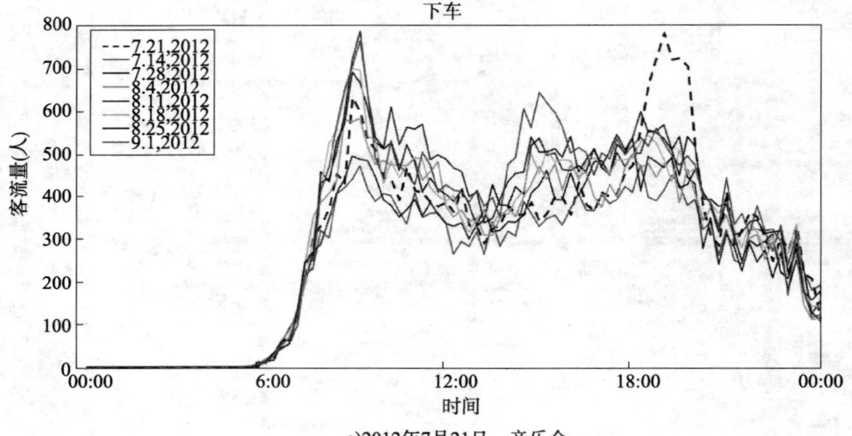

a)2012年7月21日，音乐会

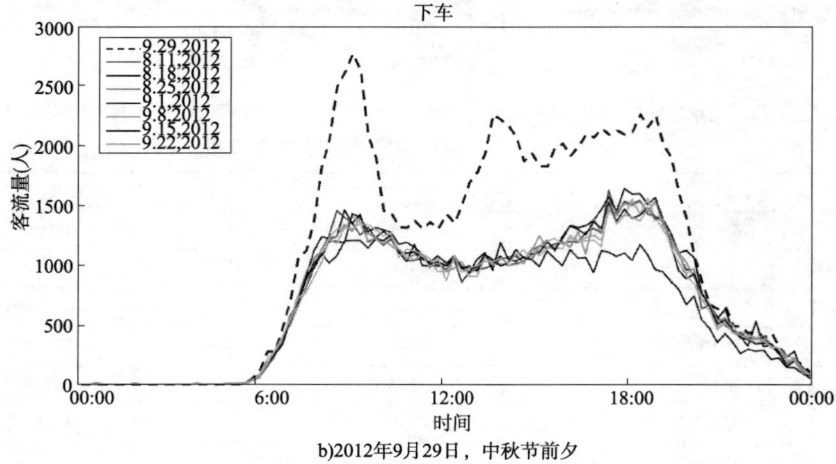

b)2012年9月29日，中秋节前夕

图 5-8

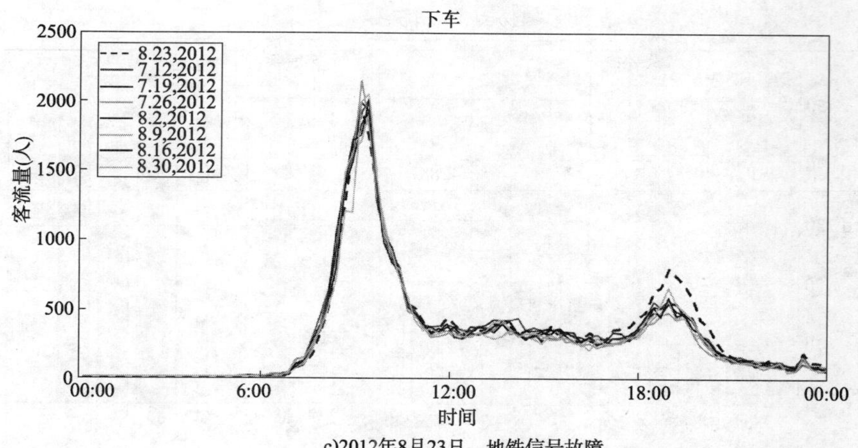

c)2012年8月23日，地铁信号故障

图 5-8　五棵松站、东直门站与海淀黄庄站下车客流量波动

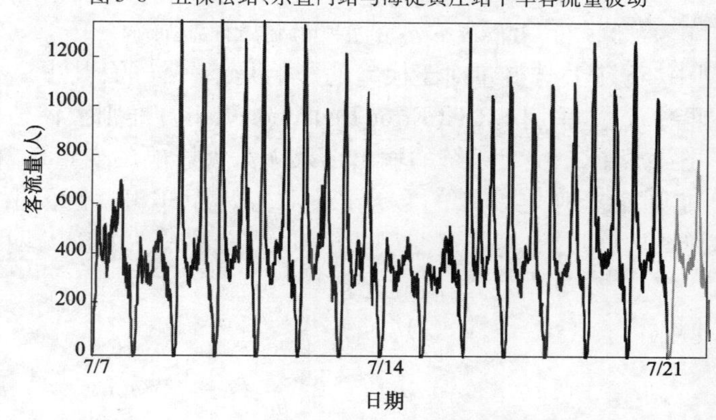

图 5-9　2012 年 7.7 日 ~7.21 日五棵松站点客流变化

（黑色为训练数据，浅灰色为预测数据）

考虑五棵松站下车客流量的时间序列，令 $y_W(t-1)$ 为上个时段的下车客流量，即 $n_y=1$ 。n_u 的确定是基于其他 18 个站点到五棵松站的最短通勤时间。这里假设乘客按照最小的换乘次数选择路线，这样任意两个站点的通勤时间可以由两站点间运行时间和换乘时间进行估算，如图 5-10 所示。例如，从复兴门站到五棵松站需要 30min，这相当于 2 个延迟（以 15min 为采样率）。也就是说，30min 之前在复兴门站上车的乘客不会对五棵松站的下车客流量有影响，因此可以不被考虑在预测模型中。然而，从复兴门站上车的乘客到达五棵松站所花费的时间可能会大于 30min，即每个乘客在两个站之间的实际出行时间可能会超过最小通勤时间（例如 30min）。为了将晚到的乘客包括在内，这里在最短通勤时间中加入一个 30min 的缓冲区，相当于两个延迟。因此，从复兴门站上车的客流到五棵松站的最大延迟可以由最短通勤时间（30min）加缓冲时间（30min）来计算，采样率为 15min。这样，模型考虑 $t-2$、$t-3$、$t-4$ 时刻的上车客流量，而在 $t-1$ 时刻的上车客流量并不会影响五棵松站的下车客流量，因为乘客没有到达五棵松站，因此不考虑。与此情况类似，可以计算剩余的 17 个站的最大延迟。结果表明，每个站点在三个时间间隔内的上车客流量都会对五棵松站的下车客流量产生影响。因此，共有 55 个候选变量。变量包括从 $t-1$ 时刻五棵松站的下车客流量，和其他 18 个站在三个延迟内的上车客流量。

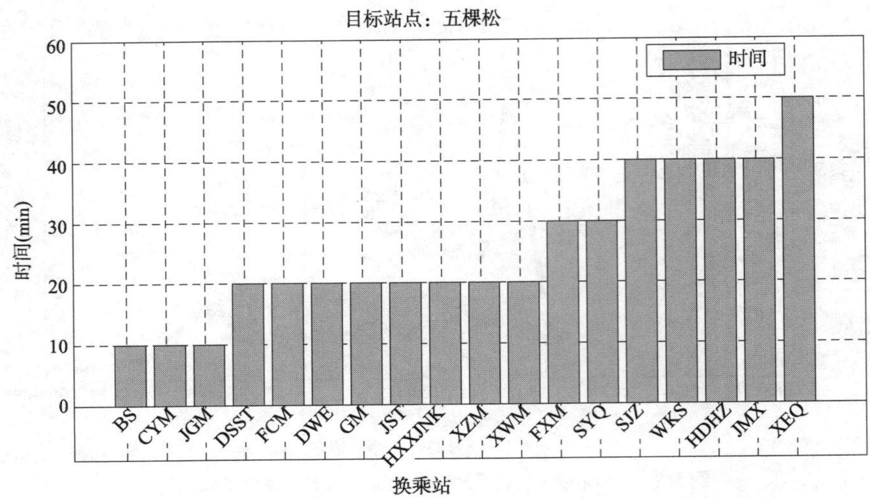

图 5-10　其他 18 个站点到五棵松站的实际通勤时间

实际上，在模型中，55 个备选变量对于模型的影响是不一样的，其中一些变量可能是不重要的，因此可以剔除。这里采用 ERR（Error Reduction Ratio）准则去评估模型对于选择不同变量的影响[22]。在忽略掉一些对系统的输出结果无太大影响的变量后，模型只剩下一些重要的变量。GCV 准则用于确定变量的数量，对于初始 MSRBF 神经网络，结合 GCV 与 ERR，确定变量。因此，从总共 55 个候选变量选出 11 个变量[14]，MSRBF 网络模型的输入向量为：

$$\begin{aligned}\boldsymbol{x}(t) &= [x_1(t), x_2(t), \cdots, x_{11}(t)]\\ &= [y_W(t-1), u_1(t-4), u_4(t-2), u_6(t-2), u_6(t-4), u_8(t-2),\\ &\quad u_8(t-4), u_{11}(t-5), u_{14}(t-3), u_{16}(t-4), u_{17}(t-4)]\end{aligned}$$

选择的变量、参数及 ERR 值如表 5-7 所示。

选择的变量、参数及 ERR 值　　表 5-7

序　号	变　量	参 数 值	ERR(×100%)
1	$y_W(t-1)$	0.5196	9.631×10^{1}
2	$u_{16}(t-4)$	0.0878	3.885×10^{-1}
3	$u_4(t-2)$	0.1631	6.870×10^{-1}
4	$u_8(t-2)$	0.1500	8.450×10^{-2}
5	$u_1(t-4)$	−0.1037	2.605×10^{-1}
6	$u_{17}(t-4)$	1.0811	9.199×10^{-2}
7	$u_6(t-2)$	0.4681	1.213×10^{-1}
8	$u_6(t-4)$	−0.5132	2.365×10^{-1}
9	$u_{14}(t-3)$	0.1073	5.580×10^{-2}
10	$u_8(t-4)$	−0.1346	7.849×10^{-2}
11	$u_{11}(t-5)$	0.0537	2.356×10^{-2}

接下来，利用快速模糊 C 均值（FFCM）聚类算法训练样本，根据方程（5-24）计算 SC 的值，该样本集的最佳聚类数 N_c 为 15。将 1064 个观测样本划分为 15 组，这 15 组的中心作为 MSRBF 网络的中心备选项。根据公式（5-20），MSRBF 网络模型的基函数为：

$$\varphi_{i,j,m}(\boldsymbol{x}(t);\boldsymbol{c}_m,\boldsymbol{s}_m^{(i,j)}) = \exp\left[-\left(\frac{x_1(t)-c_{m,1}}{s_{y_w,m}^{(i)}}\right)^2 - \sum_{k=2}^{11}\left(\frac{x_k(t)-c_{m,k}}{s_{u,m}^{(j)}}\right)^2\right] \tag{5-33}$$

这里，$m = 1,2,\cdots,15$，第 m 个权重向量为：

$$\boldsymbol{s}_m^{(i,j)} = [s_{y_w,m}^{(i)}, s_{u_1,m}^{(j)}, s_{u_4,m}^{(j)}, \overbrace{s_{u_6,m}^{(j)}, s_{u_6,m}^{(j)}}^{1:2}, \overbrace{s_{u_8,m}^{(j)}, s_{u_8,m}^{(j)}}^{1:2} s_{u_{11},m}^{(j)}, s_{u_{14},m}^{(j)}, s_{u_{16},m}^{(j)}, s_{u_{17},m}^{(j)}] \tag{5-34}$$

根据式（5-25）和式（5-26），在权重 $\boldsymbol{s}_n^{(i,j)}$ 中，参数 α 和 β、I、J 分别设置为 2、2、1 和 1。因此，初始神经网络模型总共包括 $11 + 2^{11} \times 15 = 30731$ 个备选变量。对 30731 个备选变量和 1064 个训练样本，利用 MPOLS 算法并根据 GCV 的值，确定 67 个变量，建立最终的 MSRBF 神经网络对客流的预测。

下面验证数据集测试模型的性能，这里选取 2012 年 7 月 21 日五棵松站的下车客流量，包括 76 个样本点。当天 19:00 在五棵松站附近有音乐会举行，因此客流在短时间内突然增大。在上一部分已讨论了多步向前预测，一步向前预测相当于提前 15min 预测客流量，即延迟为 15min。为了采取更有效的措施以减轻客流突然增加产生的不利影响，需要进行两步向前预测，即提前 30min 通知地铁运营商和乘客可能会发生的客流波动。通过 MSRBF 神经网络模型，支持向量机、BRT 和 SSRBF 网络方法输出预测结果，一步和两步向前预测的结果如图 5-11 和图 5-12 所示。

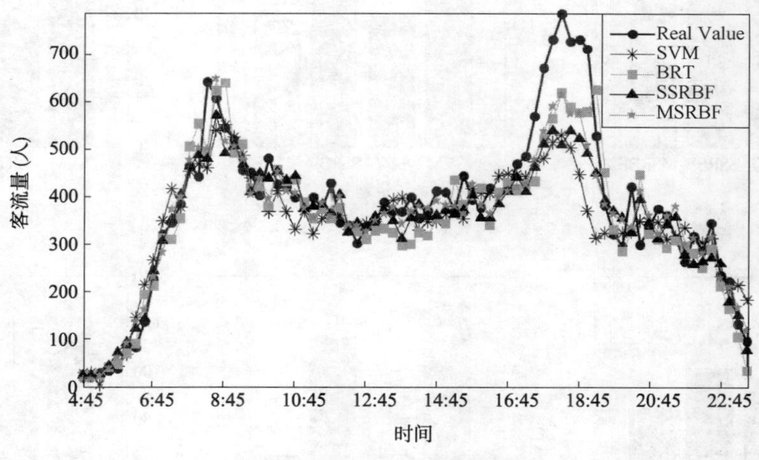

图 5-11　2012 年 7 月 21 日五棵松站下车乘客一步预测结果

结果表明，本研究提出的 MSRBF 神经网络模型方法可以表现出优越的预测性能。由于音乐会，五棵松站的客流量在 18:30 会出现峰值，这个峰值可以通过本研究提出的算法识别出来。由图 5-11 可以看出，MSRBF 神经网络优于其他方法。在两步向前预测中，本研究提出的方法仍表现出最佳的预测性能，如图 5-12 所示。

图 5-13 给出了一步向前预测和两步向前预测中，MSRBF 与其他算法的误差的直方图。由图可以看出，与其他方法比较，本研究所采用的 MSRBF 神经网络方法预测误差（MAPE，

VAPE, RMSE)最小,从而证明了该方法的有效性。统计结果见表5-8。

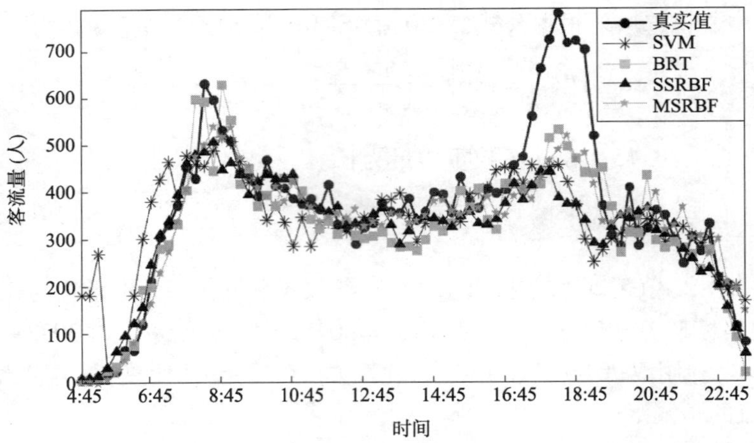

图5-12　2012年7月21日五棵松站下车乘客两步预测结果

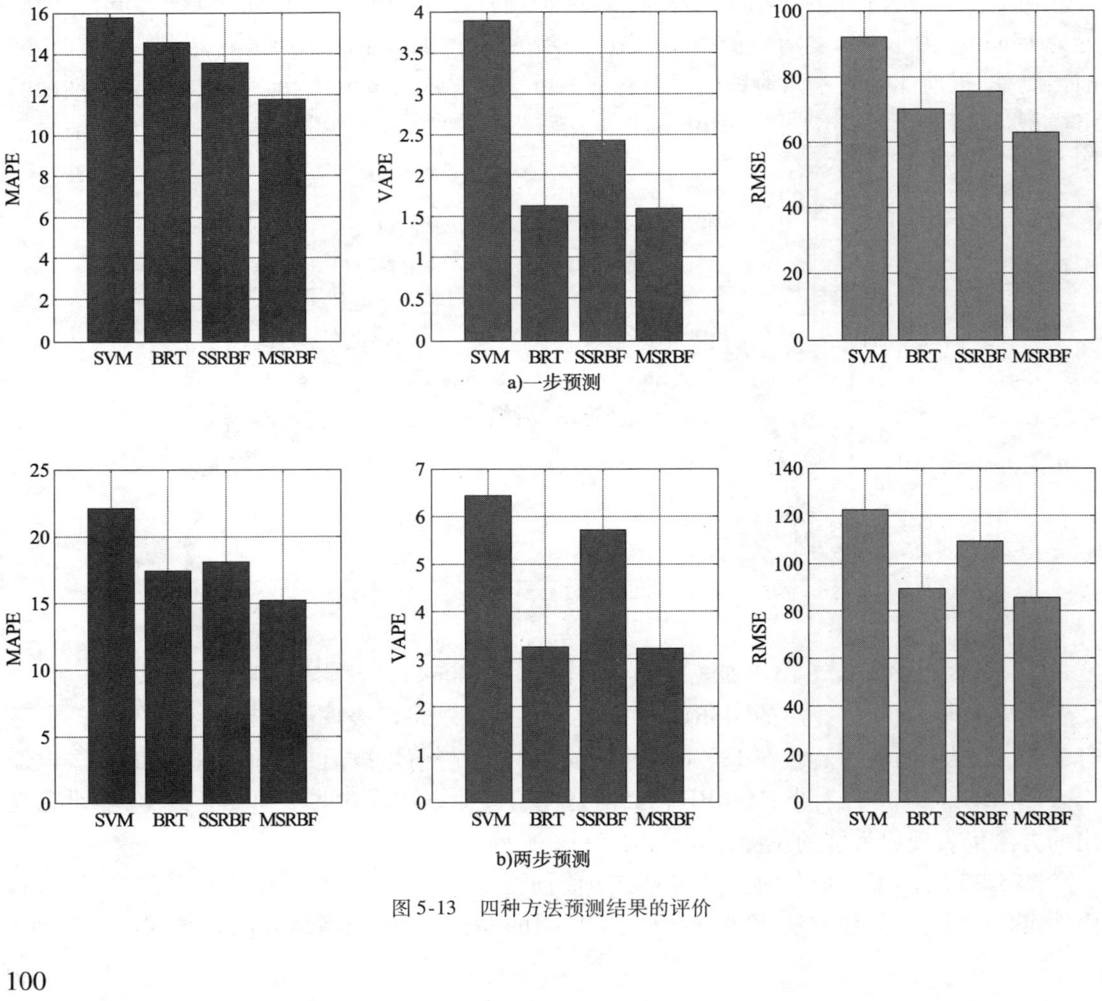

a)一步预测

b)两步预测

图5-13　四种方法预测结果的评价

预测结果评价具体值(2012 年 7 月 21 日,五棵松站)　　表 5-8

方　法	一步预测			两步预测		
	MAPE	VAPE	RMSE	MAPE	VAPE	RMSE
SVM	15.7608	3.8876	91.7416	22.0388	6.4300	122.1048
BRT	14.5227	1.6327	70.1059	17.3865	3.2573	89.3661
SSRBF	13.5816	2.4339	75.1777	18.0762	5.7126	108.9132
MSRBF	11.8038	1.5910	62.7863	15.1206	3.2279	85.3464

注:铺灰栏为误差最小的方法。

2)东直门站

与上一部分讨论的五棵松站的情况不同,与平时的周末相比,东直门站的下车客流量在 2012 年 9 月 29 日一整天都有显著增加,如图 5-8b)所示,这是由于大多数的乘客需要在中秋节之前回家,而东直门站是长途客运站的位置。与案例 1)类似,考虑一个 18 输入和单输出系统。令系统的输出变量 $y_D(t)$ 作为东直门站的下车客流客流量,剩余的 18 个主要的换乘站的上车乘客客流量用 $u'_1(t),\cdots,u'_{18}(t)$ 表示,作为系统的输入变量。图 5-14 展示了从 9 月 15 日到 9 月 29 日的 1140 个样本点。

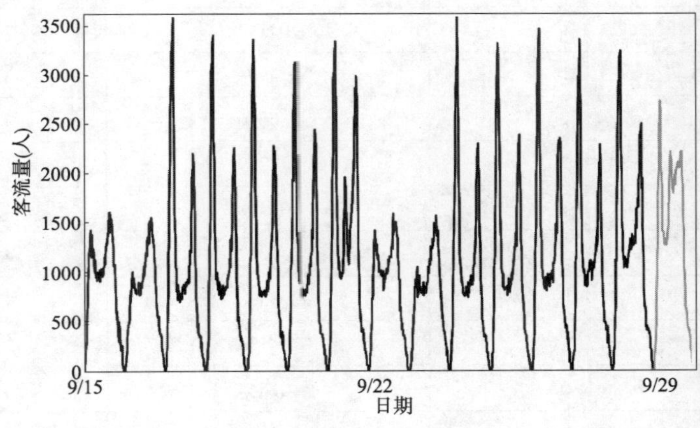

图 5-14　2012 年 9 月 15 日 ~9 月 29 日东直门站点客流变化

(黑色为训练数据,浅灰色为预测数据)

东直门站和其他 18 个换乘站之间的最短通勤时间如图 5-15 所示。与案例 1)相似,有 55 个备选变量,$y_D(t-j_D)$,$j_D=1$;$u'_k(t-j_1)$,$k=1,2,3$;$j_1=1,2,3$;$u'_k(t-j_2)$,其中 $k=4,\cdots,12$;$u'_k(t-j_3)$,$k=13,\cdots,17$ $j_3=3,4,5$;$u'_k(t-j_4)$,$k=18$,$j_4=4,5,6$ 。应用 GCV 准则与 ERR 准则,从预测模型中选择 12 个重要的变量。因此,对于 MSRBF 神经网络模型的输入向量可以表示为:

$$
\begin{aligned}
\boldsymbol{x}(t) &= [x_1(t),x_2(t),\cdots,x_{12}(t)] \\
&= [y_D(t-1),u_1'(t-1),u_2'(t-3),u_3'(t-1),u_8'(t-2),u_8'(t-4),u_9'(t-4), \\
&\quad u_{13}'(t-3),u_{13}'(t-4),u_{15}'(t-3),u_{17}'(t-3),u_{17}'(t-5)]
\end{aligned}
$$

所选择的变量、参数和 ERR 值如表 5-9 所示。

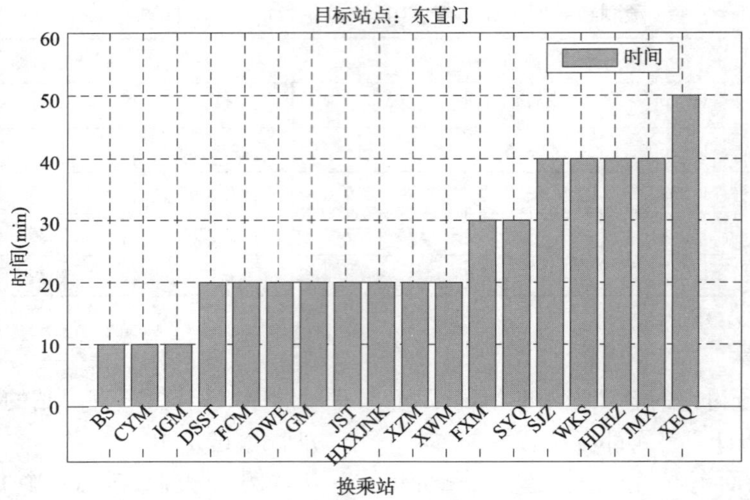

图 5-15　其他 18 个站点到东直门站的实际通勤时间

选择的变量、参数及 ERR 值　　表 5-9

序　号	变　量	参 数 值	ERR(×100%)
1	$y_D(t-1)$	0.7541	9.754×10^{1}
2	$u_8'(t-4)$	−0.1193	7.735×10^{-1}
3	$u_8'(t-2)$	0.3999	5.166×10^{-1}
4	$u_{13}'(t-3)$	2.6696	9.999×10^{-2}
5	$u_{15}'(t-3)$	0.1299	1.172×10^{-1}
6	$u_9'(t-4)$	−0.3400	4.845×10^{-2}
7	$u_{17}'(t-3)$	0.7057	4.825×10^{-2}
8	$u_3'(t-1)$	0.3398	4.023×10^{-2}
9	$u_2'(t-3)$	−0.1945	2.793×10^{-2}
10	$u_{17}'(t-5)$	−0.5443	3.405×10^{-2}
11	$u_1'(t-1)$	0.0811	2.859×10^{-2}
12	$u_{13}'(t-4)$	−1.2956	1.346×10^{-2}

应用快速模糊 C 均值聚类（FFCM）算法得到最佳聚类数 N_c 等于 5。训练数据集被划分为五组，根据公式（5-20），MSRBF 神经网络模型中基函数可以表示为：

$$\varphi_{i,j,m}(\boldsymbol{x}(t);\boldsymbol{c}_m,\boldsymbol{s}_m^{(i,j)}) = \exp\left[-\left(\frac{x_1(t)-c_{m,1}}{s_{y_D,m}^{(i)}}\right)^2-\sum_{k=2}^{12}\left(\frac{x_k(t)-c_{m,k}}{s_{u,m}^{(j)}}\right)^2\right] \tag{5-35}$$

式中，$m=1,2,\cdots,5$，第 m 个权重向量 $\boldsymbol{s}_m^{(i,j)}$ 的定义为：

$$\boldsymbol{s}_m^{(i,j)} = [s_{y_D,m}^{(i)},s_{u_1',m}^{(j)},s_{u_2',m}^{(j)},s_{u_3',m}^{(j)},\overbrace{s_{u_8',m}^{(j)},s_{u_8',m}^{(j)}}^{1:2},s_{u_9',m}^{(j)},\overbrace{s_{u_{13}',m}^{(j)},s_{u_{13}',m}^{(j)}}^{1:2},s_{u_{15}',m}^{(j)},\overbrace{s_{u_{17}',m}^{(j)},s_{u_{17}',m}^{(j)}}^{1:2}] \tag{5-36}$$

根据式（5-35）和式（5-36），可以计算 MSRBF 网络中的 $\boldsymbol{s}_m^{(i,j)}$，与五棵松站的案例类似，这里 α、β、I、J 被设定为 2、1、1、1。

初始网络模型包括 12 个线性项和总共 $5\times2^{12}=20480$ 个非线性项。MPOLS 算法被用来在20492个项中选择最重要的项。根据GCV准则,总共选择36个重要的项。通过这些项构建最终的MSRBF网络模型来预测客流量。选择2012年9月29日中的总共76个样本用于一步和两步向前预测。四种方法的比较结果如图5-16和图5-17所示。

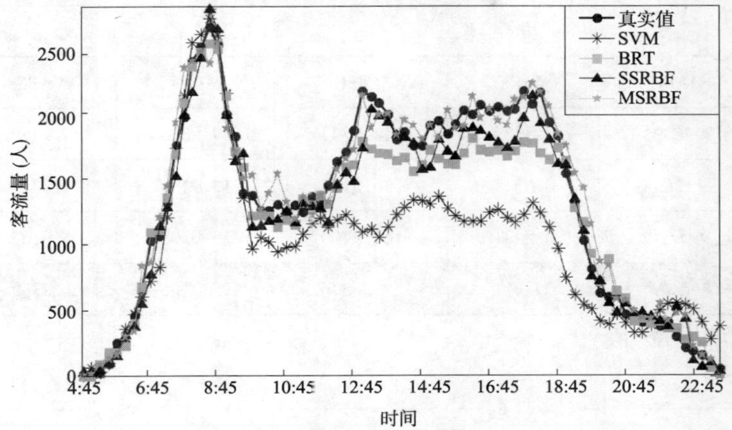

图5-16 2012年9月29日东直门站下车乘客一步预测结果

如图5-16所示,相比于SSRBF网络和BRT模型,通过MSRBF方法预测的结果更准确,并且明显优于SVM方法。MSRBF网络模型可以准确地捕捉地铁客流发生异常变化的趋势。为进一步验证算法的有效性,进行多步向前预测,不同预测方法的比较结果如图5-17所示。与一步向前预测的结果类似,MSRBF神经网络算法仍然在所有算法中表现出最佳的预测水平,而SRBF和BRT方法的预测准确性在降低。如图5-18和表5-10所示,MSRBF方法预测结果的MAPE、VAPE和RMSE的值显著低于其他预测方法。

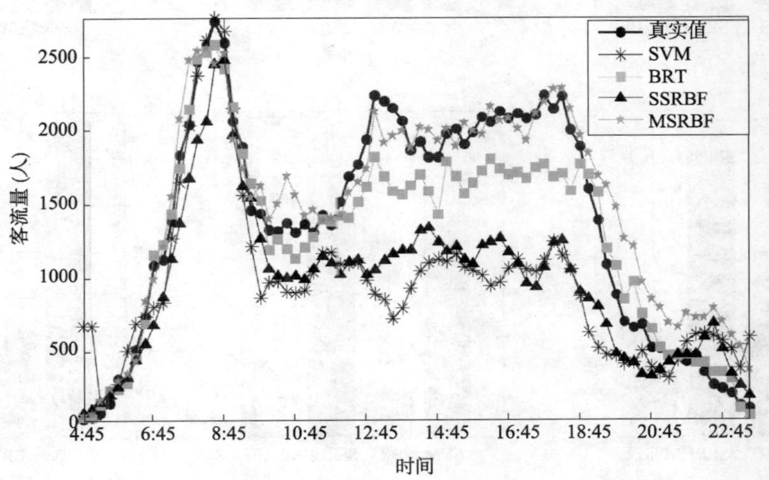

图5-17 2012年9月29日东直门站下车乘客两步预测结果

3)海淀黄庄站

对于音乐会及节假日等情况,可以提前预见可能的客流波动。此处讨论突发情况下地铁客流波动情况,以验证算法的有效性。选取数据来自2012年8月23日海淀黄庄站,如图5-8c)所示。客流的突然增大是因为地铁信号出现故障而造成乘客滞留。与前面类似，依旧考虑一个 18 输入一单输出的系统。令 $y_H(t)$ 为海淀黄庄站的下车客流，$u_1^*(t),\cdots,u_{18}^*(t)$ 为其他 18 个站的上车客流。选取 8 月 9 日 ~23 日的 1140 个数据，如图 5-19 所示。

预测结果评价具体值(2012 年 9 月 29 日，东直门站)　　表 5-10

方　法	一步预测			两步预测		
	MAPE	VAPE	RMSE	MAPE	VAPE	RMSE
SVM	29.6094	5.5889	514.0743	39.9336	9.1452	679.6365
BRT	11.2654	0.8311	196.5157	13.7130	1.3375	243.2507
SSRBF	9.5299	0.5431	162.9400	35.0508	6.9167	594.5454
MSRBF	8.2634	0.4411	143.8376	13.3725	1.2359	235.9457

注：铺灰栏为预测误差最小的方法。

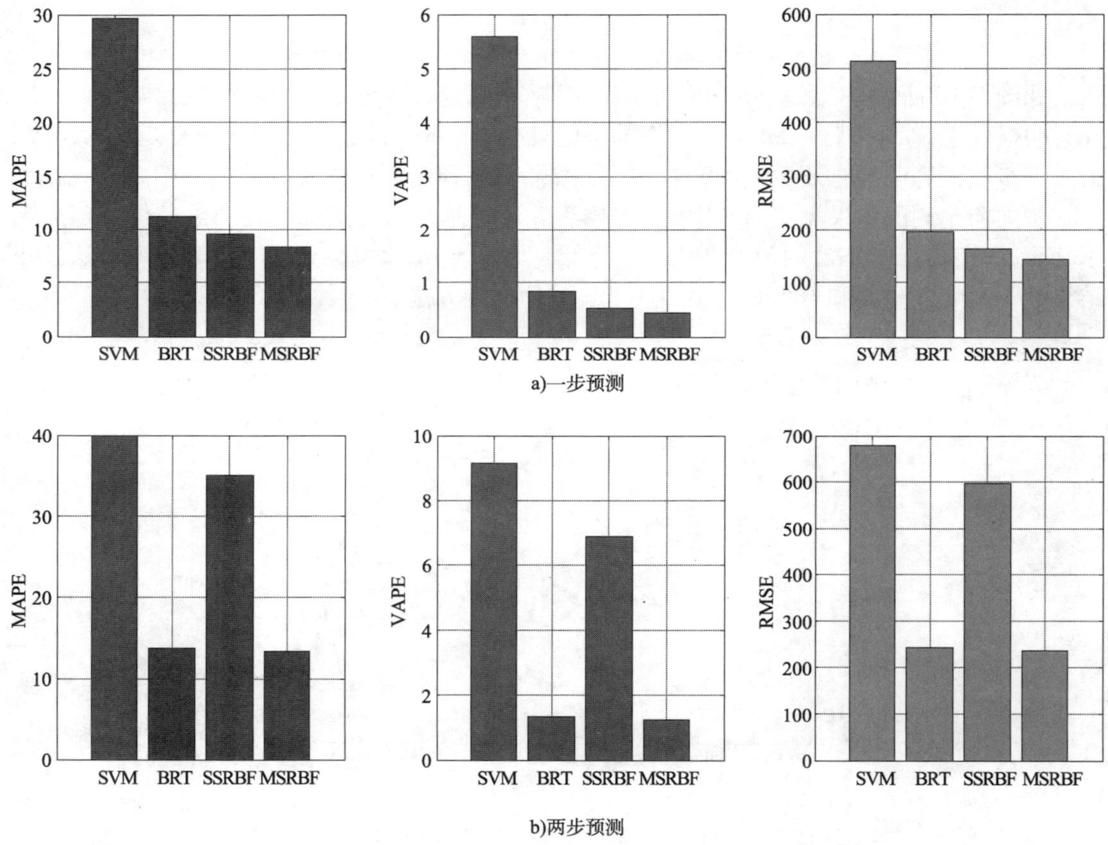

图 5-18　四种方法预测结果的评价

其他 18 个站到海淀黄庄站的最短通勤时间如图 5-20 所示。由前面的讨论，系统有 55 个候选变量，令 $y_H(t-p_H)$，$p_H=1$；$u_k^*(t-p_1)$，$k=1,2,\cdots,10$，$p_1=2,3,4$；$u_k^*(t-p_2)$，$k=11,\cdots,16$，$p_2=3,4,5$；$u_k^*(t-p_3)$，$k=17$、18。根据 GCV 准则和 ERR 准则，选择

10 个变量,即 MSRBF 网路模型的输入向量为:

$$\begin{aligned}\boldsymbol{x}(t) &= [x_1(t), x_2(t), \cdots, x_{10}(t)] \\ &= [y_H(t-1), u_1^*(t-2), u_1^*(t-4), u_8^*(t-3), u_9^*(t-3), u_9^*(t-4), \\ &\quad u_{16}^*(t-3), u_{16}^*(t-4), u_{18}^*(t-5), u_{18}^*(t-6)]\end{aligned}$$

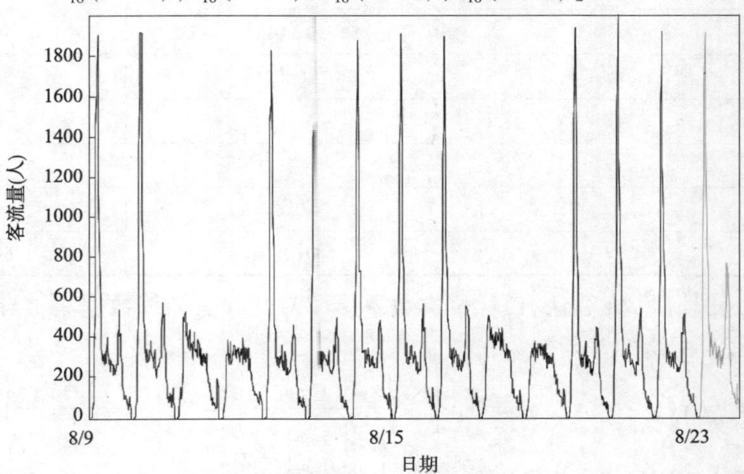

图 5-19 2012 年 8 月 9 日 ~8 月 23 日海淀黄庄站点客流变化
(黑色为训练数据,浅灰色为预测数据)

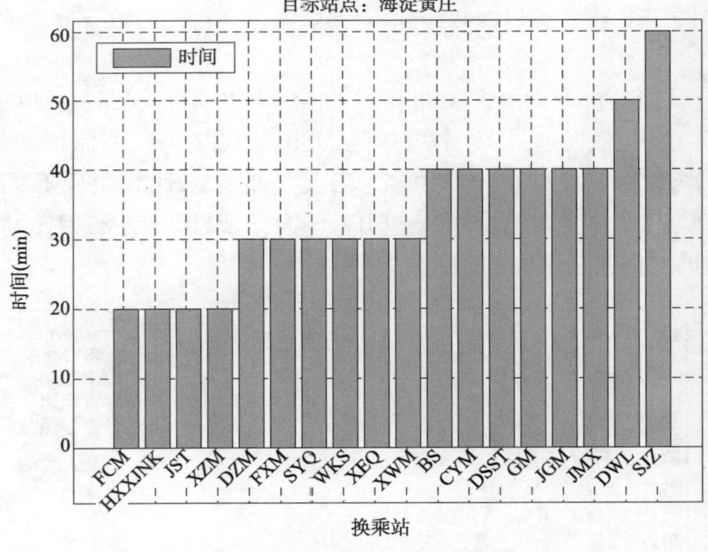

图 5-20 其他 18 个站点到海淀黄庄站的实际通勤时间

变量、参数及 ERR 值见表 5-11。

选择的变量、参数及 ERR 值　　表 5-11

序　号	变　量	参　数	ERR(×100%)
1	$u_{16}^*(t-4)$	0.3434	9.572×10^1
2	$u_8^*(t-3)$	0.0307	1.9115×10^0

续上表

序　号	变　量	参　数	ERR(×100%)
3	$u_{18}^*(t-6)$	-0.2457	2.789×10^{-1}
4	$y_H(t-1)$	0.3580	4.896×10^{-1}
5	$u_{16}^*(t-3)$	0.6018	1.588×10^{-1}
6	$u_9^*(t-4)$	-0.0216	5.048×10^{-2}
7	$u_1^*(t-4)$	0.1019	9.345×10^{-2}
8	$u_{18}^*(t-5)$	0.1628	2.280×10^{-2}
9	$u_9^*(t-3)$	-0.0571	2.012×10^{-2}
10	$u_1^*(t-2)$	0.0410	1.690×10^{-2}

在本例中，根据 FFCM 算法，最优聚类数 $N_c=29$。因此，训练数据集被分为 29 组，根据式(5-20)，MSRBF 网络的基函数为：

$$\varphi_{i,j,m}(\boldsymbol{x}(t);\boldsymbol{c}_m,\boldsymbol{s}_m^{(i,j)})=\exp\left[-\left(\frac{x_1(t)-c_{m,1}}{s_{y_D,m}^{(i)}}\right)^2-\sum_{k=2}^{10}\left(\frac{x_k(t)-c_{m,k}}{s_{u,m}^{(j)}}\right)^2\right] \tag{5-37}$$

这里，$m=1,2,\cdots,29$，第 m 个权重向量 $\boldsymbol{s}_m^{(i,j)}$ 为：

$$\boldsymbol{s}_m^{(i,j)}=[s_{y_H,m}^{(i)},\overbrace{s_{u_1^*,m}^{(j)},s_{u_1^*,m}^{(j)}}^{1:2},\overbrace{s_{u_8^*,m}^{(j)},s_{u_9^*,m}^{(j)}}^{1:2},\overbrace{s_{u_9^*,m}^{(j)},s_{u_{16}^*,m}^{(j)}}^{1:2},\overbrace{s_{u_{16}^*,m}^{(j)},s_{u_{18}^*,m}^{(j)}}^{1:2},s_{u_{18}^*,m}^{(j)}] \tag{5-38}$$

MSRBF 网络的权重 $\boldsymbol{s}_m^{(i,j)}$ 可以由式(5-25)与式(5-26)计算，参数 α、β、I、J 的值分别为 2、2、1、1。

初始的网络模型包含 10 个线性项和 $29\times2^{10}=29696$ 个非线性项。应用 MPOLS 算法与 GCV 准则，剔除多余项，最终选择 19 个项构建 MSRBF 网络进行客流预测。选择 2012 年 8 月 23 日的 76 个样本进行一步和两步预测。各算法的结果比较见图 5-21 与图 5-22。由图 5-21与图 5-22 可见，在突发情况下，与 BRT、SVM 和 SSRBF 方法相比，MSRBF 网络在一步与两步预测效果上仍然是最好的。

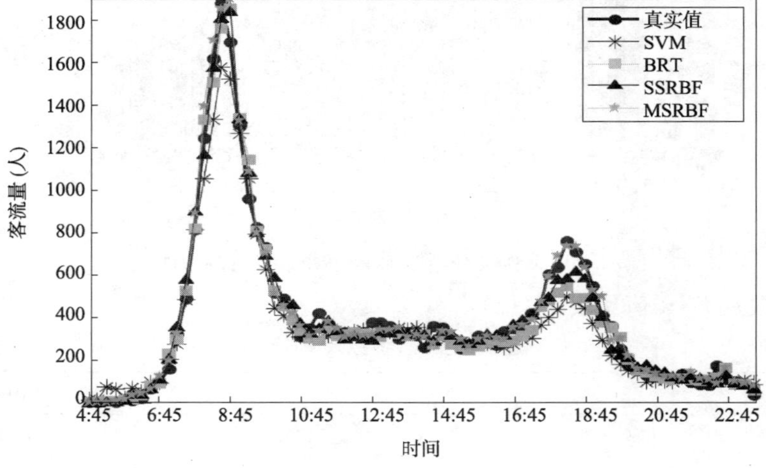

图 5-21　2012 年 8 月 23 日海淀黄庄站下车乘客一步预测结果

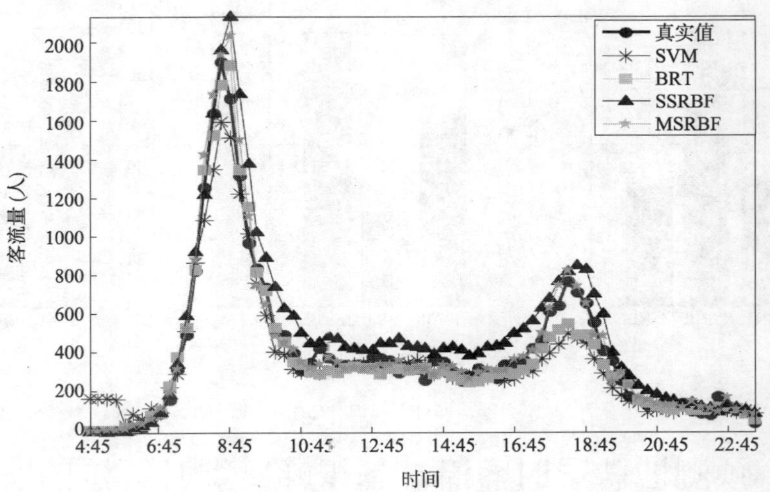

图 5-22　2012 年 8 月 23 日海淀黄庄站下车乘客两步预测结果

为了进一步说明 MSRBF 方法的优越性，对预测结果进行定量分析，如表 5-12 与图 5-23 所示。与 SVM 和 SSRBF 方法相比，MSRBF 预测结果的 MAPE、VAPE 与 RMSE 的值明显低于其他两种方法。与 BRT 方法相比，两种方法在一步和两步预测中都表现出了预测的稳定性，但 MSRBF 方法在预测结果上更准确。

预测结果评价具体值(2012 年 8 月 23 日，海淀黄庄站)　　表 5-12

方　法	一步预测			两步预测		
	MAPE	VAPE	RMSE	MAPE	VAPE	RMSE
SVM	16.8591	3.3995	97.5344	19.7495	3.5522	106.5762
BRT	11.2488	1.7529	67.8242	12.1775	1.7550	70.2490
SSRBF	10.6231	0.8299	54.6337	25.6854	5.0596	133.2901
MSRBF	9.0696	0.8280	50.1554	11.0555	1.5470	64.9659

注：铺灰栏为预测误差最小的方法。

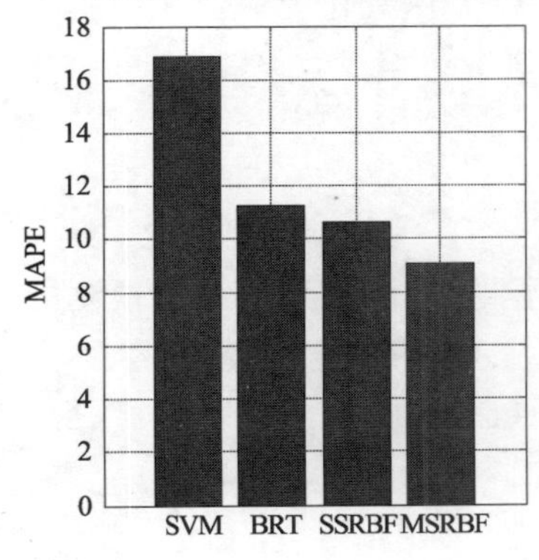

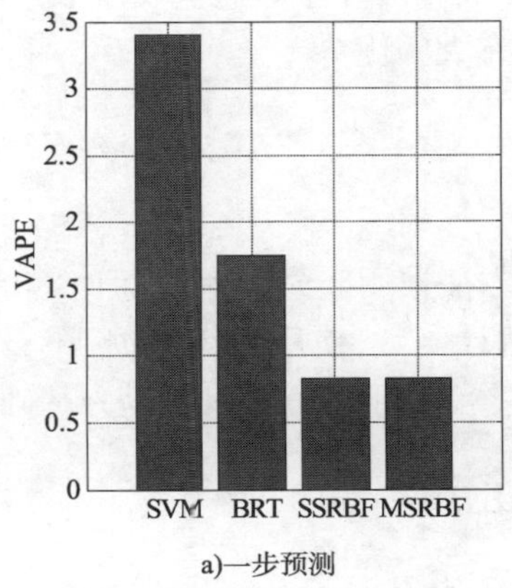

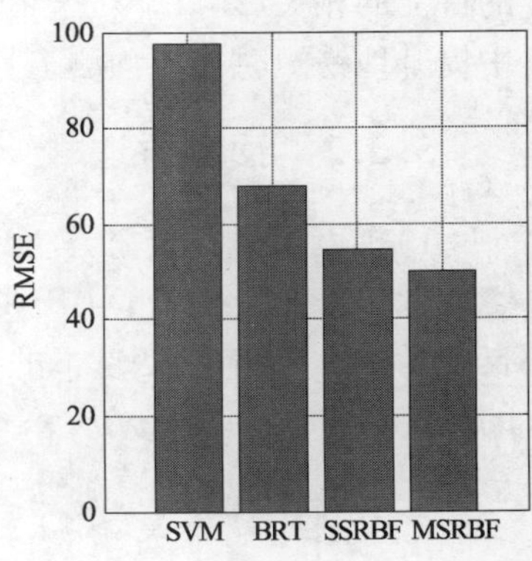

a)一步预测

图　5-23

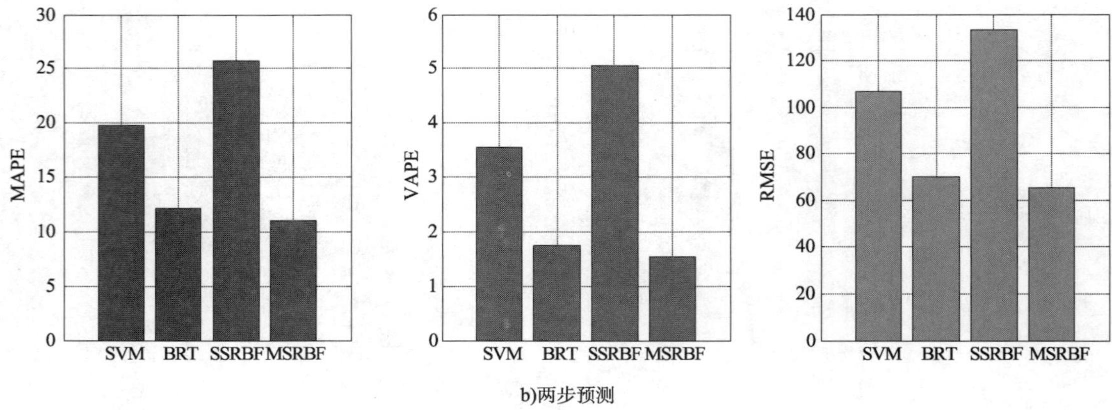

图 5-23　四种方法预测结果的评价

5.3　预测地铁短时客流并基于梯度提升算法的决策树模型分析客流影响因素

5.3.1　背景介绍

理解地铁短时客流量及其影响因素之间的关系,对提高地铁短时客流量预测的准确性至关重要。虽然已有越来越多的短时客流量预测方法研究,但是很少有研究方法考虑到公交换乘活动和时间特征。为了填补这一空白,相对较新的数据挖掘方法——梯度提升决策树(Gradient Boost Decision Tree,GBDT)适用于地铁短时客流量预测,并用于捕获独立变量间的关联。以北京市的三个地铁站为例,通过公共交通智能大数据从邻近的公交站获取站点短时客流量和下车乘客。

为了用不同规则参数的组合优化模型性能,通过确定最大树构建了一系列学习速率和树的复杂性不同的 GBDT 模型。最优的模型性能保证梯度提升方法可以组成不同类别的预测,拟合复杂的非线性关系,并且自动地、精确地处理多重共线性效应。相反地,对于作为黑盒子步骤的其他机器学习方法,GBDT 模型可以识别公交换乘活动和其作用于地铁短时客流的特征的相关影响,并对这种影响作出排序。这些发现表明,GBDT 模型在多模型交通系统中提升地铁短时客流预测上具有大的优势。

5.3.2　预测方法

1)梯度提升决定树方法

近年来发展起来的 GBDT 方法被用于站点水平短时客流预测,假设 x 是一系列预测的自变量,$f(x)$是响应变量 y 的估计函数,使用训练数据 $\{y_i,x_i\}_1^N$,GBDT 方法构建 m 个不同的决策树 $h(x;\ a_1),\cdots,h(x;\ a_m)$,然后$f(x)$可以表示为基础函数的扩展:

$$\begin{cases} f(x)=\sum_{m=1}^{M}f_m(x)=\sum_{m=1}^{M}\beta_m h(x;a_m) \\ h(x;a_m)=\sum_{j=1}^{J}\gamma_{jm}I(x\in R_{jm}) \qquad \text{where } I=1 \quad if \quad x\in R_{jm};I=0,\text{otherwise} \end{cases} \tag{5-39}$$

式中,每一个树将输入空间分为 J 个不相交的区域 $R_{1m},\cdots,R_{jm}$,然后预测区域 R_{jm} 的一个常数值 γ_{jm};参数 β_m 代表第 m 棵回归树在最终模型中的权重,并且决定每颗决策树对最终模型的贡献程度;参数 a_m 代表每个决定树中离散变量离散位置和终端点的平均值。参数 β_m 和 a_m 通过使得特定的损失函数 $L(y,f(x))$ 达到最小来估计,损失函数衡量了预测的性能。

定义一个由第一个决定树到第 $m-1$ 个决定树的组合为加法函数 $f_m-1(x)$,参数 β_m 和 a_m 应该按照如下的方程式确定:

$$
\begin{aligned}
(\beta_m,a_m) &= \arg\min_{\beta,a}\sum_{i=1}^{N}L(y_i,f_{m-1}(x_i)+\beta h(x_i;a)) \\
&= \arg\min_{\beta,a}\sum_{i=1}^{N}L(y_i,f_{m-1}(x_i)+\beta\sum_{j=1}^{J}\gamma_j I(x_i\in R_j))
\end{aligned}
\tag{5-40}
$$

且

$$
f_m(x)=f_{m-1}(x)+\beta_m h(x;a_m)=f_{m-1}(x)+\beta_m\sum_{j=1}^{J}\gamma_{jm}I \qquad (x\in R_{jm})
\tag{5-41}
$$

由于非稳健数据和缺失数据的误差平方损失和指数损失,一般不直接求解方程(5-40)。为了克服这一问题,Friedman 设计了梯度提升树方法[28],提出每一次建立模型是在之前建立模型损失函数的梯度下降方向对下一步进行估计。梯度提升近似法可以通过两个步骤解决以上方程式中的任意缺失功能。第一.决定树的参数 a_m 可以通过近似一个与当前函数 $f_{m-1}(x)$ 梯度的方法来估计:

$$
a_m=\arg\min_{a,\beta}\sum_{i=1}^{N}[\tilde{y}_{im}-\beta h(x_i;a)]^2=\arg\min_{a,\beta}\sum_{i=1}^{N}[\tilde{y}_{im}-\beta\sum_{j=1}^{J}\gamma_j I(x_i\in R_j)]^2
\tag{5-42}
$$

其中,$\tilde{y}_{im}$ 是梯度,且:

$$
\tilde{y}_{im}=-\left[\frac{\partial L(y_i,f(x_i))}{\partial f(x_i)}\right]_{f(x)=f_{m-1}(x)}
\tag{5-43}
$$

然后,参数 β_m 的最优值可以确定为:

$$
\begin{aligned}
\beta_m &= \arg\min_{\beta}\sum_{i=1}^{N}L(y_i,f_{m-1}(x_i)+\beta h(x_i;a_m)) \\
&= \arg\min_{\beta}\sum_{i=1}^{N}L(y_i,f_{m-1}(x_i)+\beta\sum_{j=1}^{J}\gamma_{jm}I(x_i\in R_{jm}))
\end{aligned}
\tag{5-44}
$$

梯度提升树方法用方程(5-42)中所示的最小二乘函数最小化方法,改进了方程式(5-40)中潜在的函数优化问题。然后,估计的参数 a_m 被引进方程式(5-44),达到单个参数优化的目的。但是,对于任意可以计算最小二乘算法的 $h(x;\ a)$,通过方程式(5-42)和与前项逐步叠加模型连接的不同缺失函数可以得到最优解决方案。基于以上的讨论,梯度提升决定树算法如图 5-24 所示。

2)标准化参数

梯度提升树算法在阶梯化样式上构建模型,并且通过确定损失函数最小值来更新模型。但是,代入训练的数据过于接近会导致反作用,因为当减少训练数据的预计缺失时,这种缺失如果超过一个特定值,预计的缺失量将停止减少开始增多[29]。标准化参数可以阻止这种过度拟合,并且通过优化三个参数来提升预测精度,这些参数是:树的数量(M)、学习速度(ξ)和树的复杂性(C)。如果树的数量(也就是迭代次数)太小,模型不能很好地拟合。通过增加树的数量(也就是迭代次数),模型变得复杂并且更好地对数据进行拟合。但是,如果树的数量过大,这将造成过度拟合问题[28,30]。学习速度,又叫做收缩,通过引入一个 $\xi(0<\xi\leqslant 1)$ 来测量每个基础的树的模型的作用,如公式(5-45)所示:

$$f_m(x)=f_{m-1}(x)+\xi\cdot\beta_m h(x;a_m)=f_{m-1}(x)+\xi\cdot\beta_m\sum_{j=1}^{J}\gamma_{jm}I(x\in R_{jm})\qquad \text{where}\quad 0<\xi\leqslant 1 \tag{5-45}$$

最初的 $f_0(x)$ 是个常数,$f_0(x)=\arg\min_\beta\sum_{i=1}^{N}L(y_i,\beta)$

对于 $m=1$ to M:

对于 $i=1,2,\cdots,N$,计算负梯度

$$\tilde{y}_{im}=-\left[\frac{\partial L(y_i,f(x_i))}{\partial f(x_i)}\right]_{f=f_{m-1}}$$

拟合一个回归树 $h(x;\ a_m)$ 到末端区 $R_{jm},j=1,2,\cdots,J_m$ 的目标值 $\tilde{y}_{im}$

计算一个梯度下降步骤的大小如下:

$\beta_m=\arg\min_\beta\sum_{i=1}^{N}L(y_i,f_{m-1}(x_i)+\beta h(x_i;a_m))$

更新模型如下 $f_m(x)=f_{m-1}(x)+\beta_m h(x;a_m)$

输出最终的模型 $f(x)=\sum_{m=1}^{M}f_m(x)$

图5-24　梯度决定树算法图

当 ξ 越小时,学习速度越大。过度拟合的问题可以通过减少或者收缩每个树的影响来克服。小的收缩值可以更好地使损失函数最小化,然而,模型需要添加更多的树。因此,在树的数量和学习速率之间有一个权衡。根据学习速率数值和数据集,寻找树的最优数量最简单的方法就是检测模型和测试数据集的拟合度[30]。

梯度提升算法决策树的复杂性,同样影响其的预测效果。树的复杂性是指分别用来拟合每个决定树的数量(或者是节点数)。节点数等于分散数加一。它代表树种变量交互的程度,指定两个分散数对应每个树中两种交互方式。通常,指定 C 分散数对应一个有 C 种交互方式的模型。为了计算变量中更复杂的相互作用,并且充分利用梯度提升决定树的优势,提升树的复杂性显得尤为重要。Hastie 等人认为 $2\leqslant C\leqslant 5$ 比较合适。模型的最优性能取决于各种树的组合、学习速率和树的复杂性。

3)影响因素的相对重要性

通常,预测变量作用于响应变量的作用是直接的,确定这种差别尤为必要。但是,预测性探索的两个基础目标——精确性和可解释性,通常是不一致的。与自回归移动平均(ARIMA)模型、支持向量机(SVM)模型以及神经网络模型这些机器学习算法和数据模型方法相反的是,GBDT 模型能确定预测变量影响响应变量程度的排序,并且这种排序十分精确。

对于一个单一的决定树,T Breiman 等人提出公式(5-46)作为因素 x_κ 在预测响应过程中的近似相对重要性:

$$I_\kappa^2(T)=\sum_{t=1}^{J-1}\hat{\tau}_t^2 I(v(t)=\kappa) \tag{5-46}$$

式中求和结果大于 j 终端节点树 T 中的非终端节点数 t,x_κ是与节点 t 相关的分离变量;$\hat{\tau}_t^2$ 是使用分离变量 x_κ 作为非终端节点 t 时,误差平方项相应的经验性提升。通过梯度提升算法获得决定树的集合 $\{T_m\}_1^M$,方程式(5-46)可以被推广为:

$$I_k^2 = \frac{1}{M}\sum_{m=1}^{M} I_k^2(T_m) \tag{5-47}$$

5.3.3 数据准备

北京地铁网络已经从2006年长114km的4条线发展到2012年长442km的16条线,导致每日地铁客流量从193万骤增到674万。这种爆发式的客流增长刺激了一些重要问题的产生,例如地铁的拥挤和不同线路换乘通道的容量不充足等。为了平衡这种势不可挡的乘坐需求和有限的地铁设施容量,2015年51个轨道站点已经开始在特定时间限制乘客的进入(比如早晚高峰),在这些站点中,有着大量乘客需求的大望路、复兴门和回龙观三个站点是北京地铁最有代表性的站点。这是因为周围的土地使用和建成环境吸引了大量的乘客:大望路站点位于中心商业区,在北京CBD有500家企业和购物中心,同样大望路站点拥有多模式的换乘系统,使得大量居住在郊区却在其他区域工作的乘客通过地铁换乘;复兴门地铁站坐落于北京的金融街,金融街是北京最重要的街区之一,国内外很多的金融公司和政府机构临近复兴门站点,由于有限的停车位,大多数通勤者选择乘坐地铁或者公交去这些机构工作;不同于复兴门站点和大望路站点,回龙观站点位于郊区的居住区,有很多人居住并且每天都去市中心;三个站点的布局如图5-25所示,五角星代表三个地铁站,点代表临近的公交站点。在交通和城市规划领域,地铁站周围500m被认为是最好的交通区域[31,32]。大望路、复兴门和回龙观地铁站点周边分别有35个、26个和15个换乘的公交站点。

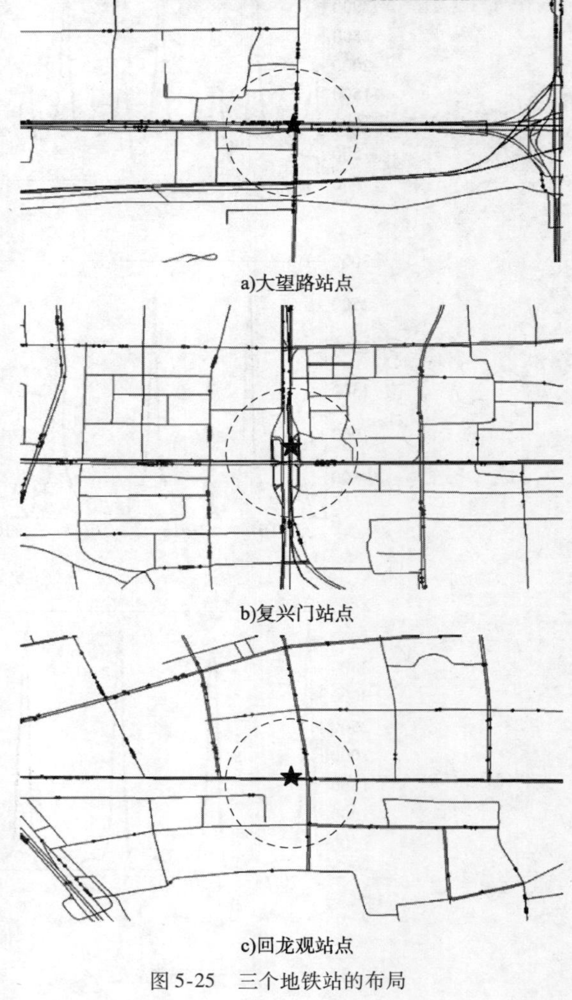

a)大望路站点

b)复兴门站点

c)回龙观站点

图5-25 三个地铁站的布局

公交客流从智能公交卡获取,公交卡在北京从2006年起用,减少成人公交费的50%和学生公交费的75%,这样的政策大大地刺激了公交卡的使用,90%以上的乘客都持有公交卡[33]。2014年12月开始,所有公交和地铁的交通费根据乘坐距离确定,乘客必须在上车和下车时分别刷卡。2014年以前,一半的公交车都是单一票制:乘客仅需在上车时刷卡而无需在下车时刷卡。其他的公交和地铁则是根据距离来确定票价。研究使用的数据是 2012 年 6 月和 2012 年 10 月大望路地铁站和其临近的 35 个公交站点的数据。单一票制的公交车在某站点的下车人数可以根据改进的方法推断[29,34]，并且，从公交换乘到地铁的客流量可以根据下车乘客的数量得到。同样地，地铁客流量数据可以由进站刷卡数获得。公交客流量和地铁客流量都是每 15min 记一次数（HCM 2010）[35]。图 5-26 给出大望路、复兴门和回龙观站点 2012 年 10 月 15 日～10 月 21 日一周的客流数据。不同地铁站不同时间的客流分布有所不同。对于大望路站点，客流表现出双峰特征，因为很多出行者在大望路站点换乘；对于复兴门地铁站，晚高峰的客流量要大于早高峰的客流量，这是因为复兴门位于商业和经济中心，人们晚上要从这个中心返回居住地。回龙观站点的客流分布与复兴门站点的客流分布正好相反，回龙观地铁站位于居住区，因此乘客早上会步行至地铁站乘坐地铁上班。但是这些特征在周末则表现得不是很明显，因为周末去工作的人比较少。

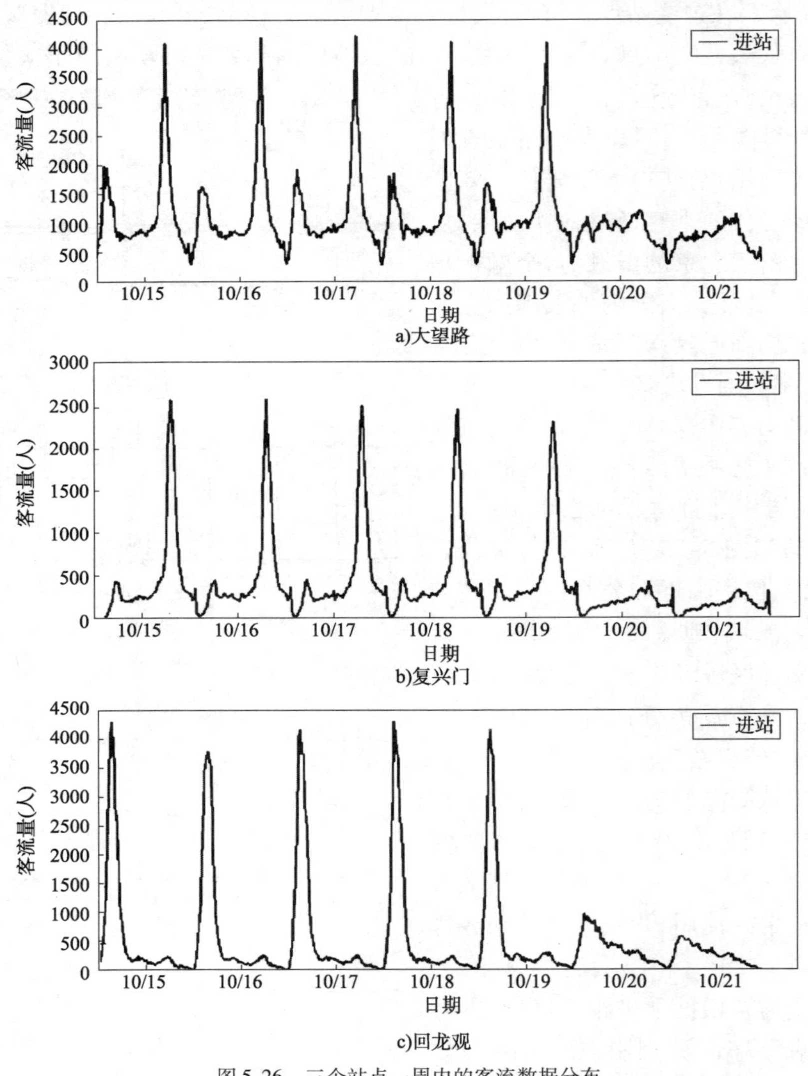

图 5-26　三个站点一周内的客流数据分布

基于前面的讨论，发现多模式的换乘活动与地铁客流量有很大的相关性，因此，t、$t-1$、$t-2$、$t-3$ 时刻从临近公交站点下车乘客的数量是主要的独立解释变量，隐含的假设是从公交到地铁系统的换乘时间最少是 1h。然而，在时间 $t-1$、$t-2$ 和 $t-3$ 的地铁客流需求量是最相关的，因为当前轨道客流量与过去 1h 的客流量有着很强的相关性。时刻、天、周和月等时间因素也被引入到预测模型中。本研究初步选择的预测变量的整体描述如表 5-13 所示。

本研究初步选择的预测变量的整体描述 表 5-13

类别	变量名	变量描述	变量类型
轨道站点特征	地铁$_{t-1}$	时间 $t-1$ 的地铁短时客流量	连续变量 R+
	地铁$_{t-2}$	时间 $t-2$ 的地铁短时客流量	连续变量 R+
	地铁$_{t-3}$	时间 $t-3$ 的地铁短时客流量	连续变量 R+
公交换乘活动特征	公交$_t$	时间 t 公交下车乘客数	连续变量 R+
	公交$_{t-1}$	时间 $t-1$ 公交下车乘客数	连续变量 R+
	公交$_{t-2}$	时间 $t-2$ 公交下车乘客数	连续变量 R+
	公交$_{t-3}$	时间 $t-3$ 公交下车乘客数	连续变量 R+
时间特征	一天的某时刻	每 15min 作为一个时间序列数，1~96	类别变量{1,2,3,…,96}
	一月的某天	日期序列代表一个月中的每天，1~31	类别变量{1,2,3,…,31}
	一周的某天	序列日代表一周中的每天，周一至周日	类别变量{1,2,3,…,7}

注：1,2,3,…,7 分别代表周一、周二、周三、周四、周五、周六和周日。

5.3.4 模型结果

1）模型结构

对于梯度提升算法，构建树时，只有任意部分的残差会在每次的迭代过程中。没被选中的残差部分不在迭代过程中[30]。随机选择是为了在不影响偏差的情况下减少最终预测结果的方差。尽管不是所有的观测值都会被用于每次迭代，所有的观测值最终都会被用于迭代。通常推荐打包 50% 的数据[28,36]。

为了测量地铁短时客流模型的性能，pseudo $-R^2$ 作为测量标准。梯度提升过程决定了最大似然的迭代次数，或者说，pseudo $-R^2$ 被定义为 $R^2=1-L_1/L_0$，其中 L_1 和 L_0 分别是全部模型和截距模型的对数似然值。在高斯分布（正态分布）情况下，pseudo $-R^2$ 转变为熟悉的 R_2，可以理解为模型能解释的方差部分。高斯回归有时计算 R^2 是很方便的：

$$R^2=\frac{\mathrm{Var}(y)-\mathrm{MSE}(y,\hat{y})}{\mathrm{Var}(y)}=1-\frac{\sum_{i=1}^{T}(f(x_i)-y_i)^2}{\sum_{i=1}^{T}(y_i-\bar{y})^2} \tag{5-48}$$

其中，$\mathrm{Var}(y)$ 和 $\mathrm{MSE}(y,\hat{y})$ 分别表示方差和平均误差平方。T 是检验样本的数量，$f(x_i)$ 是模型的预测值，y 是检验样本的平均值。在该研究中，基于检验模型和测试数据计算

检验 R^2 值。交叉验证的产生是由于将数据分为建模数据和检验数据的思想。在该项研究中,五倍交叉检验被用于确定最优树的个数组合、学习速率和树的复杂性。在五倍交叉检验中,数据集被分为五组不同的集合,反过来,每个集合被用于检验其余数据所构建的模型。

2)模型优化

为了检验不同标准化参数的组合模型的性能,取最大树 M 等于 3000 时,构建由不同树的学习速率($\xi=0.001\sim0.10$)、树的复杂性($C=1,2,3,4,5$)组成的一系列梯度提升树模型。在梯度提升的过程中,树的最大数被确定,使得检验数据对数似然值取最大值的最优树的个数被自动识别。因此,在该研究中树的数量已经达到最优值,因此不用被控制。对于三个轨道交通站点,梯度提升树模型的性能根据表 5-14 ~ 表 5-16 中不同标准化参数的组合而定。与此同时,由于不同组合的学习速率和树的复杂性已经给出,使得每个模型误差最小的树的最优数量也被确定。在这种情况下,如果树的数量继续增长,将会出现过度拟合问题。

学习速率参数对模型性能的影响如表 5-14 ~ 表 5-16 所示。对于给定复杂性的树,增加学习速率参数的值将导致需要更少的树和更短的计算时间就能达到最小的误差。这是因为学习速率参数的值越高,模型中每个树的贡献就越多,因此就需要更少的树。由于不同的树的复杂性和数量,最优的学习速率参数也有所变化。通常,当学习速率参数下降,模型会有更好的性能。可是,当学习速率参数达到一个特定的水平,模型的性能开始变差。以大望路地铁站为例,$C=2$ 时,随着学习速率参数从 $\xi=0.10$ 减少到 $\xi=0.01$,模型性能变得越来越好。但是当学习速率参数从 $\xi=0.01$ 减少到 $\xi=0.001$ 时,模型性能则会变差。为了得到更好的模型性能,合理的学习速率参数和树的数量的组合是必要的。需要强调的是"*"表示最优的树的数量大于所给的最大值,并且表 5-14 ~ 表 5-16 中所给的 R^2 没有达到最好的效果。

大望路地铁站 GBDT 模型的性能 表 5-14

学习速率	拟合优度和树的最优数(对于检验数据)									
	树的复杂性 =1		树的复杂性 =2		树的复杂性 =3		树的复杂性 =4		树的复杂性 =5	
	R^2	树	R^2	树	R^2	树	R^2	树	R^2	树
0.10	0.9706	4528	0.9804	2329	0.9827	904	0.9837	1293	0.9838	1006
0.05	0.9727	5848	0.9812	4232	0.9836	4665	0.9840	3113	0.9859	3155
0.01	0.9727	29594	0.9822	28563	0.9843	23305	0.9848	16652	0.9858	12591
0.005	0.9718	29890	0.9817	29977	0.9839	29176	0.9849	29500	0.9854	27628
0.001	0.9629	29941	0.9777	29998	0.9815	29998	0.9831	29991	0.9843	29999

复兴门地铁站 GBDT 模型的性能 表 5-15

学习速率	拟合优度和树的最优数(对于检验数据)									
	树的复杂性 =1		树的复杂性 =2		树的复杂性 =3		树的复杂性 =4		树的复杂性 =5	
	R^2	树	R^2	树	R^2	树	R^2	树	R^2	树
0.10	0.9818	18123	0.9885	2310	0.9890	3078	0.9889	659	0.9904	1993
0.05	0.9805	26037	0.9867	9970	0.9893	3121	0.9905	2482	0.9914	1836
0.01	0.9798	29841	0.9882	29795	0.9901	29654	0.9907	16794	0.9911	10735

续上表

学习速率	拟合优度和树的最优数(对于检验数据)									
	树的复杂性 = 1		树的复杂性 = 2		树的复杂性 = 3		树的复杂性 = 4		树的复杂性 = 5	
	R^2	树	R^2	树	R^2	树	R^2	树	R^2	树
0.005	0.9791	29909	0.9879	29978	0.9900	29898	0.9907	29792	0.9911	25023
0.001	0.9704	30000*	0.9849	29999	0.9886	29993	0.9899	29983	0.9906	29880

回龙观地铁站 GBDT 模型的性能　　表 5-16

学习速率	拟合优度和树的最优数(对于检验数据)									
	树的复杂性 = 1		树的复杂性 = 2		树的复杂性 = 3		树的复杂性 = 4		树的复杂性 = 5	
	R^2	树	R^2	树	R^2	树	R^2	树	R^2	树
0.10	0.9832	9413	0.9905	2945	0.9919	311	0.9913	317	0.9909	351
0.05	0.9859	19350	0.9916	4256	0.9925	1410	0.9926	517	0.9926	315
0.01	0.9843	29829	0.9912	26739	0.9925	12399	0.9926	12461	0.9927	12518
0.005	0.9834	29830	0.9910	29997	0.9921	29431	0.9925	26985	0.9925	14967
0.001	0.9787	30000*	0.9905	29957	0.9921	29999	0.9923	29942	0.9924	299

树的复杂性对模型性能的影响从表 5-14 ~ 表 5-16 中可以得到量化。对于一个给定的学习速率参数,树的复杂性值的增加通常会导致一个更加复杂的模型,因此需要更少的树达到最小的误差。控制学习速率参数和树的数量时,模型的计算时间会随着树的复杂性的增加而增加。因此,最终的计算时间取决于树的复杂性和树的最优数量。通常,树的复杂性增加时,模型的性能会更好。以大望路地铁站为例,当学习速率 $\xi = 0.10$,树的复杂性从 $C = 2$ 增加到 $C = 5$ 时,模型的性能会变得更好。这是因为复杂的树可以捕捉到数据集中更细节的信息。可是,当树的复杂性达到一个固定的水平之后,模型性能的提升就不再明显。因此,模型性能和计算时间应该达到平衡。

表 5-14 ~ 表 5-16 分别展示了大望路、复兴门和回龙观地铁站的模型性能。通过对比模型结果和计算时间,可以得到三个地铁站的最好的模型性能。对于大望路地铁站,当学习速率参数等于 0.05,树的复杂性等于 5 且树的最优数量等于 3155 时,模型的性能是最优的。同样地对于复兴门地铁站,当学习速率参数等于 0.05,树的复杂性等于 5 且树的最优数量等于 1836 时,模型的性能是最优的。对于回龙观地铁站,当学习速率参数等于 0.05,树的复杂性等于 4 且树的最优数量等于 517 时,模型的性能是最优的。三个最优模型最终的拟合优度 R^2 分别是 0.9859、0.9914 和 0.9926,表明了梯度提升树模型有着很好的预测精度,这是因为 GBDT 模型可以解释不同类别的预测变量,捕捉预测变量之间的相互作用并去拟合这种复杂的非线性关系[37]。因此,在该研究中,GBDT 模型可以解释地铁短时客流的非线性特征并得到一个优良的预测精度。出行时间预测[34]和汽车保险损失成本预测[38]同样地用到了类似的梯度提升树模型。

3)模型比较

为了检验 GBDT 模型对轨道站点短时客流预测的有效性,将 GBDT 模型与 BP 神经网络模型、支持向量机模型和随机森林模型等传统的模型做出比较。表 5-17 分别给出大望路、复兴门和回龙观地铁站的结果对比。在该研究中，均方根误差(RMSE)和拟合优度 R^2 作为模型性能的评价指标。小的 RMSE 值和高的 R^2 值表示模型精确度越高。RMSE 值定义如下：

$$\mathrm{RMSE}=\sqrt{\frac{\sum_{i=1}^{T}(\hat{y}_i-y_i)^2}{N}} \tag{5-49}$$

式中，N 为检验的样本数；$\hat{y}_i$ 为预测值；y_i 为观察值。

不同模型对地铁客流量预测的性能对比　　表 5-17

地铁站点	不同模型的性能(用 RMSE 和 R^2 衡量)							
	神经网络模型		支持向量机模型		随机森林模型		梯度提升树模型	
	RMSE	R^2	RMSE	R^2	RMSE	R^2	RMSE	R^2
大望路	95.1643	0.9772	170.8115	0.9265	88.9636	0.9801	65.6385	0.9859
复兴门	63.8279	0.9778	88.7084	0.9571	44.6397	0.9891	37.3621	0.9914
回龙观	81.4398	0.9890	174.1470	0.9498	86.8442	0.9875	63.9854	0.9927

通过对比不同预测模型的结果，发现 GBDT 模型在三个站点的预测性能是最优的。总的来说，通过 RMSE 和 R^2 来看，GBDT 模型在轨道交通站点层面的短时客流预测优于其他三个模型。随机森林模型在其他三个模型中是效果最好的，相比于 GBDT 模型，它的 RMSE 值增加了 36%。相反地，支持向量机模型对三个站点的预测结果则最差。这更加明确了 GBDT 模型在地铁上车客流量和公交换乘客流量复杂关系的建模上具有优势。

4)模型解释

为了探索不同预测变量对大望路、复兴门和回龙观地铁站短时客流量的影响，预测变量对三个站点预测值贡献程度根据表 5-17 中的最优模型来计算。高的相对重要性值表明预测变量对地铁客流预测结果有较强的影响。

如表 5-18 所示，每个预测变量对地铁短时客流量的预测有不同的影响。对于三个地铁站点，上一个时刻的地铁客流量 METRO_{t-1} 对地铁短时客流量的预测有最明显的影响，METRO_{t-1} 三个站点的相对重要性分别是 82.03%、85.06% 和 92.28%。这一发现与我们所预期的“最近一个时刻的客流量对当前时刻客流量的影响最大”是一致的。当前时刻公交下车客流量 BUS_t 对三个地铁站客流预测的相对重要性分别为 9.41%、4.42% 和 0.08%，BUS_t 对于大望路、复兴门和回龙观地铁站的客流预测重要性分别排在第二位、第三位和第八位。这表明大望路地铁站周边的公交换乘环境对地铁客流预测有着最显著的潜在影响，而回龙观地铁站周边的公交换乘环境对地铁客流预测的影响很小。这是由于大望路地铁站是一个重要的换乘站，而回龙观站点的乘客大多居住在回龙观附近，并不需要换乘公交。对于复兴门地铁站，公交换乘对地铁客流预测的影响小于 5%，这是因为复兴门地铁站与北京金融街的距离在步行范围内，上班一族可以直接乘坐地铁。然而，复兴门地铁站周围有 26 个公交停靠点，这些停靠点会向复兴门站点输送一定数量的乘客。

预测变量对地铁短时客流量预测的相对重要性　　表 5-18

变　量	大望路地铁站		复兴门地铁站		回龙观地铁站	
	排名	相对重要性(%)	排名	相对重要性(%)	排名	相对重要性(%)
METRO_{t-1}	1	82.03	1	85.06	1	92.28

续上表

变　量	大望路地铁站		复兴门地铁站		回龙观地铁站	
	排名	相对重要性(%)	排名	相对重要性(%)	排名	相对重要性(%)
$METRO_{t-2}$	4	1.71	4	0.95	4	0.20
$METRO_{t-3}$	5	1.65	5	0.77	3	0.46
BUS_{t}	2	9.41	3	4.42	8	0.08
BUS_{t-1}	6	0.55	6	0.44	6	0.11
BUS_{t-2}	8	0.40	7	0.34	9	0.06
BUS_{t-3}	7	0.41	8	0.27	5	0.16
Time of day	3	3.55	2	7.59	2	6.54
Date of month	10	0.12	9	0.10	7	0.10
Day of week	9	0.17	10	0.06	10	0.01

另外一个关于每日时刻对于地铁短时客流影响的发现也十分有趣。对于三个地铁站,每日时刻对地铁短时客流量的影响分别是3.55%、7.59%和6.54%。每日时刻与地铁客流量的周期性特征相关:地铁客流量通常在高峰时段很高,而在非高峰时段则保持在平稳的状态。这一发现证实了每日时刻在地铁客流预测中扮演了重要的角色。在其他的变量中,$t-2$和$t-3$时刻的地铁短时客流量对大望路站点当前的客流预测有多于1%的影响,而对复兴门和回龙观站点有小于1%的影响。

本章参考文献

[1] Vlahogianni E. I., Karlaftis M. G., Golias J. C. Short-term traffic forecasting: where we are and where we're going[J]. Transportation Research Part C: Emerging Technologies, 2014, 43:3-19.

[2] Wei Y., Chen M. C. Forecasting the short-term metro passenger flow with empirical mode decomposition and neural networks[J]. Transportation Research Part C: Emerging Technologies, 2012, 21(1):148-162.

[3] Tsai T. H., Lee C. K., Wei C. H. Neural network based temporal feature models for short-term railway passenger demand forecasting[J]. Expert Systems with Applications, 2009, 36(2):3728-3736.

[4] Sun H. Y., Liu H., Xiao H., et al. Use of local linear regression model for short-term traffic forecasting[J]. Transportation Research Record: Journal of the Transportation Research Board, 2003, (1836):143-150.

[5] Vlahogianni E. I., Karlaftis M G., Golias J. C. Statistical methods for detecting nonlinearity and non-stationarity in univariate short-term time-series of traffic volume[J]. Transportation Research Part C: Emerging Technologies, 2006, 14(5):351-367.

[6] Guo J. H., Huang W., Williams B. M. Adaptive Kalman filter approach for stochastic short-

term traffic flow rate prediction and uncertainty quantification[J]. Transportation Research Part C:Emerging Technologies,2014,43:50-64.

[7] Kamarianakis Y. ,Kanas A. ,Prastacos P. Modeling traffic volatility dynamics in an urban network[J]. Transportation Research Record: Journal of the Transportation Research Board, 2005,(1923):18-27.

[8] Khosravi A. ,Mazloumi E. ,Nahavandi S. ,et al. Prediction intervals to account for uncertainties in travel time prediction[J]. IEEE Transactions on Intelligent Transportation Systems, 2011,12(2):537-547.

[9] Tsekeris T,Stathopoulos A. Short-term prediction of urban traffic variability: stochastic volatility modeling approach[J]. Journal of Transportation Engineering,2009,136(7):606-613.

[10] Zhang Y. R. ,Haghani A. ,Zeng X. S. Component GARCH models to account for seasonal patterns and uncertainties in travel- time prediction[J]. IEEE Transactions on Intelligent Transportation Systems,2015,16(2):719-729.

[11] Zhang Y. R. ,Zhang Y. L. ,Haghani A. A hybrid short- term traffic flow forecasting method based on spectral analysis and statistical volatility model[J]. Transportation Research Part C:Emerging Technologies,2014,43:65-78.

[12] Zhang Y. R. ,Sun R. Y. ,Haghani A. ,et al. Univariate volatility-based models for improving quality of travel time reliability forecasting[J]. Transportation Research Record: Journal of the Transportation Research Board,2013,(2365):73-81.

[13] 高铁梅. 计量经济分析方法与建模[M]. 2 版. 北京:清华大学出版社,2009.

[14] Wei H. L. , Billings S. A. , Balikhin M. Prediction of the dst index using multiresolution wavelet models[J]. Journal of Geophysical Research- Space Physics, 2004a, 109(A7): 363-382.

[15] Chen S. ,Cowan C. N. ,Grant P. M. Orthogonal least squares learning algorithm for radial basis function networks[J]. IEEE Trans. Nerual Networks,1991,2(2):302-309.

[16] Moody J. ,Darken C. J. Fast learning in networks of locally- tunned processing units[J]. Neural Computation,1989,1(2):281-294.

[17] Li Y. ,Liu Q. ,Tan S. R. ,et al. High- resolution time- frequency analysis of EEG signals using multiscale radial basis functions[J]. Neurocomputing,2016a,195:96-103.

[18] Bensaid A. M. ,Hall L. O. ,Bezdek J. C. ,et al. Validity- guided (re)clustering with applications to image segmentation[J]. IEEE Transactions on Fuzzy Systems,1996b,4(2):112-123.

[19] Li Y. ,Wei H. L. ,Billings S. A. ,et al. Identification of nonlinear time-varying systems using an online sliding-window and common model structure selection (CMSS) approach with applications to EEG[J]. International Journal of Systems Science,2016c,47(11):2671-2681.

[20] Li Y. ,Luo M. L. ,Li K. A multiwavelet-based time-varying model identification approach for time-frequency analysis of EEG signals[J]. Neurocomputing,2016b,193:106-114.

[21] Li Y. ,Wei H. L. ,Billings S. A. ,et al. Time- varying linear and nonlinear parametric model for Granger causality analysis[J]. Phys Rev E,2012,85(4).

[22] Billings S. A. ,Wei H. L. The wavelet-NARMAX representation:A hybrid model structure combining polynomial models with multiresolution wavelet decompositions[J]. International Journal of Systems Science,2005,36(3):137-152.

[23] Sorjamaa A. ,Hao J. ,Reyhani N. ,et al. Methodology for long-term prediction of time series [J]. Neurocomputing,2007,70(16-18):2861-2869.

[24] Wei H. L. ,Billings S. A. An efficient nonlinear cardinal B-spline model for high tide forecasts at the Venice Lagoon[J]. Nonlinear Processes in Geophysics,2006,13(5):577-584.

[25] Balestrassi P. P. ,Popova E. ,Paiva A. P. ,et al. Design of experiments on neural network's training for nonlinear time series forecasting [J]. Neurocomputing, 2009, 72 (4-6): 1160-1178.

[26] Boto-Giralda D. ,Diaz-Pernas F. J. ,Gonzalez-Ortega D. ,et al. Wavelet-based Denoising for traffic volume time series forecasting with self-organizing neural networks[J]. Computer Aided Civil and Infrastructure Engineering ,2010,25(7):530-545.

[27] Sun Y. X. ,Leng B. ,Guan W. A novel wavelet-SVM short-time passenger flow prediction in Beijing subway system[J]. Neurocomputing,2015,166:109-121.

[28] Friedman J. H. Greedy function approximation:a gradient boosting machine[J]. The Annals of Statistics,2001,29(5):1189-1232.

[29] Gallotti R. ,Barthelemy M. Anatomy and efficiency of urban multimodal mobility[J]. Scientific Reports,2014 ,4:6911.

[30] Schonlau M. Boosted regression (boosting):an introductory tutorial and a Stata plugin[J]. The Stata Journal,2005,5(3):330-354.

[31] Guerra E. ,Cervero R. ,Tischler D. Half-mile circle:does it best represent transit station catchments? [J]. Transportation Research Record:Journal of the Transportation Research Board,2012,2276:101-109.

[32] Cervero R. Transit-oriented development's ridership bonus:a product of self-selection and public policies[J]. Environment and Planning A,2007,39(9):2068-2085.

[33] Ma X. ,Wang Y. ,Chen F. ,et al. Transit smart card data mining for passenger origin information extraction[J]. Journal of Zhejiang University Science C,2012,13(10):750-760.

[34] Zhang Y. ,Haghani A. A gradient boosting method to improve travel time prediction[J]. Transportation Research Part C,2015,58:308-324.

[35] Transportation Research Board. HCM 2010:Highway capacity manual (5th ed.) [R]. Washington,D. C. :Transportation Research Board,2010.

[36] Hastie T. ,Tibshirani R. ,Friedman J. The elements of statistical learning (second edition) [M]. Springer,2009.

[37] Elith J. ,Leathwick J. R,Hastie T. A working guide to boosted regression trees[J]. Journal of Animal Ecology,2008,77(4):802-813.

[38] Guelman L. Gradient boosting trees for auto insurance loss cost modeling and prediction[J]. Expert Systems with Applications,2012,39(3):3659-3667.

第6章　公交出行行为分析

6.1　乘客时空规律性挖掘

公交IC卡包含丰富的出行信息，也代表着每一名乘客的出行行为，挖掘乘客时空规律，识别乘客的出行模式，为城市公共交通的规划、公交站点的布局优化、公共交通的发展提供依据。同时，为公交运营、交通监管、发展规划等部门做相关客流分析，以更加合理地优化公交以及轨道交通，特别是早晚高峰时段的运营调度，具有重要的意义。

6.1.1　联合OD链的提取

本章以北京公交IC卡数据为例进行分析。由于目前北京公共交通普遍采用分段计价模式，不存在一票制收费模式。换乘交通的方式由8种变成3种：地铁换乘公交，公交换乘公交，公交换乘地铁。根据北京交通大学对换乘时间的研究，表6-1为换乘时间表[1]。

换乘时间表　　表6-1

换乘类型	交易时间差	时间间隔阈值
地铁换乘公交	公交下车时间—地铁上车时间	104min
公交1换乘公交2	公交2下车时间—公交1下车时间	112min
公交换乘地铁	地铁上车时间—公交下车时间	20min

基于上述换乘信息，将地铁数据、公交数据按照时间排序，并且按照各自换乘类型以及换乘公交时间间隔阈值合成公交出行链联合OD表以及联合OD链表。

表6-2为乘客出行的联合OD表。

联合OD表　　表6-2

卡号	联合OD链标识	联合OD链序号	单位编码	线路类型	进站线路号	进站站码	进站时间	出站线路号	出站站码	出站时间
95735	1	1	75104301	C	01029	1	07:50:00	01029	7	08:04:08
00929	2	1	75104301	C	01029	2	09:00:00	01029	3	09:04:08
02351	3	1	75104301	C	01029	1	09:00:00	01029	3	09:04:12
03137	4	1	75104301	C	01029	3	09:06:00	01029	2	09:08:45
36720	5	1	75104301	C	01029	1	15:51:00	01029	2	16:00:40

表6-3为乘客出行的联合OD链表。

联合 OD 链表 表 6-3

卡号	标识	O站点线路类型	O站点线路单位编码	O站点进站线路号	O站点进站站码	O站点进站时间	D站点线路类型	D站点线路单位编码	D站点出站线路号	D站点出站站码	D站点出站时间	换乘次数
02066	32	B	null	00539	9	null	B	null	00714	5	16:51:35	1
02494	53	A	null	5	53	19:05:00	B	null	57300	3	19:32:33	1
03932	73	B	null	00014	5	null	A	null	6	43	07:37:15	1
03933	77	B	null	00936	7	null	B	null	00915	38	16:44:54	1
04714	82	B	null	00023	7	null	B	null	00023	7	18:05:23	1
04802	93	C	null	00002	22	13:20:00	C	75104202	00002	22	14:59:44	1

由于通勤乘客通勤出行一般是一天内的第一次出行,以及一天后的最后一次出行,基于联合 OD 链,提取日首末联合 OD 链。由于不论是公交还是地铁,都有下车时间,因此,下车时间无须推算,准确率较高。将下车时间视为出行的时段标识,出行时段阈值为半小时,并且以 12:00 为界,12:00 以前提取首次出行链,12:00 以后提取末次出行链。

表 6-4 为日首末联合 OD 链表。

日首末联合 OD 链表 表 6-4

卡号	首次出行O站点标识	首次出行D站点标识	首次出行线路	首次出行时段	末次出行O站点标识	末次出行D站点标识	末次出行线路	末次出行时段
02485	185	259	00010to00927	17	96	185	94 - -97	42
97117	20002	48	00436to1 - -4	15	48	459	4 - -1to00436	35
91306	11053	10025	37003	18	10025	11053	37003	35
12534	20208	225	8	22	225	20208	8	26
30495	359	20080	00472	4	1138	359	00597	27

同时,为了避免提取的首末出行链只是通勤出行的一个阶段的行为,比如,通勤者有接送幼童上下学的行为,或者有些人下班去超市买东西再回家等情况,对首末出行链进行逗留时间的数据检测,即检测首次出行的下车时间与末次出行的上车时间与相邻出行链间是否小于 2h,如果不满足条件,则将下一条出行链信息进行合并处理,并更新日首末联合 OD 链表。

6.1.2 站距表处理

由于本节需要对通勤乘客的时空出行规律进行挖掘,站点信息属于极其重要的空间维度信息,对于一些乘坐公共交通的乘客来讲,会根据位置选择较近的交通工具,并且很多不同的线路具有相同的公交站点,地铁站附近也同时有较多的公交站点。因此,为充分挖掘公交通勤乘客时空出行规律,解决因距离相近,许多站点由于位置和线路等原因的“共站”问题，对公交站距表中站点基于经纬度位置信息进行聚类，重新制作站距表。本节利用基于密度聚类的 DBSCAN 算法。与划分和层次聚类方法不同，DBSCAN 算法将簇定义为密度相连的点的最大集合，能够把具有足够高密度的区域划分为簇，并可在噪声的空间数据库中发现任意形状的聚类[2]。

传统的 DBSCAN 算法没有设置类内距离，即对于类内的最大直径没有限制，允许其任意大小的扩张。针对公交 IC 卡数据经纬度坐标来讲，采用原始 DBSCAN 算法会导致部分密集区域聚类成片，导致聚类中站点距离较远却聚为一类的情况，失去聚类的意义。因此，将传统的 DBSCAN 算法进行完善和改进，设置类内最大直径，对于聚类不合理的类，重新聚类，得到最理想和合理的聚类结果。

改善后的 DBSCAN 中包含以下几个定义：

数据对象集合 P：指输入的数据集，这里指的是站点的经纬度坐标。

半径 Min_E：给定对象半径为 Min_E 内的区域，基于公共交通车站服务面积，以 300m 作为服务半径。半径设置为 300 是根据《城市道路交通规划设计规范》(GB 50220—1995) 中公共交通车站服务半径 300m 设置。

核心对象：如果给定对象 E 领域内的样本点数大于等于 MinPts，则称该对象为核心对象。基于公交站点存在单一特性，因此 minPts 为 1。

对聚类设置分裂直径 Max_E：当类内最大欧式距离大于 Max_E，则重新对该类别聚类。这里分裂半径 Max_E 设置为 1000m，因为相邻地铁站的距离约为 1000m。

优化的 DBSCAN 算法描述：

输入：数据对象集合 P，半径 Min_E，密度阈值 minPts，分裂直径 Max_E。

输出：聚类结果 G，聚类中心 centres，类内最大距离 distance_max。

其中，对于算法使用的软件是 MATLAB。

地铁站点、市区公交站点以及郊区公交站点共 68191 个，其中有经纬度坐标数据共 63683 条，无经纬度坐标数据共 4508 条。有站点数据存在经纬度坐标缺失。因此，将有经纬度坐标的进行聚类，没有经纬度坐标的根据其站点名称、站点线路标识，即同一个站点上下行的聚为一类。聚类后共有 8078 个站点，其中，有经纬度坐标的共 6544 类，无经纬度坐标的共 1534 类。并根据类别赋予其新的站点标识。

对于有经纬度坐标的数据，以站点温泉为例，如表 6-5 所示，968 路、346 路、651 路、633 路均有温泉站点，每个线路两个温泉站点，分上下行。通过聚类，8 个站点均为相同站点，新的车站标识为 748，且类内最大距离约为 95m，符合聚类要求。

有经纬度坐标站点聚类结果 表 6-5

线路号	方向名称	站点名称	站点号	站序号	经度	纬度	车站标识	唯一编号	聚类后名称	聚类后经度	聚类后纬度
968	上行	温泉	54	53	116.167	40.051	748	2237	温泉	116.167	40.051
968	下行	温泉	54	114	116.168	40.051	748	2298	温泉	116.167	40.051
346	上行	温泉	16	12	116.167	40.051	748	47198	温泉	116.167	40.051
346	下行	温泉	16	38	116.167	40.051	748	47224	温泉	116.167	40.051

续上表

线路号	方向名称	站点名称	站点号	站序号	经度	纬度	车站标识	唯一编号	聚类后名称	聚类后经度	聚类后纬度
651	上行	温泉	6	7	116.167	40.051	748	59034	温泉	116.167	40.051
651	下行	温泉	6	42	116.167	40.051	748	59069	温泉	116.167	40.051
633	上行	温泉	12	13	116.167	40.051	748	64815	温泉	116.167	40.051
633	下行	温泉	12	36	116.167	40.051	748	64838	温泉	116.167	40.051

以无经纬度坐标的密云八家庄站为例,如表6-6所示,由于区域都为密云,不存在不同区域站点相同问题,密17路、密18路、密5路都有八家庄站,将其聚为一类,赋予新的车站标识10018,以及新的聚类名称八家庄站。

无经纬度坐标站点聚类结果 表6-6

线路号	方向名称	站点名称	站点号	站序号	车站标识	唯一编号	聚类后名称
17	下行	八家庄站	26	25	10018	38759	八家庄站
18	上行	八家庄站	26	26	10018	38810	八家庄站
18	下行	八家庄站	26	20	10018	38849	八家庄站
5	上行	八家庄站	33	33	10018	21001	八家庄站
5	下行	八家庄站	33	20	10018	21040	八家庄站
17	上行	八家庄站	26	26	10018	44526	八家庄站

其中,对于站距表站点聚类后,站距表处理具体操作方法如下:

第一,由聚类结果可得完整站距表。包含字段:线路号、线路标识、线路名称、方向编号、方向名称、站点标识、站点名称、站点号、站序号、经度、纬度、站距、区域、匹配方式、车站标识、唯一编号、聚类后名称、聚类后经度、聚类后纬度。

第二,由完整站距表精简得到站距表系统。该表含有如下字段:线路类型、区县编码、区县名称、单位编码、线路名称、线路号、线路标识、站点名称、站点标识、站序号、站点号、车站标识、距离、方向编号、方向、计价方式编码、计价方式、线路版本、GIS版本标识、GIS版本名称、总版本。说明:其中单位编码在完整站距表中没有对应,因此使用区县名称匹配出单位编码(6位)。

第三,由站距表系统表,清理重复数据,得到站距表系统标准表,此表为最终使用的表。处理语句为:select * into 站距表系统标准 from(select *,ROW_NUMBER() over(partition by 线路类型,单位编码,线路号,站点号 order by 车站标识 desc) as 分组内序号 from 站据表系统) k where 分组内序号 =1。该语句使线路类型、单位编码、线路号、站点号这四个字段组合唯一。此后需利用此四个字段进行对应。该表含有如下字段:线路类型、区县编码、区县名称、单位编码、线路名称、线路号、线路标识、站点名称、站点标识、站序号、站点号、车站标识、距离、方向编号、方向、计价方式编码、计价方式、线路版本、GIS版本标识、GIS版本名称、总版本。

第四,排除错误。错误1:市区线路号,以5路为例,站距表之中为5,原始数据中为00005,因此出错。采用补0方法解决。错误2:十号线二期在原始数据中线路号为90,在站距表中为10。另外内外环站号顺序相反,导致匹配错误。采用手动方法修改为正确的。

表6-7为处理过后的站距表系统。

站距表系统　　表6-7

线路类型	区县名称	单位编码	线路名称	线路号	站点名称	站点号	车站标识	经度	纬度	唯一编号	TAZID
A			7号线	7	珠市口	33	196	116.398	39.891	478	95
A			10号线	90	潘家园	23	122	116.461	39.875	259	548
A			1号线	1	天安门东	17	15	116.401	39.907	15	82
A			15号线	15	六道口	27	2440	116.353	40.001	25171	168
B	市区		973路	973	木樨园桥东	29	385	116.404	39.857	927	735
B	市区		373路	373	鲁谷路衙门口	13	683	116.218	39.903	45614	902
B	市区		563路	563	丰户营	18	2041	116.237	39.999	53059	328
B	市区		运通107	1107	亮马桥	21	116	116.461	39.944	15454	671
C	房山	751041	环城3路	52003	半岛广场南门站	5	10041			25253	无
C	密云	751042	密34路	34	荆子峪1站	35	3096	117	40.428	31704	1843
C	昌平	751043	昌31支	1031	中国政法大学站	4	1359	116.243	40.221	28722	1032
C	大兴	751044	兴32路	32	凉水河桥南站	33	421	116.546	39.761	23940	1184

6.1.3　时空规律挖掘的特征提取方法

通勤特征从四个方面来提取,其中时间规律两个——天数和时段,空间规律两个——站点和线路[3]。

通勤特征提取方法如下:

步骤1　出行天数

出行天数,以实际出行天数为准,而不是刷卡天数,卡号尾号5389于6月刷卡次数50次,刷卡天数一共15天,则出行天数为15天。

步骤2　相同通勤站点

将站点信息划分为工作地以及居住地两类[4]。将首次出行的O视为居住地,D视为工作地;将末次出行的O视为工作地,D视为居住地。提取最频工作地以及最频居住地[5]。

例如:卡号尾号5389,提取刷卡记录中于6月最频居住地站点25次,最频工作地站点26次,进行加和,共25+26=51次。

步骤3　相同通勤线路

相同通勤线路,记录一个月内的首次出行和末次出行最频出行线路以及出行次数。

步骤3.1　为解决乘坐不同线路,然而OD相同的问题,基于已经识别的最频居住地和最频工作地,进行通勤线路次数的补充。

步骤3.2　首先除去首次最频线路以及末次最频线路。

步骤3.3　统计首次出行链中O为最频居住地、D为最频工作地的线路次数末次出行链中O为最频工作地,D为最频居住地的线路次数。

步骤3.4　统计上述四条线路的总和。

例如:卡号尾号5389,提取刷卡记录中于8月首次出行链最频出行线路次数8次,末次出行最频出行线路6次,非最频首次出行线路仍为通勤的次数2次,非最频末次出行线路仍为通勤的次数4次,最后进行加和,共8 -2 +6 +4 =20次。

步骤4　相同出行时段

时段是以半小时为一个计量单位,利用SQL提取最频首次出行时段,以及最频末次出行时段。

例如:卡号尾号5389 ,最频首次出行时段8,共9次,最频末次出行时段次数10次,进行加和,共9 +10 =19次。

依据提取的四个通勤参数,进行通勤乘客判定。

表6-8是通过SQL server 2008 R^2 提取的通勤特征参数。

通勤特征的提取　表6-8

卡号	S_h	S_w	R_h	R_w	T_h	T_w	N_{day}	N_{route}	N_{stop}	N_{time}
43207	20152	365	00986	00958	19	29	5	2	3	3
41610	217	102	6 - 2	10 - 6	14	31	2	2	4	2
32558	1533	5503	00359	00359	15	35	24	21	33	11
32664	265	723	57300 - 60366	60366 - 00741	16	36	15	10	19	9
86147	10485	20295	00012	00012	19	25	3	5	4	2

注:S_h——最频居住地站点;S_w——最频工作地站点;R_h——最频首次出行线路;R_w——最频末次出行线路;T_h——最频首次出行时段;T_w——最频末次出行时段;N_{day}——出行天数;N_{route}——最频出行线路次数的加和;N_{stop}——最频出行站点次数的加和;N_{time}——最频出行时段的加和。

例如,以卡号32664为例,该乘客经常在早上8点到8点半之间,乘坐线路57300换乘60366从家(站点265)到工作地(站点723)。下午,该乘客乘坐线路60366换乘00741从工作地回家。

6.2　通勤人群识别与职住地估计

6.2.1　通勤人群识别

通勤乘客识别包含三部分:第一部分是通过ISODATA算法确定类别个数以及数量,辅助判定通勤乘客基准;第二部分是TOPSIS通过打分,根据四个通勤特征得出相关分数;第三部分为验证部分,以微信发放问卷调查的方式验证通勤乘客判定的准确率。

1)ISODATA算法(Iterative Self Organizing Data Analysis Techniques Algorithm)

聚类的目的是结合打分,给出一个打分基准分数,以及打分类别,用于对乘客划分通勤等级。

当两聚类中心小于某个阈值时,将它们合并为一类。当某类的标准差大于某一阈值时或其样本数目超过某一阈值时,将其分裂为两类,在某类样本数目小于某一阈值时,将其取消。这样根据初始聚类中心和设定的类别数目等参数迭代,最终得到一个比较理想的分类结果。

从算法角度看，ISODATA 算法与 K 均值算法相似，聚类中心都是通过样本均值的迭代运算来决定的；ISODATA 算法加入了一些试探步骤，并且可以结合成人机交互的结构，使其能利用中间结果所取得的经验更好地进行分类。

ISODATA 算法预选参数如下[6]：

(1) 确定预期的聚类中心数 C；初始类别设为 5。C 可以不等于所要求的聚类中心的数目 K，其初始位置可以从样本中任意选取。经过验证，令 K 等于 3。

(2) 确定类别至少应该具有的样本数目，小于此数目就不作为一个独立的聚类，ON 设为 50。

(3) 确定一个类别样本的标准差阈值 OS；经验证，OS 为 0.5 聚类效果最为良好。

(4) 确定聚类中心之间距离的阈值，即归并系数，若小于此数，则两个类进行合并；经验证，OC 为 4 时聚类效果最为良好。

(5) 确定允许迭代的最多次数 I；为了得到良好的迭代效果，I 设置得较大，为 500 次。

(6) 确定在一次迭代中可以归并的类别的最多对数 L；这里为了聚类效果的准确，L 设置得较小，为 2。

ISODATA 算法具体步骤如下：

第一步：输入预选参数 C、K、ON、OS、OC、I 以及 L，并输入 N 个模式样本 $\{x_i, i=1,2,\cdots,N\}$；预选 C 个初始聚类中心 $\{z_1, z_2, \cdots, z_C\}$。

第二步：将 N 个样本分给最近的聚类 S_j，如果 $D_j = \min\{||x - z_i||, i=1,2,\cdots,C\}$，即 $||x - z_i||$ 的距离最小，则 $x \in S_j$。

第三步：如果 S_j 的样本数目小于 ON，则取消该样本子集，此时 C 减去 1。

第四步：修正各聚类中心，即

$$z_j = \frac{1}{N_j}\sum_{x \in S_j} x \qquad (j=1,2,\cdots,C)$$

第五步：计算各聚类域 S_j 中模式样本与各聚类中心间的平均距离，即

$$\overline{D}_j = \frac{1}{N_j}\sum_{x \in S_j} ||x - z_j|| \qquad (j=1,2,\cdots,C)$$

第六步：计算全部模式样本和其对应聚类中心的总平均距离，即

$$\overline{D} = \frac{1}{N}\sum_{j=1}^{N} N_j \overline{D_j}$$

第七步：判别分裂、合并及迭代运算，即

(1) 若迭代运算次数已达到 I 次，即最后一次迭代，则置 OC = 0，转至第十一步。

(2) 若 $C \leqslant \frac{K}{2}$，即聚类中心的数目小于或等于规定值的一半，则转至第八步，对已有聚类进行分裂处理。

(3) 若迭代运算的次数是偶数次，或 $C \geqslant 2K$，不进行分裂处理，转至第十一步；否则（既不是偶数次迭代，又不满足 $C \geqslant 2K$）转至第八步，进行分裂处理。

第八步：计算每个聚类中样本距离的标准差向量：$\boldsymbol{\sigma}_{ij} = \{\sigma_{1j}, \sigma_{2j}, \cdots, \sigma_{nj}\}^{\mathrm{T}}$。

其中，$i=1,2,\cdots,n$，n 为样本特征向量的维度，$j=1,2,\cdots,C$，为聚类数，N_j 为 S_j 的样本

个数。

第九步：求每一标准差向量$\{\sigma_j, j=1,2\cdots,C\}$中的最大分量，$\{\sigma_{j\max}, j=1,2,\cdots,C\}$为代表。

第十步：在任一最大分量集$\{\sigma_{j\max}, j=1,2,\cdots,C\}$中，若有$\sigma_{j\max}>\mathrm{OS}$，同时又满足如下两个条件之一，

(1) $\overline{D}_j > \overline{D}$和$N_j > 2(\mathrm{ON}+1)$，即$S_j$中样本总数超过值的一倍以上；

(2) $C \leqslant \dfrac{K}{2}$；

则将z_j分裂成两个新的聚类中心z_{j+}和z_{j-}，且C加1，其中z_{j+}对应于$\sigma_{j\max}$的分量加上$k \cdot \sigma_{j\max}$，z_j对应于$\sigma_{j\max}$的分量减去$k \cdot \sigma_{j\max}$，其中$k=0.5$。

第十一步：计算全部聚类中心的距离，即

$$D_{ij} = ||z_i - z_j|| \qquad (i=1,2,\cdots,C-1, j=i+1,\cdots,C)$$

第十二步：比较D_{ij}与OC的值，将值按最小距离次序递增排列，即

$$\{D_{i_1j_1}, D_{i_2j_2},\cdots,D_{i_Lj_L}\}$$

式中，$D_{i_1j_1} < D_{i_2j_2} < \cdots < D_{i_Lj_L}$。

第十三步：将距离为$D_{i_kj_k}$的两个聚类中心z_{i_k}和z_{i_j}合并，得新的中心为

$$z_k^* = \frac{1}{N_{i_k} + N_{j_k}}(N_{i_k} \cdot z_{i_k} + N_{j_k} \cdot z_{j_k}) \qquad (k=1,2,\cdots,L)$$

第十四步：如果是最后一次迭代运算（即第I次），则算法结束；否则，若需要操作者改变输入参数，转至第一步；若输入参数不变，转至第二步。在本步运算中，迭代运算的次数每次应加1。

2）TOPSIS算法（Technique for Order Preference by Similarity to an Ideal Solution）

为体现乘客通勤规律强弱，采用打分的方式更加直观、清晰。

TOPSIS算法根据有限个评价对象与理想化目标的接近程度进行排序，是在现有的对象中进行相对优劣的评价。

TOPSIS算法是一种逼近于理想解的排序法，该方法只要求各效用函数具有单调递增（或递减）性。

TOPSIS算法是多目标决策分析中一种常用的有效方法，又称为优劣解距离法。

TOPSIS算法步骤如下[7]：

第一步：输入指标矩阵，即

$$\boldsymbol{X} = \begin{bmatrix} x_{11} & x_{12} & \cdots & x_{1n} \\ x_{21} & x_{22} & \cdots & x_{2n} \\ \vdots & \vdots & \vdots & \vdots \\ x_{m1} & x_{m2} & \cdots & x_{mn} \end{bmatrix}$$

第二步：归一化数据，即

$$r_{ij} = \frac{x_{ij}}{\sum_{i=1}^{m} x_{ij}} \qquad (i=1,2,\cdots,m; j=1,2,\cdots,n)$$

第三步：计算熵权值，获得加权矩阵。

采用信息熵的概念来确定评价指标的权重，一定程度上避免了主观因素的影响。

信息熵是利用数学概率理论来衡量信息不确定性的一种测算方法，它表明数据分布越分散，其不确定性越大。各个指标的决策信息可以用其信息熵值 w_j 来表示：

$$w_j = -k \cdot \sum_{i=1}^{m}(r_{ij}\lg r_{ij}) \qquad (i=1,2,\cdots,m;j=1,2,\cdots,n)$$

其中，$k=1/\ln m$，数目 m 已知，因此 k 为常值，保证 $0\leqslant w_j\leqslant 1$。

加权后的归一化数据用 v_{ij} 表示：

$$v_{ij} = r_{ij} \cdot w_j \qquad (i = 1,2,\cdots,m;j = 1,2,\cdots,n)$$

第四步：确定正负理想解，并求出各个指标的距离。

“正理想解”和“负理想解”即为各个指标的最优值和最劣值。

最优值：$A^+ = \{v_1^+,v_2^+,\cdots,v_j^+\} = \{(\max v_{ij})i = 1,2,\cdots,m;j = 1,2,m\}$

最劣值：$A^- = \{v_1^-,v_2^-,\cdots,v_j^-\} = \{(\min v_{ij})i = 1,2,\cdots,m;j = 1,2,m\}$

与最优值距离：$$L_i^+ = \sqrt{\sum_{j=1}^{n}(v_{ij}-v_j^+)^2} \qquad (i=1,2,\cdots,m)$$

与最劣值距离：$$L_i^- = \sqrt{\sum_{j=1}^{n}(v_{ij}-v_j^-)^2} \qquad (i=1,2,\cdots,m)$$

第五步：计算各个指标的指标大小 C_i，即

$$C_i = \frac{L_i^-}{L_i^+ + L_i^-}$$

第六步：转化为 TOPSIS 百分制打分 score，即

$$\text{score} = 50\lg 10(100C_i) + 50$$

3）通勤乘客算法数据处理

本研究采用的数据来自北京公交集团 2015 年 6 月 1 日至 2015 年 6 月 30 日的数据。数据包括：地铁数据、市区公交数据以及郊区公交数据。其中地铁记录共 107481320 条，市区公交记录共 215144507 条，郊区公交记录共 42220547 条。通过合成联合 OD、联合 OD 链、日首末联合 OD 链以及通勤特征的提取，基于四个打分指标——出行天数、相同通勤线路、相同通勤站点、相同出行时段进行 TOPSIS 打分。打分结果如表 6-9 所示。

TOPSIS 评优打分结果 表 6-9

卡　号	出行天数	通勤线路次数	通勤站点次数	相同时段次数	TOPSIS 得分
39918	3	2	3	2	17.64
75280	11	8	13	7	50.86
21633	3	2	6	3	29.32
37580	23	31	66	31	82.85
66373	16	17	20	11	61.84

基于 TOPSIS 打分以及 ISODATA 算法联合判定通勤乘客。随机抽取 500000 张卡，做五次验证，目的是为了避免存在偶然因素，导致结果不精确。通过 ISODATA 算法聚类，匹配对应的 TOPSIS 分数基准，如表 6-10 所示。

ISODATA 算法聚类结果　　表 6-10

验证一	出行天数	站点	线路	时段	数量	TOPSIS 得分
绝对通勤乘客	23.28	55.39	28.16	21.68	50228	71.30 以上
一般通勤乘客	18.31	21.81	13.85	11.93	79301	51.67 ~ 71.30
非通勤乘客	4.33	4.31	2.80	2.49	370471	51.67 以下
验证二	出行天数	站点	线路	时段	数量	TOPSIS 得分
绝对通勤乘客	23.27	55.40	28.18	21.68	51177	71.27 以上
一般通勤乘客	18.23	21.66	13.77	11.87	78970	51.70 ~ 71.27
非通勤乘客	4.32	4.31	2.80	2.50	369853	51.70 以下
验证三	出行天数	站点	线路	时段	数量	TOPSIS 得分
绝对通勤乘客	23.30	55.52	28.18	21.73	50307	71.33 以上
一般通勤乘客	18.31	21.86	13.85	11.93	78922	51.69 ~ 71.33
非通勤乘客	4.35	4.32	2.81	2.50	370771	51.69 以下
验证四	出行天数	站点	线路	时段	数量	TOPSIS 得分
绝对通勤乘客	23.31	55.33	28.17	21.70	50523	71.34 以上
一般通勤乘客	18.32	21.87	13.88	11.98	78836	51.72 ~ 71.34
非通勤乘客	4.33	4.31	2.80	2.49	370641	51.72 以下
验证五	出行天数	站点	线路	时段	数量	TOPSIS 得分
绝对通勤乘客	23.29	55.45	28.22	21.72	50416	71.36 以上
一般通勤乘客	4.34	4.32	2.80	2.50	79252	51.73 ~ 71.36
非通勤乘客	18.37	21.88	13.89	11.97	370332	51.73 以下

通过表 6-10 可得,绝对通勤乘客得分平均在 71.35 分以上,一般通勤乘客得分平均在 51.7 ~ 71.35 分之间,而非通勤乘客得分平均在 51.7 分以下。基于辅助基准区间,识别挖掘出通勤乘客。

经过数据处理,2015 年 6 月共有卡 18137393 张,通勤乘客共 4697403 人,绝对通勤乘客为 1831799 人,一般通勤乘客为 2865604 人。

4)微信问卷调查验证

算法验证采用调查问卷形式,利用微信扩大样本量,对各乘坐公交车的市民朋友包括学生、工人、公司职工等各行各业人士进行调查统计分析,将调查结果与基于 IC 卡数据的通勤乘客识别算法结果进行比对,修正参数,进一步提高算法精度。

经过统计,共填写 118 份问卷,由于卡号比较复杂,不免有人填错,共 101 份有效问卷。排除数据本身错误,6 月份实有问卷调查卡号 66 个,排除乘客对出行目的的错误选择,问卷调查中共有 35 人出行目的为通勤,实际判定通勤人数为 31 人,且 31 人问卷调查的出行目的均为通勤,判断通勤乘客正确率为 88.6%,其中共 22 人填写出行 OD,通勤 OD 识别基本正确的人数为 20 人,通勤 OD 推断准确率达到 91%。表 6-11 为问卷调查数据结果表。

问卷调查具体结果 表6-11

判定类型	人数	TOPSIS得分	OD识别情况	注释
问卷通勤且判定通勤	34	55～86	填写上下班站点的26人,识别完全正确的17人,7人OD识别基本正确,全错误2人	由于站点聚类后,名称和经纬度坐标发生变化
问卷通勤且判定非通勤	1	48～51	无	由于TOPSIS得分接近判定分数线,由通勤判定为非通勤
问卷非通勤判定非通勤	15	7～40	共11人填写,居住地正确识别9人,2人识别错误	非通勤工作地不可作为判定依据
问卷非通勤判定通勤	0	无	无	此范围识别无错误
问卷填写出行目的不准确	16	28～50	12人填写上下班站点,而识别上下班站点正确的为7人	11人出行天数少于10d;5人通勤乘客OD,出行站点、线路不固定导致得分低,识别准确率不高

问卷调查作为辅助验证与实际存在差异的原因如下:

(1)2015年6月至2015年8月间隔两个月,居住地与工作地问卷调查乘客存在不一致。

(2)一些问卷调查者对于居住地、工作地的填写存在错误或者不认真填写等情况,这也算是隐私。

(3)乘坐的线路以及站点不固定,导致得分相对较低。

(4)只提取首末出行链,必然存在一定的信息缺失或者部分通勤乘客通勤模式与常规出行模式有差异。

经过微信调查问卷验证,验证结果与实际情况基本一致。算法有效度和识别精度都较高。

6.2.2 职住地估计

上一节中,经过问卷调查的验证,与实际情况相一致,验证算法的合理性。因此本节基于通勤乘客识别算法,从整体将分别利用百度API以及ArcGIS对通勤乘客算法结果进行可视化以及分析。

1)通勤乘客工作地、居住地位置分布

百度地图API是为开发者们免费提供的基于百度地图服务的应用接口,其中包括JavaScript API、Web服务API、Android SDK、iOS SDK、定位SDK、车联网API、LBS云等多种开发工具与服务,提供基本地图展现、定位、搜索、路线规划、逆/地理编码、LBS云存储与检索等功能,适用于移动端、PC端、服务器等多种设备,多种操作系统下的地图应用开发。本节所使用的主要是其中的Web服务API,即使用JavaScript语言编写网页,以将结果展示于网页之上。该服务是免费的,仅需申请密钥即可使用。本节主要使用热力图来展示识别结果中的工作地和居住地分布情况。热力图是一种可以将数据直观展示在地图上的可视化方法,图中颜色越深代表数值越高。热力图的原始数据需要3个参数:经度、纬度和数值。因此只要统计在该点的数值即可绘制热力图。本节采用 Eclipse IDE for JavaScript 编写热力图展示程序,并用 java 程序将数据库中数据直接转换为 JavaScript 语言代码。

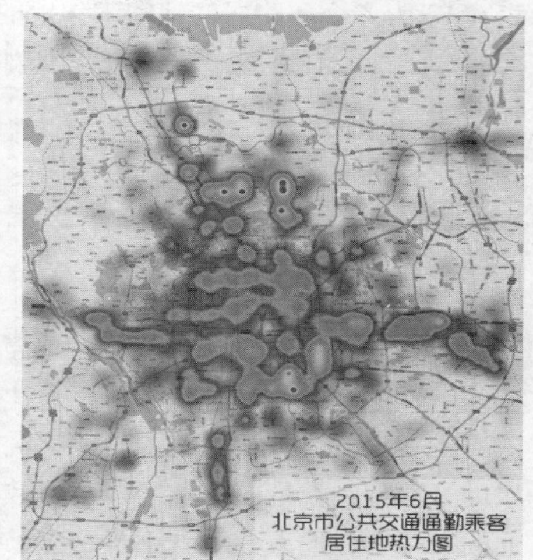

图 6-1 居住地热力图

除去由于站距表错误原因导致 OD 无法识别的通勤乘客,将通过算法识别出的 4706010 个通勤乘客的基于首末出行链提取的最频居住地站点投影到百度地图上,以热力图形式展示。图 6-1 为 2015 年 6 月北京市居住地热力图。

通过热力图,可以直观看出北京公共交通通勤乘客的居住地分布。图 6-1 中圆点代表聚集人数较多。通过热力图可以发现,大部分居住地是沿地铁分布的。

在图 6-1 中可以看到一些典型的居住地:例如北部昌平线沿线的沙河站和生命科学园站,13 号线沿线的天通苑和回龙观,南部 5 号线沿线的蒲黄榆和刘家窑,东部的双井,6 号线的草房站。这些居住地不仅具有代表性,且与实际相符。

工作地热力图如图 6-2 所示。

由图 6-2 中可以直观看出北京公共交通通勤乘客的工作地分布。与居住地相比,北京的工作地相对集中,主要分布在西二环、东二环至三环、中关村以及西二旗等区域。图中最密集的区域在于东三环的 CBD 地区,其次是中关村,而北京南部则较少分布有工作地,这与实际情况相符。

2)通勤乘客的环路分布

为了解通勤乘客在北京环路上的分布,将聚类后的具有经纬度坐标的站点投影到 ArcGIS 上,并且根据所在环路划分,共分为 6 类:6 环以外,6 环 ~5 环,5 环 ~4 环,4 环 ~3 环,3 环 ~2 环,2 环以内。具体如图 6-3 所示。

图 6-2 工作地热力图

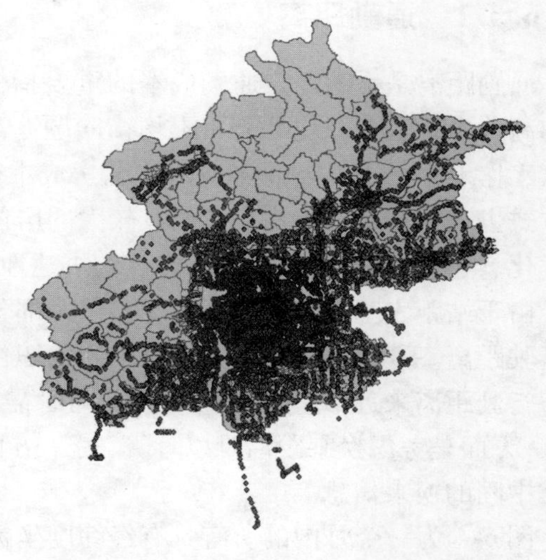

图 6-3 车站标识根据环路分类

根据车站标识在环路上的分类，可分析通勤乘客居住地以及工作地在环路上的分布。表6-12为各个环路居住地和工作地的通勤乘客人数以及占比。

各个环路居住地和工作地的通勤乘客人数以及占比　表6-12

环　路	居住地数量	居住地占比	工作地数量	工作地占比
6环以外	576471	12.42%	391572	8.43%
6环~5环	1638422	35.31%	821710	17.68%
5环~4环	783918	16.90%	725858	15.62%
4环~3环	846079	18.24%	1146259	24.66%
3环~2环	513459	11.07%	918226	19.76%
2环以内	281424	6.07%	644010	13.86%

从表6-12中可以发现，通勤乘客的居住地大部分位于3环以外，大约占83%，因为3环以内大部分是繁华的商业区以及行政区，6环~5环间通勤乘客居住地人数最多，5环以外通勤乘客居住地人数约占47%，房价或房租相对便宜是主要原因。与通勤乘客的居住地相比，通勤乘客工作地人数最多的位置是6环以内，约占91%，6环~5环、5环~4环、4环~3环、3环~2环、2环以内工作地通勤乘客人数变化不算明显；同时，最集中的位置是4环~2环，约占45%，也是商业区以及工作地分布最多的地段。

基于通勤乘客职住地分布以及通勤乘客环路分布，我们可以更加直观全面地发现：工作地分布相对集中，居住地分布围绕地铁沿线；而通勤乘客职住地分布不均衡问题较为严重，分析结果可为城市规划部门提供参考。

6.3　通勤指标分析

通勤指标是通勤乘客群体分析的重要方面，对于分析客流、公交运营调度具有重要意义。本节主要从通勤距离和通勤时间两方面进行介绍。

6.3.1　通勤距离

通勤距离是反映用户通勤成本的重要指标，通勤距离越大，通勤时间自然越长，通勤成本越高。由于北京职住地分布不均衡问题严重，离工作地越近，住房成本相对越高，尤其是北京工作地集中于五环以内，5环内住房成本很高。为此，大多数通勤乘客通过远离工作地的方式去获得较小的住房成本以及较大的居住空间[8]。因此分析通勤距离对于研究城市结构优化、城市空间布局以及城市整体的可达性具有重要意义。

由于站距表基础数据的不够完善以及部分站点间站距的缺失，因此，较难直接得到完整的行驶距离。基于挖掘识别的通勤乘客的职住地经纬度坐标较为全面，所以，采用欧式距离代替行驶距离来近似呈现通勤距离。同时需要说明的是通勤距离的计算没有考虑换乘距离，一方面是考虑换乘距离难以计算，另一方面是考虑职住地信息是基于交通出行链，没有考虑中间的换乘信息。

图6-4为一个月内的所有具有经纬度坐标信息的通勤乘客与非通勤乘客距离对比图。

通过对比，我们可以发现，通勤乘客平均出行距离为10.98km，通勤乘客人数集中在中短途到中远途(5～15km),在5～15km有一个波峰,非通勤乘客平均出行距离为9.17km,然而绝大多数非通勤乘客集中在短途(5km)。

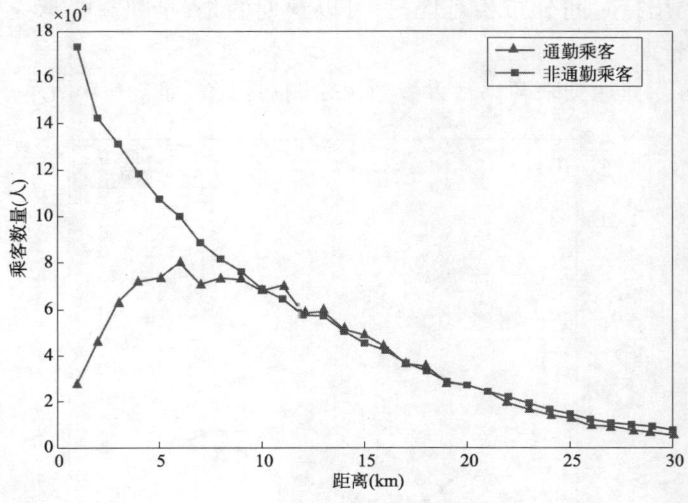

图6-4 通勤乘客与非通勤乘客距离对比图

6.3.2 通勤时间

通勤时间是通勤乘客的极其重要的指标,在上一章时空出行规律挖掘中,对于乘客的最频出行时段进行了挖掘;通勤特征中的出行天数也属于通勤时间。另外分别从工作日以及早晚高峰时段规律进行分析。

由于目前公交IC卡数据实行全面分段计价,市区公交数据所占比例较大,但是缺失了上车刷卡时间,为挖掘通勤乘客出行时间的精确性带来影响。而地铁、郊区公交、市区公交都具备下车刷卡时间。因此,采用下车刷卡时间代替上车刷卡时间作为通勤时间的标志点。基于挖掘的通勤乘客与非通勤乘客的最频出行时段,利用MATLAB绘制通勤乘客与非通勤乘客通勤时段对比图(图6-5)。

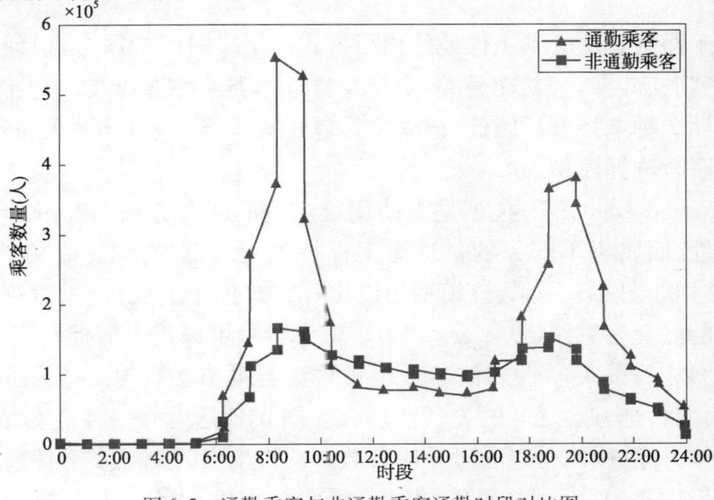

图6-5 通勤乘客与非通勤乘客通勤时段对比图

通过对比可以发现,通勤乘客出行有明显的双峰现象(早/晚高峰),通勤早高峰时段为 7:00am—9:00am,晚高峰时段为 6:00pm—8:00pm,其余时间均为平峰,没有明显的起伏变化。非通勤乘客的出行时间分布相对均衡,可以预期的是,早晚高峰承受交通承载压力巨大,城市拥挤现象普遍。

基于通勤乘客与非通勤乘客出行天数情况绘制对比图,如图 6-6 所示。

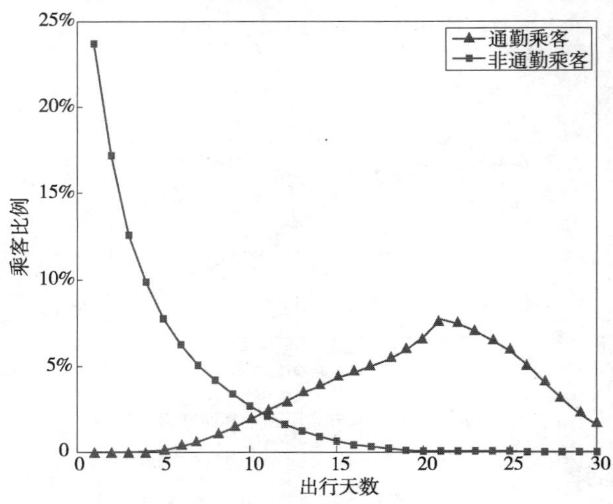

图 6-6 通勤乘客与非通勤乘客出行天数对比图

通过对比可以比较清晰地发现,通勤出行天数顶峰集中于 21 ~ 22d,这与实际通勤乘客工作天数吻合度高。而非通勤乘客出行天数基本在 1 ~ 5d,基本没有超越 15d 的情况。

6.4 城市通勤出行方式与出发时刻联合选择的交叉巢式 Logit 模型

6.4.1 模型构建

该模型是基于通勤者从家到工作地的出行方式与出发时间的联合选择行为。出行方式子集合包括独自驾驶、共乘、公共交通类、步行及自行车类 4 种选择肢;出发时刻子集合包括高峰期与非高峰期 2 种选择肢。因此,该模型是包含有 $N = 4 \times 2 = 8$ 种备选方案的出行方式与出发时刻的联合选择模型。

巢式 Logit(Nested Logit,NL)模型是被使用最广泛的嵌套方法,它允许同属一个巢的备选方案具有关联性,而属于不同巢的备选方案保持独立。例如,以出行方式作为巢的两层 NL 模型的合理结构如图 6-7 所示,该模型是以出行方式位于上层,出发时刻位于下层,并且每个巢都有各自的嵌套参数 μ($0 \leq \mu \leq 1$)。嵌套参数可以用来捕捉同属于一个出行方式巢下面的备选方案之间的关联性。该参数也被称为异质参数。某一个巢的异质参数值越小,证明该巢下面的备选方案之间的关联性越大。图 6-8 是另外一种嵌套结构的 NL 模型,它是以出发时刻作为巢,因此可以通过异质参数来获得出发时刻维度下备选方案的关联性。

然而,两种结构的 NL 模型都不能同时获得两个维度下备选方案的关联性。例如,图

6-8 中的模型结构就无法获得高峰时刻公共交通出行方案与非高峰时刻公共交通出行方案之间的关联性。一般而言，这个问题在多项 Logit(Multinominal Logit, MNL)模型中也会存在。如果有 K 维度选择过程，MNL 模型最多只能容纳 $K-1$ 维度的关联性。基于 NL 模型结构的不足，本章提出一个改进的模型结构来实现联合选择，该模型曾被(Hess and Polak, 2006)[9,10] 使用。联合选择模型的改进结构被指定允许每个备选方案同时属于两个巢，一个是出行方式，另一个是出发时刻，模型结构如图 6-9 所示。

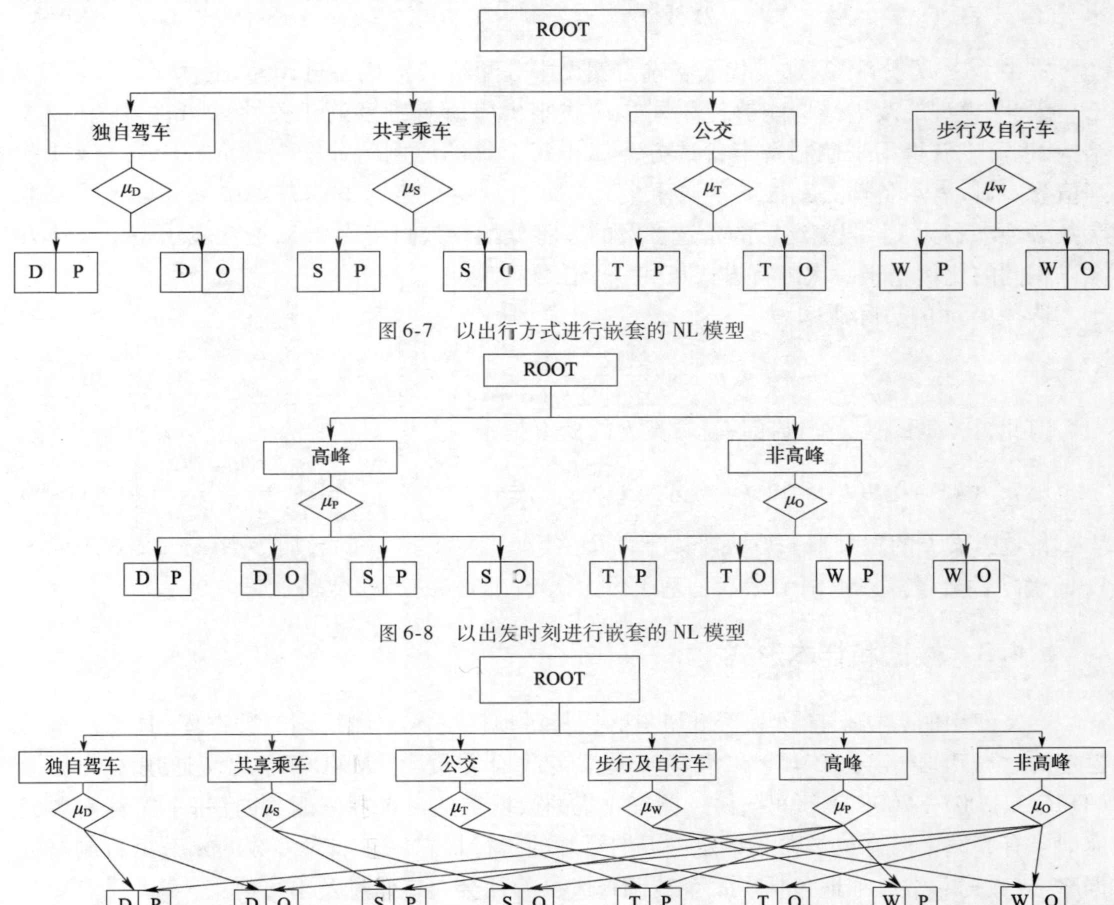

图 6-7 以出行方式进行嵌套的 NL 模型

图 6-8 以出发时刻进行嵌套的 NL 模型

图 6-9 出行方式与出发时刻联合选择的 CNL 模型

6.4.2 交叉巢式 Logit 模型

交叉巢式 Logit(Cross-Nested Logit, CNL)模型在应用中主要有以下两个优点：一方面，CNL 模型结构提供了一种比 MNL 和 NL 模型结构更灵活的误差项的相关结构，可以捕捉到备选方案中存在的一些潜在关系；另一方面，CNL 模型结构用一个闭合形式的表达式来计算选择概率。本章所提出的可以更加灵活获得误差项之间关联性的新模型结构，可以用来描述出行方式与出发时刻两种选择维度之间的关联性。

根据广义极值(Generalize Extreme Value, GEV)定理[11-13]，CNL 模型的选择概率是根据条

件和边际概率 P 定义的生成函数 G 中得到,即

$$G(y)=\sum_{m}\left[\sum_{k}(\alpha_{m}y_{k})^{1/\mu_{m}}\right]^{\mu_{m}} \tag{6-1}$$

$$p(k)=\sum_{m}p(k|m)p(m) \tag{6-2}$$

式中,k 为备选方案;m 为巢;μ_m 为巢 m 的异质参数;α_m 为分配参数。

在巢 m 中选择备选方案 k 的条件概率为:

$$p(k|m)=\frac{(\alpha_{mk}e^{V_k})^{1/\mu_m}}{\sum_{k}(\alpha_{mk}e^{V_k})^{1/\mu_m}} \tag{6-3}$$

式中,α_{mk} 为分配参数,其代表备选方案 k 中分配给巢 m 的部分,$0\leqslant\alpha_{mk}\leqslant1$。

因此,模型的改进结构能够使用同步模式来供应所有维度的相关性。同时,基于 GEV 结构,也可以获得用来控制每个备选方案属于每个巢的比例的分配参数 α ($0\leqslant\alpha_{mk}\leqslant1$)。当值为零时,表示备选方案根本不属于巢 m。通常规定给定的备选方案在每个巢上的分配参数必须求和为 1。假定给定的备选方案的非零分配参数固定为 0.5,这就表示一个备选方案以相同的比例属于一次出行方式巢和一个出发时间巢。

选择巢 m 的边际概率为:

$$p(m)=\frac{\left[\sum_{k}(\alpha_{mk}e^{V_k})^{1/\mu_m}\right]^{\mu_m}}{\sum_{m}\left[\sum_{k}(\alpha_{mk}e^{V_k})^{1/\mu_m}\right]^{\mu_m}} \tag{6-4}$$

因此,在 CNL 模型中选择备选方案 k 的概率是:

$$p(k)=\sum_{m}p(k|m)p(m)=\sum_{m}\left\{\frac{(\alpha_{mk}e^{V_k})^{1/\mu_m}}{\sum_{k}(\alpha_{mk}e^{V_k})^{1/\mu_m}}\cdot\frac{\left[\sum_{k}(\alpha_{mk}e^{V_k})^{1/\mu_m}\right]^{\mu_m}}{\sum_{m}\left[\sum_{k}(\alpha_{mk}e^{V_k})^{1/\mu_m}\right]^{\mu_m}}\right\} \tag{6-5}$$

备选方案 k 的选择概率取决于以下两个关键因素:①巢 m 的异质参数 μ_m;②效用函数 V_k 的确定性分量。以上两个参数是基于极大似然估计法进行参数估计。

6.4.3 数据和样本形式

本文使用的数据来自马里兰州和华盛顿特区地区的家庭出行调查数据库(HTC),这是巴尔的摩城市委员会(BMC)和华盛顿大都市政府委员会(MWCOG)的交通规划委员会(TPB)在 2007—2008 年期间获得。调查收集的数据是随机选择家庭,并且每个家庭需要完成记录有家庭中所有成员在某指定一天的活动的出行日志。正如大多数的家庭出行调查数据库,该数据非常详细地包括了每个被调查成员的社会人口信息及出行信息。

除 HTC 之外,不同出行方式的出行时间及出行花费由马里兰全州交通模型(MSTM)获得。小汽车的出行时间包括车上时间和终端时间。公共交通的出行时间包括采用步行或自行车到达公共交通站点的时间、等车的时间、车上时间以及换乘时间。小汽车的出行花费包括操作成本以及停车费用,其中操作成本包括燃油消耗费、维护费、保险费、注册费以及轮胎损耗费,而停车费则由景区的停车成本模型计算得来。共乘出行方式的操作成本及停车费用花费则是由所有乘客共同承担。公共交通的出行费用是由公交网内的乘车费用及换乘费用组成。对于步行及自行车的出行方式,假设步行的速度为 4.8km/h(3mi/h),自行车的速度为 14.48km/h(9mi/h)[14],所有出行方式都是 \$ 0.05/mi。

许多因素都会影响出行方式与出发时刻的选择[15-17]。在分析过程中用到如下四组变量:家庭特征、个人特征、工作相关特征以及出行相关特征。家庭特征包括家庭人数、收入、

拥有小汽车及自行车数量。个人特征包括性别、年龄、种族、职业以及现有工作数量。工作时间是否灵活，公司是否提供免费的停车场、交通补贴、步行及自行车设施，以及工作地位置等以上信息都是影响通勤者出行方式与出发时刻的重要的潜在变量[18,19]，因此以上信息在分析过程中作为工作相关变量。出行相关特征包括出行时间与出行费用，这些是由居住地与工作地的位置以及出行方式所决定。本章分析过程中所使用的变量如表 6-13 所示。

变量选取与说明　　表 6-13

变　量	变 量 描 述	均　值	方　差
家庭特征			
家庭人数	1 个人(1 = 是)	0.18	0.387
	2 个人(1 = 是)	0.38	0.485
	大于等于 3 人 (1 = 是)	0.44	0.496
家庭收入	家庭收入低于 $ 30,000 (1 = yes)	0.04	0.206
	家庭收入在 $ 30 000 ~ $ 100 000 之间 (1 = 是)	0.45	0.498
	家庭收入大于等于 $ 100 000 (1 = 是)	0.50	0.500
小汽车量	家庭没有小汽车(1 = 是)	0.04	0.191
	家庭有 1 辆小汽车(1 = 是)	0.26	0.438
	家庭有 2 辆及以上小汽车(1 = 是)	0.70	0.457
自行车量	家庭有 1 辆及以上自行车(1 = 是)	0.57	0.495
家庭位置	家庭位于郊区(1 = 是)	0.29	0.454
个人特征			
性别	男(1 = yes)	0.52	0.499
年龄	小于 25 岁(1 = 是)	0.06	0.240
	25 ~ 54 岁(1 = 是)	0.69	0.463
	大于等于 55 岁(1 = 是)	0.25	0.433
种族	非裔美国人(1 = 是)	0.16	0.363
	白种人(1 = 是)	0.74	0.440
职业	在政府机关工作(1 = 是)	0.36	0.480
工作个数	拥有 1 个以上工作(1 = 是)	0.07	0.253
工作相关特征			
工作灵活性	工作灵活(1 = 是)	0.54	0.499
停车费	公司提供免费停车(1 = 是)	0.56	0.497
公交补贴	公司提供公交补贴(1 = 是)	0.18	0.383
自行车设施	公司提供步行及自行车设施及服务(1 = 是)	0.11	0.317
工作地	在 CBD 工作(1 = 是)	0.26	0.438
出行相关特征			
出行时间	连续变量(min)		
出行花费	连续变量($)		

通勤出发时刻的时间分布如图 6-10 所示。分布显示大多数的工作者倾向于以下两个

时段进行通勤出行:上午 6 点到 8 点和下午 3 点到 6 点,且高峰时段[20]与所述的分类一致。

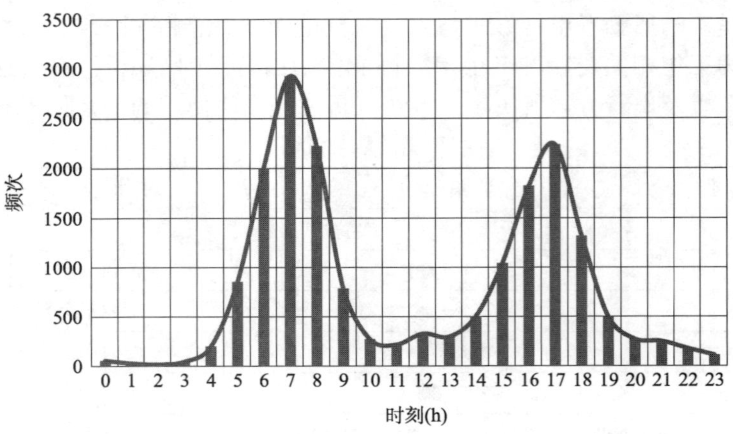

图 6-10　通勤出发时刻的时间分布图

表 6-14 中的描述性分析是为了获得家庭、个人、工作、出行相关特征、出行方式与出发时刻选择之间关系的直观结果。年轻个体相较于年老个体更有可能采用共乘的出行方式于非高峰时段出发以避免交通拥堵。这可以被直观地视为年轻个体的特征相关效应。工作在政府部门的人们更倾向于高峰时段采用公共交通的方式通勤出行。如预期,家庭人数较少、收入较低、小汽车拥有量较低的人们更倾向于使用公共交通、步行及自行车的方式通勤出行。那些雇主提供停车场以及公交补贴和自行车步行设施及服务的人们,以及工作地在中心商务区(CBD)的人们更喜欢使用公共交通的通勤出行方式。那些工作时间灵活、收入较低、小汽车拥有量较低、没有公交补贴的人们则更有可能在非高峰时段出发以避免交通拥堵。

关联性分析(%)　　表 6-14

变量		出行方式				出发时刻	
		独自驾车	共享乘车	公交	步行及自行车	高峰	非高峰
家庭特征							
家庭人数	1 个人	67.6	1.3	25.3	5.8	73.8	26.2
	2 个人	73.9	4.6	17.0	4.5	74.2	25.8
	大于等于 3 人	79.6	4.9	13.1	2.4	72.5	27.5
家庭收入	<30000	60.0	9.4	24.6	5.9	65.3	34.7
	30000～100000	75.3	4.4	16.4	3.9	71.7	28.3
	>100000	76.5	3.4	16.5	3.6	75.6	24.4
小汽车量	没有小汽车	1.7	7.6	70.2	20.5	68.7	31.3
	仅有 1 辆小汽车	62.2	5.5	26.0	6.3	74.4	25.6
	有超过 1 辆的小汽车	84.0	3.4	10.5	2.0	73.2	26.8

续上表

变量		出行方式				出发时刻	
		独自驾车	共享乘车	公交	步行及自行车	高峰	非高峰
自行车量	无	72.7	4.4	19.3	3.6	71.8	28.2
	有	77.1	3.9	14.9	4.0	74.5	25.5
家庭位置	郊区	70.0	4.1	21.1	4.9	70.2	29.8
	其他	88.1	4.3	6.3	1.3	74.7	25.3
个人特征							
性别	男	76.2	2.7	16.8	4.3	71.1	28.9
	女	74.2	5.7	16.8	3.3	75.8	24.2
年龄	16 ~ 24	65.9	11.6	17.0	5.5	66.8	33.2
	25 ~ 54	75.1	3.8	17.2	3.8	74.1	25.9
	>55	77.8	3.1	15.6	3.4	72.8	27.2
种族	非裔美国人	69.4	5.8	23.3	1.6	71.8	28.2
	白种人	77.0	3.3	15.3	4.4	74.1	25.9
	其他	71.3	7.5	17.9	3.2	70.6	29.4
职业	政府	69.3	3.7	23.1	3.9	77.2	22.8
	其他	78.6	4.4	13.3	3.8	71.2	28.8
工作数量	1个	75.0	4.1	17.1	3.8	73.9	26.1
	超过1个	79.1	4.5	12.5	3.9	66.2	33.8
工作相关特征							
工作灵活	是	75.8	3.7	16.2	4.2	71.0	29.0
	否	74.5	4.6	17.5	3.4	76.1	23.9
停车费	免费	91.2	3.2	3.6	1.9	73.1	26.9
	不免费	55.0	5.3	33.4	6.3	73.7	26.3
公交补贴	是	35.7	3.1	56.1	5.1	80.1	19.9
	否	83.8	4.4	8.3	3.6	71.9	28.1
自行车设施	是	69.7	3.7	20.2	6.4	74.1	25.9
	否	75.9	4.2	16.3	3.5	73.3	26.7
家庭位置	CBD	52.7	4.7	34.1	8.5	73.8	26.2
	不是CBD	83.1	3.9	10.7	2.2	73.2	26.8

6.4.4 实证结果

所建立模型的结果分析将在这一部分进行讨论。信赖域算法在MNL模型和两种NL模型中被使用,由于分配系数上的非平凡约束,C的可行序列二次规划算法(CFSQP)在CNL模型中被使用[21]。在实证结果分析中，采用 Biogeme 软件，该软件适用于 MNL 模型、NL 模型和 CNL 模型[22-24]。它可以基于每个个体的独立变量，计算出每个备选方案的选择概率，并进行参数估计和检验。

基于 CNL 模型的详细估计结果如表 6-15 所示。华盛顿和巴尔的摩地区的家庭特征、个人特征和工作相关特征变量结果表明，这些特征对个人的通勤出行方式与出发时刻的选择决定具有重要影响。在家庭特征方面，与其他备选方案相比，单身人士更有可能单独开车上班；家庭人数较多时更有可能选择共乘的出行方式，于平峰时段出行，这可能反映了这样的事实，即选择共享乘车的乘客通常较早地离开，使得每个乘客可以准时到达工作地点；低收入群体，相较于高峰时段独自驾驶小汽车出行，则更倾向于选择共乘的出行方式于非高峰时段出发；高收入群体在非高峰时段去工作地的可能性显著降低，然而，基于通勤距离，他们可能喜欢在高峰时段以步行及自行车或单独开车出行；如预期，拥有汽车数量较少的家庭成员更倾向使用共乘、公共交通、步行及自行车的出行方式去工作；而随着家庭自行车拥有量的上升，通勤者相比于其他出行方式更倾向于以步行及自行车的出行方式于高峰时段出发；那些家庭在郊区的通勤者更有可能在非高峰时段出发去工作，因为郊区居住地的通勤者的出行距离一般较远，所以需要早点出发，这一点是非常合理的。

在个体特征方面，男性相较于女性而言，更有可能单独开车以及采用公共交通、步行及自行车的出行方式在非高峰时段出发去工作，然而却不太可能采用共乘的出行方式去工作；青年人明显不太可能单独开车上班，这可能是因为他们有限的汽车可用性，因此更倾向于采用公共交通、步行及自行车等出行方式；种族变量的系数为负，这表明非裔美国人与白种人更有可能独自驾驶去工作，除去一些高于水平值 10% 更有可能选择自行车或步行于高峰时段出行的白种人；与其他方案相比，在政府机构工作的人在非高峰时段出行的可能性显著降低，然而，他们更有可能选择步行及自行车的出行方式于高峰时段去工作地；正如预期，有超过一份工作的人更有可能使用单独驾驶、公共交通、步行及自行车的出行方式在非高峰时段出发。

在工作特征方面，享受弹性工作时间的人更有可能在非高峰时段使用单独驾驶、公共交通、步行及自行车的出行方式；那些雇主提供免费停车场的通勤者显著倾向于高峰时段独自驾驶去工作地；正如预期，那些雇主提供公共交通补贴以及步行及自行车服务设施的通勤者，相较于其他备选方案，更倾向于选择公共交通、步行及自行车于高峰时段出行；工作地在 CBD 的通勤者于高峰时段独自驾驶的可能性显著降低，这大概是为了避免市中心地区的严重拥堵情况，并且他们更有可能采用公共交通、步行及自行车的出行方式去工作，这大概是因为市中心地区相较于其他地区，有更好的公共交通、步行及自行车等相关服务设施。

四个模型的出行相关系数、异质参数和拟合优度参数如表 6-16 所示。就拟合优度 ρ^2 而言，CNL 模型比 MNL 模型和两种 NL 模型的表现都好。正如预期，出行相关系数值为负，时间节省价值为 US ＄0.33/min（大约 US ＄20/h），这与 Hess[25] 和 Bajwa[26] 等人的研究非常相似。相较于 MNL 模型和两类 NL 模型，CNL 模型在获取出行方式与出发时间关联性方面表现更优。

模型参数估计结果 表6-15

变量	独自驾车		共享乘车				公交				步行及自行车			
	非高峰		高峰		非高峰		高峰		非高峰		高峰		非高峰	
	参数值	t值	参数值	t值	参数值	t值	参数值	t值	参数值	t值	参数值	t值	参数值	t值
家庭特征														
人数1	-0.01	-0.19	-1.48	-7.82	-2.38	-12.30	-0.16	-8.02	-0.14	-2.32	-0.18	-5.62	-0.15	-2.35
人数3	0.05	1.32	0.12	1.21	0.38	2.75	-0.03	-2.29	0.07	1.63	-0.03	-1.22	0.05	1.12
收入1	0.16	1.96	-0.01	-0.06	0.65	3.14	0.04	1.41	0.12	1.35	0.01	0.25	0.12	1.31
收入3	-0.17	-4.63	-0.16	-1.60	-0.30	-1.89	0.01	1.12	-0.18	-4.47	0.07	2.82	-0.19	-4.35
小汽车1	-1.27	-2.30	0.46	2.01	1.43	6.33	0.72	8.47	1.02	7.83	0.76	8.36	0.98	7.49
小汽车3	0.05	1.03	-1.24	-11.13	-0.89	-5.06	-0.21	-10.36	-0.17	-3.13	-0.21	-7.04	-0.10	-1.82
自行车	-0.12	-3.29	-0.12	-1.27	-0.08	-0.57	-0.03	-2.35	-0.12	-3.00	0.06	2.55	-0.08	-1.86
家庭位置	0.23	5.70	0.19	1.71	0.17	1.01	-0.15	-7.70	0.13	2.93	-0.01	-0.18	0.15	2.93
个人特征														
性别	0.25	7.17	-0.84	-9.09	-0.61	-4.70	0.04	3.67	0.30	7.95	0.11	4.88	0.37	8.93
年龄1	0.25	3.49	1.14	8.42	1.34	7.69	0.11	4.75	0.28	3.64	0.13	3.21	0.31	3.97
年龄3	0.10	2.57	0.09	0.73	-0.04	-0.21	0.01	0.14	0.12	2.76	0.01	0.38	0.09	2.01
种族1	-0.08	-1.27	-0.62	-4.23	-0.11	-0.59	-0.01	-0.38	-0.07	-0.95	-0.13	-2.48	-0.14	-1.83
种族2	-0.20	-3.26	-0.68	-5.49	-0.70	-3.67	-0.03	-1.87	-0.17	-2.91	0.07	1.90	-0.12	-1.87
职业	-0.20	-5.24	0.07	0.74	-0.23	-1.44	0.02	1.40	-0.16	-4.12	0.08	3.30	-0.15	-3.33
工作数量	0.35	5.51	0.11	0.64	0.10	0.41	-0.05	-2.19	0.28	3.97	-0.04	-0.90	0.26	3.57
工作相关特征														
工作灵活	0.28	7.96	-0.04	-0.41	0.13	0.95	-0.03	-2.93	0.27	7.13	-0.02	-1.02	0.25	6.02
停车免费	-0.11	-2.87	-0.63	-6.67	-0.31	-2.30	-0.40	-12.62	-0.42	-8.47	-0.26	-8.91	-0.31	-6.74
公交补贴	-0.30	-5.40	-0.26	-1.93	-0.62	-2.50	0.43	12.90	0.03	0.53	0.22	6.99	-0.06	-0.86
自行车设施	-0.12	-3.29	-0.12	-1.27	-0.08	-0.57	-0.03	-2.35	-0.12	-3.00	0.06	2.55	-0.08	-1.86
家庭位置	0.09	2.09	0.15	1.35	0.09	0.54	0.11	8.33	0.24	5.26	0.20	6.93	0.24	4.96

其他相关参数 表 6-16

异质参数 拟合优度	MNL		NL 出行方式嵌套		NL 出发时刻嵌套		CNL	
	参数值	t 值	参数值	t 值	参数值	t 值	参数值	t 值
出行费用	-0.0978	-22.23	-0.0978	-22.23	-0.0937	-19.82	-0.0526	-14.24
出行时间	-0.0323	-23.74	-0.0323	-23.74	-0.0311	-21.30	-0.0180	-14.15
μ_D	1.00	—	1.00	—	—	—	0.19	0.03
μ_S	1.00	—	1.00	—	—	—	1.00	—
μ_T	1.00	—	0.15	0.60	—	—	0.18	0.10
μ_W	1.00	—	1.00	—	—	—	0.16	4.28
μ_P	1.00	—	—	—	1.00	—	0.15	13.70
μ_O	1.00	—	—	—	0.88	16.22	0.10	11.84
时间价值 （$/min）	0.3303		0.3303		0.3319		0.3422	
对数似然估计	-19308.127		-19306.913		-19305.824		-18963.175	
ρ^2	0.494		0.494		0.495		0.503	

就备选方案的相关性而言，CNL 模型具有 6 个异质参数，均高于其他三种模型，在获取备选方案相关性方面较 MNL 模型、两类 NL 模型更有优势。实证分析结果中 μ_O 值较小，则表示在非高峰出发时刻巢下，各种出行方式的相关程度较强，换句话说就是异质参数可以捕捉备选方案可替代性的强弱[12,27]。由于非高峰时段，备选方案之间较强的可替代性，因此，出行状态改变时（例如交通控制措施），通勤者更容易改变自己的出行方式，而非出发时间。μ_S 值较大，表明在共乘出行方式巢下，高峰时段出发与非高峰时段出发的可替代性较弱。当出行状态改变时，对于那些采用共乘出行方式的通勤者而言，他们会改变自己的出行方式而非出发时刻。

6.4.5 弹性和仿真测试

关于出行费用与出行时间的直接弹性和交叉弹性分析如表 6-17 所示。直接弹性分析表示备选方案的某一效用变量的变化引起决策者对该备选方案选择概率的变化。交叉弹性分析表示备选方案的某一效用变量的变化引起决策者对另外一个备选方案选择概率的变化。对于 CNL 模型的直接弹性及交叉弹性分析的表达式如下所示[12]。如果 k 和 k' 没有共享同一个巢，交叉弹性分析就是 $P_k\beta X_k$。

$$\text{直接弹性} = \frac{\sum_m P_m P_{k/m}\left[(1-P_k)+\left(\frac{1}{\mu^m}-1\right)(1-P_{k/m})\right]}{P_k}\beta X_k \tag{6-6}$$

$$\text{交叉弹性} = -\left[P_k+\frac{\sum_m\left(\frac{1}{\mu^m}-1\right)P_m P_{k/m}P_{k'/m}}{P_{k'}}\right]\beta X_k \tag{6-7}$$

表 6-17 中的直接弹性分析表明出行费用和出行时间对于小汽车和公共交通的影响是不一样的。公共交通的直接弹性分析值大于小汽车，这表明采用公共交通出行的通勤者相

较于采用小汽车出行的通勤者，对出行相关属性的改变更敏感。同时，对于采用共乘、公共交通、步行及自行车的通勤者，他们对出行时间的改变比出行费用的改变更敏感。对于交叉弹性分析，高峰时段采用小汽车出行的通勤者，其出行费用和出行时间的改变对于高峰时段的公共交通出行产生的影响是最显著的。

直接和交叉弹性分析表　　表6-17

出行方式	直接弹性				交叉弹性			
	出行花费弹性		出行时间弹性		出行花费弹性		出行时间弹性	
	高峰	非高峰	高峰	非高峰	高峰	非高峰	高峰	非高峰
独自驾车	-0.0906	-0.2019	-0.0847	-0.1886	—	0.3761	—	0.3532
共享乘车	-0.1282	-0.1298	-0.2392	-0.2423	0.3758	0.3758	0.3551	0.3511
公交	-0.6134	-0.5546	-2.9297	-2.6489	1.6760	0.3758	1.5656	0.3511
步行及自行车	-0.0217	-0.0812	-1.9582	-7.3293	0.3811	0.3758	0.3560	0.3511

直接弹性及交叉弹性分析值是根据随机选取的个体计算得来，因此其无法获得出行成本和出行时间改变的综合结果。然而，综合结果对于交通需求管理（TDM）、交通控制措施（TCM）和智能交通系统是非常重要的。因此，本研究的另一个重要目的在于获得当交通政策使得出行相关属性变化时，使用仿真结果来验证出行费用和出行时间变化对通勤者出行方式和出发时刻选择改变影响的综合结果。可以基于综合结果来识别出行相关属性的变化对通勤者出行决策的影响。

大多数的交通拥堵管理措施是试图鼓励改变驾驶小汽车的出行方式，或者通过直接或间接影响服务级别变量来减少高峰时段的出行量[20]。例如，拥堵收费是依赖于对使用小汽车出行方式的货币抑制作用。改善交通服务可能涉及更频繁的服务和更广泛的路线覆盖（从而通过减少等待时间和步行时间来减少车外出行时间），或引入附加快车服务（从而减少车内行驶时间）。本节对于通勤者出行方式和出发时刻的决策模拟了两种不同情景，具体如下：①一组模拟是假设高峰时段小汽车出行的拥堵收费增加；②另一组模拟则是假设通过提高公共交通的服务频次（或者时间表更灵活），从而使得公共交通在高峰时段的出行时间有所减少。

样本枚举法是基于表6-15和表6-16中估计的参数来计算每个通勤者的联合选择概率。这种方法对于产生每个备选方案的综合结果是非常适用的。为了对出行相关因素改变所产生影响进行分析，不同情景下出行决策的改变可以通过蒙特卡洛（Monte Carlo）方法进行仿真来获得。基于仿真来正确预测所有备选方案的选择概率，其中预测份额约等于实际份额，如表6-18所示。因此，在该研究领域，CNL模型可以正确地预估选择份额。

实际份额与预测份额对比表　　表6-18

份　额	独自驾车		共享乘车		公　交		步行及自行车	
	高峰（%）	非高峰（%）	高峰（%）	非高峰（%）	高峰（%）	非高峰（%）	高峰（%）	非高峰（%）
实际份额	54.25	20.99	2.90	1.24	13.57	3.23	2.65	1.19
预测份额	54.42	20.49	2.95	1.26	13.71	3.32	2.86	0.97

对于提升US＄1、US＄2.5和US＄5的小汽车拥堵收费和10%、20%和30%的公共

交通出行时间节省的仿真结果如表6-19所示。如预期,模拟结果表明,在高峰时段小汽车的选择概率随着小汽车出行费用增加和公共交通出行时间减少而减少。然而,小汽车出行费用和公共交通出行时间的变化是以不同的方式影响着高峰时段的小汽车出行量。

不同情景下的仿真结果 表6-19

情景	独自驾车		共享乘车		公交		步行及自行车	
	高峰(%)	非高峰(%)	高峰(%)	非高峰(%)	高峰(%)	非高峰(%)	高峰(%)	非高峰(%)
初始状态	54.42	20.49	2.95	1.26	13.71	3.32	2.86	0.97
情景1:假设高峰时段小汽车出行的拥堵收费增加								
US $ 1	51.87	21.08	2.75	1.35	15.34	3.44	3.18	0.98
US $ 2.5	47.39	22.36	2.78	1.15	18.21	3.31	3.73	1.06
US $ 5	39.36	24.06	2.70	1.50	23.33	3.27	4.64	1.14
情景2:假设公共交通在高峰时段的出行时间有所减少								
10%时间节省	49.5	20.7	2.9	1.3	18.8	3.1	2.9	0.9
20%时间节省	44.1	20.1	2.6	1.2	25.5	2.8	2.8	0.9
30%时间节省	38.8	19.4	2.5	1.1	31.8	2.7	2.8	0.8

基于两组情景下的出行费用和出行时间对出行方式和出发时刻的联合选择的影响显示如图6-11所示。从图中可以看出,变化主要发生在高峰时段的小汽车出行和高峰时段的公共交通出行之间。一小部分选择高峰时段以小汽车方式出行的通勤者转向了于非高峰时段以小汽车出行或者高峰时段以步行及自行车方式出行。US $ 5的小汽车出行拥堵收费与30%公共交通的出行时间节省对于减少高峰时段的小汽车出行量有相同的影响。然而,US $ 5的小汽车出行拥堵费对高峰时段公共交通出行量的提升远远小于30%公共交通的出行时间节省对其的提升量,这是因为高峰时段公共交通出行时间的节省,会吸引很多以小汽车出行的通勤者转向公共交通出行的事实。高额的小汽车出行拥堵收费会使得通勤者的出行方式和出发时刻均发生改变。仿真结果告诉我们,如果目的是鼓励更多的通勤者在高峰时段采用公共交通出行,那么应该提升公共交通的服务水平;而如果目的是减少高峰时段的交通拥堵,最好的方法就是提升高峰时段小汽车出行的拥堵收费。

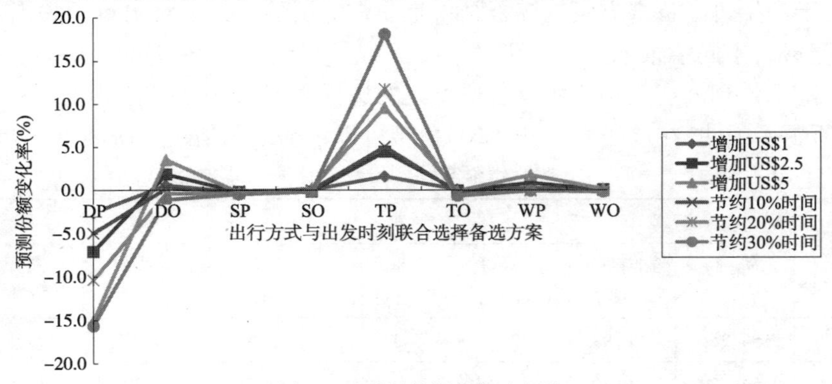

图6-11 选择份额变化示意图

正如表6-15的估计结果,工作相关变量对于通勤者出行方式和出发时刻的选择也会有一定的影响。因此，基于雇主的相关措施对于交通管理也是一种十分有用的办法，特别是当这种措施不是简单的通勤车之类的时候。例如，灵活的工作时间以及较高的小汽车停车费就可以减少高峰时段的小汽车使用量。此外，如果有一些自行车及步行的相关便利设施，也可以提高非机动方式的出行量，尤其对于那些居住地距离工作地较近的通勤者。

选择模型的可转移性显得尤为重要，因为将模型从一个地区转移到另一个地区的能力可以帮助那些无法投资大量数据收集和开发程序的地区节省大量成本和时间。然而，选择模型的数据通常来自显示和陈述偏好属性的社会经济学、人口统计学及选择变量。文献表明，因为没有充分指定模型，简单地转移模型不是最好的选择[28]，这也就意味着转移了的模式对反映用户的出行行为是有限制的。因此，仅基于在两个领域中相等的一组模型参数来评估模型可转移性不太可能满足，并且应当进行额外的计量经济学评估[29,30]。模型可转移性的经验性评估需要来自至少两个不同空间区域的数据或信息。

本章参考文献

[1] 王月玥. 基于多源数据的公共交通通勤出行特征提取方法研究[D]. 北京：北京工业大学，2014.

[2] 荣秋生，颜君彪，郭国强. 基于 DBSCAN 聚类算法的研究与实现[J]. 计算机应用，2004，24(4)：45-46.

[3] 靳佳. 基于 IC 卡的北京市公交出行特征分析[D]. 北京：首都师范大学，2013.

[4] 陈君，杨东援. 基于 APTS 数据的公交卡乘客通勤 OD 分布估计方法[J]. 交通运输系统工程与信息，2013，13(4)：47-53.

[5] 龙瀛，张宇，崔承印. 利用公交刷卡数据分析北京职住关系和通勤出行[J]. 地理学报，2012，67(10)：1339-1352.

[6] Irvin B. J. , Ventura S. J. , Slater B. K. Fuzzy and isodata classification of landform elements from digital terrain data in Pleasant Valley, Wisconsin[J]. Geoderma, 1997, 77(2): 137-154.

[7] Deng H. , Yeh C. H. , Willis R. J. Inter-company comparison using modified TOPSIS with objective weights[J]. Computers & Operations Research, 2000, 27(10): 963-973.

[8] 李平. 通勤距离与城市空间扩展的关系研究[D]. 北京：北京交通大学，2010.

[9] Hess S. , Polak J. W. Exploring the potential for cross-nesting structures in airport-choice analysis: a case-study of the greater London area[J]. Transportation Research Part E, 2006, 42(2): 63-81.

[10] Hess S. , Fowler M. , Adler T. , et al. A joint model for vehicle type and fuel type choice: Evidence from a cross-nested logit study[J]. Transportation, 2012, 39(3): 593-625.

[11] McFadden D. Modeling the choice of residential location[J]. Cowles Foundation Discussion Papers, 1978, 673(477): 72-77.

[12] Wen C. H. , Koppelman F. S. The generalized nested logit model[J]. Transportation Research Part B, 2001, 35(7): 627-641.

[13] Bekhor S. , Prashker J. N. GEV-based destination choice models that account for unobserved similarities among alternatives[J]. Transportation Research Part B, 2008, 42(3): 243-262.

[14] Zhang M. The role of land use in travel mode choice: Evidence from Boston and Hong Kong [J]. Journal of the American Planning Association, 2004, 70(3): 344-360.

[15] Cervero R. Built environments and mode choice: Toward a normative framework[J]. Transportation Research Part D, 2002, 7(4): 265-284.

[16] Vega A., Reynolds-Feighan A. A methodological framework for the study of residential location and travel-to-work mode choice under central and suburban employment destination patterns[J]. Transportation Research Part A, 2009, 43(4): 401-419.

[17] Ewing R., Cervero R. Travel and the built environment: a meta-analysis[J]. Journal of the American Planning Association, 2010, 76(3): 265-294.

[18] Abkowitz M. D. An analysis of the commuter departure time decision[J]. Transportation, 1981, 10(3): 283-297.

[19] Chu Y. L. Work departure time analysis using dogit ordered generalized extreme value model [J]. Transportation Research Record: Journal of the Transportation Research Board, 2009, 45(2132): 42-49.

[20] Bhat C. R. Analysis of travel mode and departure time choice for urban shopping trips[J]. Transportation Research Part B, 1998b, 32(6): 361-371.

[21] Lawrence C., Zhou J. L., Tits A. User's guide for CFSQP version 2.5: A C code for solving (large scale) constrained nonlinear (minimax) optimization problems, generating iterates satisfying all inequality constraints[J]. Technical Rep. TR-94-16r1, Univ. of Maryland, College Park, MD., 1997.

[22] Bierlaire M. The network of GEV model[J]. Proceedings of the 2nd Swiss Transportation Research Conference, 2002.

[23] Bierlaire M. BIOGEME: a free package for the estimation of discrete choice models[J]. Swiss Transport Research Conference, 2003.

[24] Bierlaire M. A theoretical analysis of the cross-nested logit model[J]. Ann. Oper. Res., 2006, 144(1): 287-300.

[25] Hess S., Rose J. M., Hensher D. A. Asymmetric preference formation in willingness to pay estimates in discrete choice models[J]. Transportation Research Part E, 2008, 44(5): 847-863.

[26] Bajwa S., Bekhor S., Kuwahara M., et al. Discrete choice modeling of combined mode and departure time[J]. Transport-metrica, 2008, 4(2): 155-177.

[27] Pels E., Njegovan N., Behrens C. Low-cost airlines and airport competition[J]. Transportation Research Part E, 2009, 45(2): 335-344.

[28] Galbraith R. A., Hensher D. A. Intra-metropolitan transfer-ability of mode choice models [J]. Journal of Transport Economics & Policy, 1982, 16(1): 7-29.

[29] Koppelman F. S., Wilmot C. G. Transferability analysis of disaggregate choice models[J]. Transportation Research Record, 1982.

[30] Badoe D. A., Miller E. J. Analysis of the temporal transfer-ability of disaggregate work trip mode choice mode[J]. Transportation Research Record, 1995.

第7章　公交网络性能评价

上述基于公交大数据的相关分析，对提高公共交通服务质量，优化公共交通规划策略，以吸引更多的出行者乘坐公交具有至关重要的意义。与此同时，对公交网络运行状况的合理评价也显得尤为关键，一个先进的公交网络性能评价系统既可以帮助交通部门进行决策，确定于何时何地提供更好的交通服务，又能方便公交部门对公交网络性能进行技术总结和统计，通过信息发布让乘客通过信息发布对城市公交网络的运行状况有所了解，进而优化自己的出行方案。据此，本章基于E科学理论框架，构建交通E科学平台，以进行公交网络的性能评价。

7.1　交通E科学理论框架

E-Science是一种利用互联网技术和广域分布式高性能计算环境建立的全新科学研究模式，即在信息化基础设施支持下的科学研究活动。该词最早在英国提出，以应对当时各学科研究领域所面临问题的空前复杂形势，英国科学家约翰·泰勒于1999年指出：E-Science是在重要的科学领域中的全球性合作以及使这种合作成为可能的下一代基础设施。E-Science的提出与发展，使得全球性、跨学科的大规模科研合作资源共享与协同工作成为可能，可以极大地促进交流合作，推动科学研究的发展。

近年来，E科学相关研究方法在天文学、物理学和生物工程等科研领域的应用日益流行。对于交通工程，虽然E科学有很大的潜力来解决复杂的交通问题，但在交通领域，这一新概念却被接受得很缓慢。据此，本节将结合E科学的相关思想和交通领域目前的发展状况给出E科学在交通领域应用的理论框架，旨在提出一个集交通数据共享、可视化、建模和分析功能于一体的E科学平台。

7.1.1　交通E科学的应用背景及发展

过去几十年中，交通领域的研究主要由数学方程式驱动，而且仅依靠稀少的数据建立数学模型和交通理论[1,2]。当模型发展扩延到网络级别时，数据的可用性就会进一步减少甚至消失，这些理论模型只能通过仿真数据来验证[3,4]。虽然仿真数据和数学模型能捕获一些“事实”，但某些影响因素尤其是人为因素却不容易反映在仿真结果中。

随着数据采集技术的进步及智能交通系统（ITS）的发展，近年来交通数据可用性已经以惊人的速度提升。与此同时，作为一种未来交通管理系统，IntelliDrive也迅速扩展开来，由于IntelliDrive允许车与车、车与基础设施之间频繁通信，交通数据预计在未来几年也将迎来爆发。因此，数据驱动的和基于数据的研究在未来将发挥着越来越重要的作用，丰富的数据集可以验证之前开发的交通理论，进而促进交通规划、系统操作和出行行为的科学发现。

尽管交通传感器数据已经被广泛收集和存储，数据的可访问性和可用性却始终无法令人满意，其原因主要有三：

(1)各个机构通常独立管理交通数据并且存储在不同的系统中，每一个系统都有专用的接口和不同的数据处理能力。

(2)从其他机构获取数据需要付出大量的努力去沟通。

(3)储存在不同领域或者不同格式的数据需要额外的工作和知识去标准化，以便于所有的数据使用者解释及应用。

这些数据检索和交流的屏障阻碍了科学发现的进程和交通相关问题的解决。

过去的十年中，为了提高数据的可用性和可交互性，许多高校已经建立了多种基于网络存档数据的用户服务系统和先进的出行者信息系统。例如，美国加州伯克利大学从1997年开始，专注于研究在线高速公路性能评价系统(Freeway Performance Measurement System, PeMS)，PeMS能够分析高速公路交通传感器数据并提供包括行程时间在内一些参数的实时性能评价[5]。基于PeMS在高速公路上的成功应用的经验，Petty，K.等人基于Midblock(系统)环形探测器的主干道性能评价系统也顺应而生，用于估计主干道路线的行程时间[6]。两个系统都是典型的由存档数据用户服务支持的先进的出行者信息系统。最具有代表性的还是由马里兰大学开发的区域综合交通信息系统[7]。区域综合交通信息系统是一个集数据共享、发布和存档于一体的用户友好型多机构系统，它整合了不同交通机构的多源数据，并且主要着眼于高速公路的应用。除了区域综合交通信息系统，马里兰大学还建立了多种交通数据可视化及分析平台，每个平台都有类似事故分析等明确设计目标。类似的出行者信息系统还有许多，比如西摩和米勒建立了一种基于谷歌地图应用程序编程接口(API)的映射系统，来向达拉斯交通管理中心提供高速公路速度、事件信息和相机图像等交通信息[8]。

这些基于归档数据用户服务(ADUS)的网络系统大多数都主要基于单一数据源，并作为一个传统的在线数据或在线交通信息提供者。尽管在线系统需要与各种交通相关机构分享交通相关数据并进行分析，但却很少有系统能考虑异构数据之间的交互，去实现数据格式标准化、区域地图数据可视化和交互式在线流量分析。例如，由于缺乏一个明确的体系结构消除从多个交通相关机构获得的异构数据之间的差距，之前的研究对于高速公路事故对主干道的影响就无法涉及。

7.1.2 交通E科学平台的基本框架

为提高数据可用性和可访问性，消除上述的数据障碍，实现异构数据的互操作性，本小节基于上述背景提出一个基于交互式数字路网可视化和评估的交通E科学平台，并给出其基本框架。

1)系统结构

系统的设计对其未来的可扩展性和应用性能是至关重要的。当前的设计，如图7-1所示，反映了对平台的当前理解和未来期许。它采用开放式结构，为开源项目，从而使系统的设计可以随着功能的扩展而持续改进。设计的系统架构主要由三部分组成：来自不同机构的异构数据源、智能交通应用和研究实验室的数据仓库、运行在系统服务器上的网络服务器。

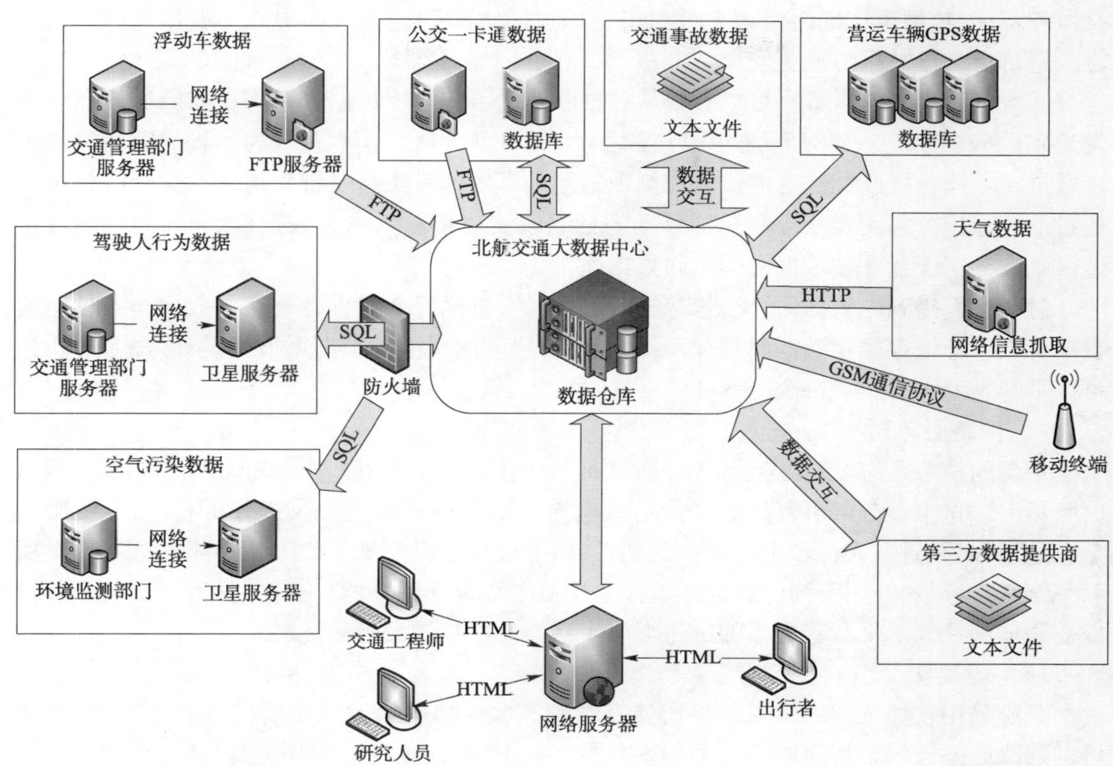

图7-1 系统架构

FTP-文件传输协议;SQL-结构化查询语言;HTTP-超文本传输协议;GSM-全球移动通信系统;HTML-超文本标记语言

(1)数据仓库、交换和检索

数据仓库负责数据存档,具备系统提供的多重数据检索功能。由于每个机构都有其内部政策和安全考虑,数据检索过程并不容易实现。每个机构都依赖于一个统一的数据检索方法是不可行的,也是不适用的。此外,存档数据的格式在不同机构,甚至同一机构都是变化的;数据可能遵循不同的模式。标准化的数据格式对交通相关机构和数据使用者是非常有益的,然而数据交换和标准化的指导方针却很少被提出。相关的,比如国家交通通信的ITS协议,只关注标准化数据通信,而不是数据交换和存储的格式。因此,提出了四种数据检索方法:

①传统的平面文件交换。这种方法允许数据量、所有权和隐私被谨慎约束。虽然这种数据交换格式广泛适用于跨机构,但是效率低且耗时。通过物理媒介(如CD-ROM)或电子邮件检索后,这些文件可以通过搭建平台的网站或使用结构化查询语言导入功能上传到数据库中。

②被动数据检索。搭建的交通E科学平台装有自定义的C#或Java程序,以预设的时间间隔通过文件传输协议(FTP)、虚拟专用网、超文本传输协议或者简单对象访问协议获取远程数据。这种方法被认为是定期从远程服务器检索数据最方便、有效的方式。

③动态数据检索。一些机构可能存在互联网安全担忧和受限的公共访问。大数据中心提供了一种预装数据处理工具和其他硬件软件的卫星服务器。通过卫星服务器内置的自定

义服务程序，数据可以通过使用 ODBC 安全通过防火墙到达大数据中心的数据仓库。这个方法造价更高但数据传输更安全。

④数据直接存档。数据可以直接从数据收集设备获取。数据可以直接从测试站点定期发送到数据仓库。一个例子是路线行程时间数据。基于蓝牙技术开发的行程时间探测器可以通过在不同位置匹配独有的访问控制中值地址有效地采集路线行程时间。这个设备可以通过使用通用分组无线业务和全球移动通信系统实时传输数据。数据以 5min 的间隔直接返回平台上基于蓝牙技术的行程时间数据库。

对于上面提到的数据库，模式都是先设计好的，以确保数据管理和查询效率。各种交通数据可以系统地存储在数据库管理系统中，数据之间的属性关系遵循事先设计好的模式，也可以很容易地维持。

(2)网络服务器

平台的核心系统安装在运行 Apache Tomcat 6.0 的 Windows server 2008 操作系统的网络服务器上。这个服务器可以呈现和传播数据并且根据用户的任务执行分析算法，主要服务于交通工程师、研究人员和出行者。例如，某些下载功能仅限于特定的用户组。如图 7-1 所示，平台可以通过使用不同的数据通信技术连接多个数据服务器。必要时，另一台服务器可以被添加到系统。平台服务器的定位类似于网格计算基础设施的终端。

2)系统设计

系统采用软件工程中常用的多层体系结构。多层体系结构的主要优点在于，开发人员可以修改或添加一个特定的层而不用重写整个应用程序。所使用的模型包括客户端表示层(客户端 Web 浏览器)、服务器端数据层(数据仓库)和两个服务器端逻辑层(中间件和计算模块)。

与传统的三层主从式模型相比，一个额外的逻辑层可以处理数据的质量问题。计算层可以用于控制数据共享和执行算法。中间件层可以减缓计算层的负担，例如过多的数据库访问、分析算法的计算和数据质量控制(DQC)。客户端表示层(Web 浏览器)则负责显示界面、可视化输出和接受用户的输入。整个系统流程图如图 7-2 所示。

(1)数据质量控制(DQC)

数据质量问题是交通研究人员和机构广泛关注的。一个自动和稳定 DQC 过程有利于促进与交通相关的研究。为确保数据质量，设计采用两步式 DQC 数据清洗机制，检测、删除错误和不一致的数据。数据清洗的第一步发生在从不同的数据源进行数据检索的过程，错误数据将被标记或删除。比如环形检测器数据中的零占有率和负流量，货运数据库中偏移的 GPS 数据。另一次数据清洗过程发生在中间件层的 DQC 模块中。

除了检查错误，DQC 在中间件层也将进行初步的数据分析和处理，以减少计算层的计算负担。例如，在某些交叉口，早期的环形探测器都连接在一起，这将导致少计问题，而纳入第二 DQC 模块的非线性概率模型将修正车辆的少计数目。另外，一种基于软件的误差检测和修正算法也被植入中间件层。

DQC 的另一个例子是 OD 识别算法，可以整合和提取私人卡车 OD 信息和货运性能评价。同样的，蓝牙探测器收集的原始蓝牙媒体访问控制地址也将返回到平台中。冗余数据将在第一个 DQC 模块被筛选，行程时间在中间件层的第二个 DQC 模块中计算。

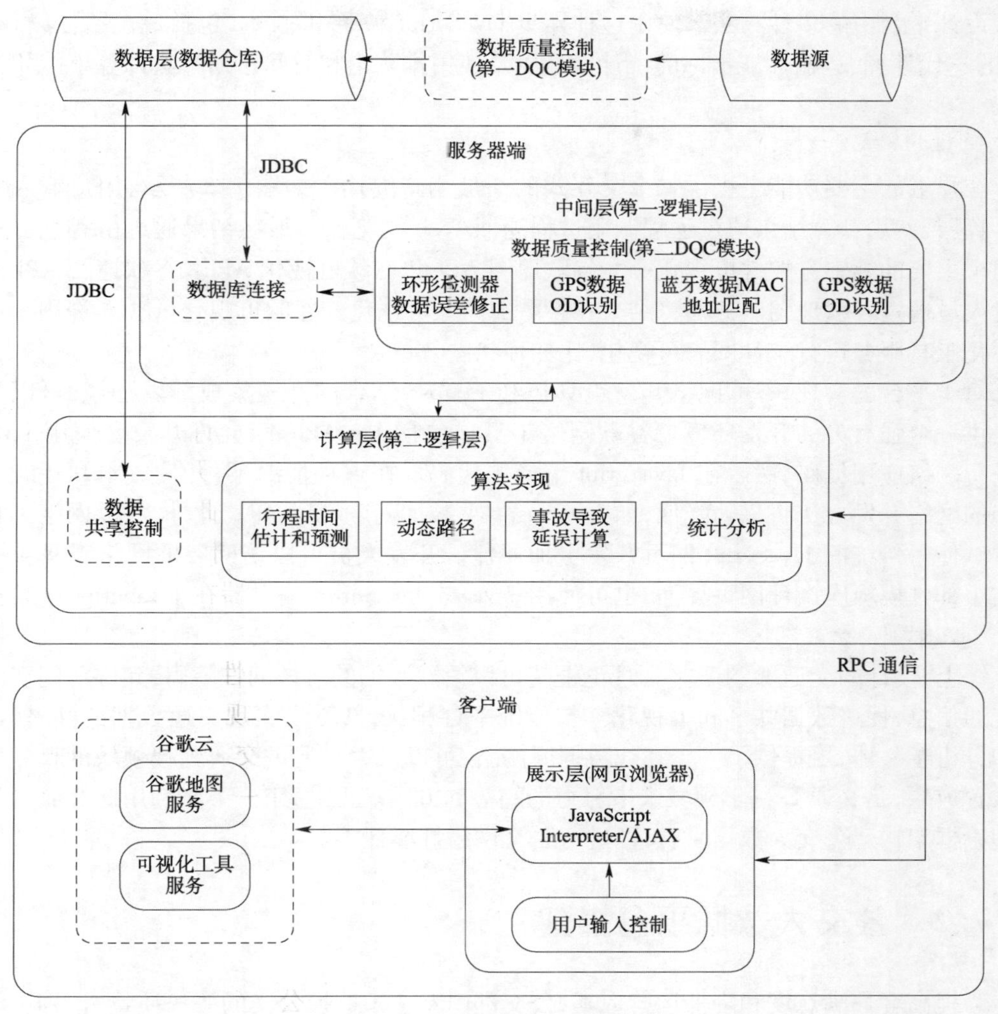

图 7-2　设计系统流程图

OD-起点和终点；AJAX-异步 JavaScript 和 XML

(2)中间设备层

中间件是一种在服务器中独立运行的计算机程序。如前面所述，构建中间件层的目的就是利用计算能力，从而管理服务端（数据和两个逻辑层）和客户端（表示层）之间的资源。除了 DQC 模块，数据连接模块也安装在中间件层。事实上，这个模块是通过使用 Java 数据库连接 API 来连接多个数据库的程序接口，允许中间件层从数据仓库中查询和接收结果来进行进一步处理。

(3)计算层

网络服务器的计算层将在 DQC 完成后执行复杂的算法。这一层也帮助存档原始数据和控制数据共享服务。异步 JavaScript 和 XML 技术的功能是减少服务器和浏览器之间的数据传输，最小化现有页面上的显示和正在进行的活动的冲突。这个设计可以减少服务器的响应时间并且提高系统显示动态和交互网页的性能。

设计平台中的多种算法都使用这种异步 JavaScript 和 XML 技术，包括最短路径（行程时间）的迭代计算、运输性能指标的统计度量以及使用排队论和时间序列算法计算事故相关的延误。

（4）展示层

客户端的主要功能是提供一个交互式的图形用户界面。如图 7-2 所示，用户输入发送到计算层，然后计算结果通过远程调用过程返回 Web 浏览器。最终结果通过由谷歌云提供的两个主要的第三方控件可视化——谷歌地图 API 和谷歌可视化 API。谷歌地图 API 允许开发人员通过谷歌地图服务器将结果在谷歌地图上可视化。谷歌可视化 API 允许用户通过可视化工具服务进行统计图表可视化，比如柱状图、饼状图等。

对于平台的实现，谷歌网络开发工具包和 Eclipse 结合的开源集成开发环境，可以为平台提供一个强有力的开发环境。谷歌网络工具包包括 JavaAPI 库，允许开发者使用 Java 语言进行网络应用编码，然后在 JavaScript 编译源代码。在这种情况下，开发成本和耗时相比传统的网络开发方法将显著降低，如 JavaScript 或 JavaScript 和 PHP。此外，谷歌网络工具包的调试使得传统的 JavaScript 网页开发更加便捷。开发人员可以访问谷歌网络工具包中现有的小部件模板库设计网页界面，也可使用 Java-to-JavaScript 编译器在 JavaScript 中转换和优化 Java 代码。

综上，设计的交通 E 科学平台理论框架可以消除数据的可访问性障碍，允许访问实时区域交通信息，促进数据共享和可视化。与传统平台相比，其不仅实现交通数据的共享、可视化和分析于一体，更提供了一个在线数据库网络，可以极大地促进交通工程领域的科学发现和教育成果，是交通 E 科学领域未来努力的趋势和方向。据此，下一节将利用此交通 E 科学的理论框架构建公交大数据平台，以进行公交网络性能评价。

7.2　公交大数据平台搭建

为提高客户满意度和降低运营成本，公交部门专注于监控公交的服务质量，识别影响公共交通运营的关键因素并将其完善。最近出现的被动数据采集技术，例如自动售检票（Automated Fare Collection，AFC）和自动车辆定位（Automated vehicle Location，AVL）系统，使数据获得量大大提高，为公交部门提供了评估综合公交系统性能的机会。然而，大多数 AFC 和 AVL 系统并非专为交通性能评估而设计，这意味着需要额外的数据处理和可视化过程来提高数据可用性和可访问性。据此，基于 E 科学的理论框架，本节采用空间数据（公交网络地理空间数据）和交通运输数据（公交智能卡数据）两方面的综合数据，搭建公交大数据平台——公交性能评价的 E 科学交通平台（TransitNet），计算公交性能指标，评价公交网络的性能，并把结果展示给用户。

7.2.1　建设背景

公共交通已被广泛认可为减少道路交通拥堵、空气污染和能源消耗的有效对策[9]。根据 2012 年得克萨斯交通研究所发布的城市流动报告，如果停用 498 个城市区域的公交，

2011 年的交通延迟和燃料会增加 15%，公共交通服务节省了 8.65 亿小时的行程时间[10]。此外，公共交通可以通过以公共交通为导向的开发(Transit-Oriented Development，TOD)帮助提高业务和减少城市的无计划扩张。在某些紧急情况下，公共交通工具甚至可以作为疏散人民群众的一种安全、高效的交通方式。据此，改善公共交通系统的效率，吸引更多的出行者使用公共交通就尤为重要。

为了实现这些目标，公交部门往往需要了解可以进一步改善的区域以及设立的目标是否得到实现，这就需要一个高度发达的性能监测系统来帮助交通部门进行决策。公共交通部门需要通过公共交通乘坐趋势评估票价政策的改变，以提供更好的交通服务。交通部门也需要总结性能统计报告，上传到国家交通数据库或发布给对公交系统服务水平提高方式感兴趣的公众。然而，进行一系列的结构性能测量，不但需要大量数据，更需要利用相应领域的知识去处理和分析数据，这些障碍是交通相关部门必须花费时间和精力去克服的挑战。

过去，交通部门主要依赖手工数据收集的方法收集公交运行和规划数据[11]。然而，传统的数据收集方法(如旅行日记，调查)由于其低响应率和低准确性是相当费时和低难以利用的[12]。随着智能交通系统(ITS)的发展、信息技术的进步，公共交通数据的有效性在过去的几十年中一直在提高，公共交通系统已逐渐进入拥有海量数据的研究环境。自动售检票(AFC)和自动车辆位置(AVL)技术可以以相对低的成本进行公交性能分析和管理。然而，AVL 和 AFC 数据没有被全部开发，许多 AVL 和 AFC 系统不能以一种易于使用的方式归档数据。AFC 系统最初旨在减少烦琐的人工收费带来的工作负载，而不是以公交运行和规划为目的[13]；因此，某些重要的信息，比如每次交易的具体空间位置，并没有被直接捕获。AVL 系统可以以一定的时间间隔通过全球定位系统收集在轨公交车辆的地理空间位置信息，GPS 的准确性偶尔会因为城市的高层建筑障碍物遭受信号丢失[14]。无论是 AVL 还是 AFC 系统，用于监测公交系统性能都有其固有的缺陷，需要分析方法去消除错误数据，弥补缺失的值，提取间接信息。

对于公安部门来说，需要更便于理解和更加灵活的方式来传递这些处理后的 AVL 和 AFC 数据。过去几年，开发出了一些国产软件工具以促进交通部门计算核心的公交性能指标；然而，这些工具却缺乏一定的灵活性来适应特定的需求。因为不同的数据格式和软件环境，独立和昂贵的商业软件工具可能无法服务于大多数机构的分析。而传统的数据处理应用程序也很难负荷急剧增加的公共交通数据量。另外，由于缺乏额外的资源，发展自己的交通数据处理和分析工具都超出了大多数交通部门的能力，更别说提出一个考虑异构数据在内的交互式在线公交性能分析架构和框架，而这样的框架对公交部门来说又恰恰是最为需要的可以大大改善交通数据的可用性和可访问性。

另一方面，没有强大的可视化技术，以可识别的方式利用大量智能卡数据发布交通性能指标信息也是非常困难的。为解决这一问题 GIS 作为一种传达空间信息的有效工具，可以将被动的公交数据和 GIS 信息整合来展示公交性能或发展公交乘客信息系统，这也是目前比较流行的方式。以前的大多数公交性能监测系统很大程度上依赖于基于文件的数据处理，或者求助于商业化的 GIS 软件来展示交通相关的信息，交通部门要花费相当大的时间和财力购买和维护软件。此外，因为大多数商业化软件不是基于开放式体系结构设计，交通部门要严格按照商业化软件规定的 GIS 文件格式提供空间数据。这些障碍使整个系统缺乏灵活性,将不可避免地造成用户和开发者的不便。再者,基于文件的数据管理系统在处理大量从 AVL、APC、AFC 系统获取的数据时,有其固有的缺点,很难以一种有效的方式发布与公交相关的信息。

7.2.2 平台总体设计

1)数据源

该平台的两个主要数据源为北京 AFC 和 AVL 系统的数据。北京 AFC 系统于 2006 年 5 月 10 日开始在公共交通系统中使用。针对不同乘客组主要有四种类型的交通智能卡:常规,学生,短期使用,特殊使用信用卡。这些智能卡使用者享受高达 80% 的折扣,这导致超过 90% 的乘客选择智能卡支付费用。每天 696 条公交路线将产生 1200 多万个智能卡交易。这需要大约 8GB 的电脑空间来存储这些数据,数据库规模迅速增加到每月超过 240GB。为了减少计算工作量,利用多个服务器归档每年的交通智能卡数据。

主要采用两种类型的 AFC 系统:单一收费和基于距离收费。对于单一收费,乘客在上车时必须在读卡器上刷卡,但是没有必要下车时刷卡。对于距离引导的 AFC 系统,乘客上下车都必须刷卡。然而,由于北京的 AFC 系统最初设计是用于监测公交运营,一些关键信息不会记录,如单一票制公交的上下车位置信息。此外,北京只有 50% 的公交车辆配有 GPS 追踪设备。GPS 数据以预先设定的 30s 间隔周期性地发送到中央服务器。然而,收集到的 GPS 数据也存在各种数据质量问题,如 GPS 点波动和车辆方向丢失。北京 AFC 系统和 AVL 系统的这些特征为处理和提取有用信息制造了困难。因此,在进行深入的公交网络性能评价分析和可视化之前,很有必要提取单个乘客的 OD 信息。

2)乘客 OD 估计

乘客 OD 估计包括乘客起点推测和终点推测两部分。

(1)乘客起点推测

提出了两种主要的方法来实现这一目标。其一,因为 GPS 数据只能从一定数量的公交车上获取,通过数据融合的方法,将 GPS 数据、智能卡数据、GIS 数据融合来估计每辆车在每一站的到达时间和推断个人乘客的上车点。其二,对于没有安装 GIS 设备的公共汽车,采用贝叶斯决策树算法,利用智能卡交易发生时间和贝叶斯推理理论来描述每个可能的上车点的可能性。另外,为了扩展贝叶斯决策树算法在大规模数据集的可用性,使用马尔可夫链的优化来降低算法的计算复杂度。两种算法都采用外部数据进行验证(例如车载调查数据和 GPS 数据),准确度高达 92%,具体参考第 3 章。

(2)乘客终点推测

对于北京的单一收费 AFC 系统,乘客下车时不需要刷卡,所以每个乘客的下车点将丢失,这就需要对每笔交易的下车点进行估计,主要有三种算法:时空转换行为鉴别(换乘行为)、日出行链分析、历史出行模式集成。具体算法详见第 3 章 3.2 小节。

3)公交性能监控及可视化

(1)公交性能评价指标

根据不同水平的分析范围,给出了不同的公交性能评价指标。公交性能评价的定义遵循从网络层面的速度到静止的车头时距分析的分层结构。每个等级的公交性能评价指标介绍如下。

①网络级的运行速度评价指标。

使用实时交通行驶速度数据，基于最小旅行时间的交通路径查找算法以方便出行者规划路径。此外，交通部门也能够通过观察这些低速线路识别拥堵瓶颈，并研究交通拥堵通过网络传播的过程。因此，公交部门可以通过相关的政策（例如交通路径优化）来缓解交通拥堵。然而，行驶速度不能直接由传统的感应线圈测量，尤其在考虑到乘客在某个站点上下车活动时，行驶速度的计算需要与外部数据相结合来完成。智能卡交易数据包括时间信息（交易时间）和空间信息（公交线路和 OD 推断信息），以此可以估计两个站点之间的旅行时间。两个相邻站点间的旅行时间包括运行时间和延误时间，延误时间是公交车停在某个站点接送上下车乘客的延迟时间，与在站点等待的乘客数量高度相关。因而实际的运营速度计算应该考虑一般的交通条件和乘客的延迟时间，所以，站点之间的平均速度应该用相连站点间的网络距离除以站点之间的运行时间。在北京交通系统中，乘客可以同时在公交前门上车，后门下车，在这种情况下，站点间的运行时间近似认为是两个站点第一个乘客上车刷卡的时间差。

交通速度计算可以在整个交通网络的单一票制和分段计价票制中开展。网络级的交通速度评价指标可以为公交司机提供动态路线，为交通部门提供公交线网优化，也为公交研究者提供交通拥堵诊断。

②线路级的公交出行时间可靠性评价指标。

出行时间可靠性代表着重复出行时间的稳定性。提供出行时间可靠性信息可以帮助旅客合理安排出行，进而减少交通拥堵。尤其对于公共交通，交通出行时间可靠性影响交通服务的吸引力和效率，并与代表客户满意度的准时性和车头时距偏差有关。交通部门正积极寻找解决方案来保持当前客流量和吸引更多的公交乘客，例如减轻意外延迟、开通公交专用道等。从乘客的角度，乘客旅行时间包括车载旅行时间和等待时间。线路级的交通出行时间可靠性可以用于测量车载旅行时间的方差。有很多有效的方法量化交通出行时间可靠性。

a. 第 90 或 95 百分位数旅行时间。这个指标描述了繁重交通条件下的旅行时间。

b. 缓冲指数。缓冲指数计算了旅客除了平均旅行时间的额外时间，以确保准时到达。额外时间可以被定义为第 95 百分位数旅行时间和平均旅行时间的时间差，缓冲指数就是额外时间和平均旅行时间的比值。

c. 计划时间指数。计划时间指数是第 95 百分位数旅行时间与畅通时的旅行时间的比值。与缓冲指数不同，计划时间指数代表必需的总时间。

③站点级的客流量评价指标。

站点级的客流量是沿线每一个站点上下车乘客的数量。客流量的统计对交通部门监视交通服务和获取经济利益方面具有重要作用。交通运营商可以使用站点级的客流量评价指标来分析有大量乘客上车的站点，并相应地调整时刻表来提高交通服务质量。此外，通过客流量在票价调整下的变化，交通部门的决策者可以评估新票价政策的有效性。同时，上下车乘客的总数决定了每条线路的客运需求量，也影响着交通部门的营销和运营策略。例如，如果发现某个特定的线路客运量需求大，可以增加日常公交车辆或缩短发车间隔，以更好地适应越来越多的公交乘客需求。

④车头时距偏差。

车头时距是衡量交通服务可靠性的关键因素,其被定义为两辆连续的公交车沿着相同路线到达某一个特定公交站点的时间差。公交公司和乘客希望车头时距是恒定的,车头时距值的不规律会减少公共交通的吸引力。车头时距值太小会导致公交串车,这种情况下,如果一辆公交车由于交通拥堵到达某一站点晚点,而下一辆公交车很有可能在很短的时间内就到达同一公交站点,结果造成第一辆公交车满载,而第二辆公交车空空如也,浪费了有效资源,也增加了公交公司的运营成本;同样地,车头时距值太大会增加乘客的等待时间。另外,由于交通信号和上下车乘客数量的变化会导致车头时距值在不同的站点发生变化,因此对于公交调度员来说,需要开展站点级的车头时距分析工作来调整线路中间的车头时距。

(2)简化的交通 GIS 数据模型

地理空间数据库相关的技术方法可以解决基础地理空间数据管理和分析问题。对于传统的关系数据库管理系统(RDBMS),地理空间数据库可以通过结构化查询语言(SQL)技术和空间索引来优化地理空间数据管理和分析。然而,地理空间数据库使得一系列传统的相关非空间数据库的地理空间处理操作难以完成,例如,两条公交线路是否彼此相交,感兴趣的公交站点是否属于一个地理空间区域等。在实际情况下,大多数的公交部门利用非空间相关数据库存储与交通有关的信息,例如交通 GPS 数据和交通智能卡交易数据。这将造成一些关键问题:在空间和非空间混合数据库环境中,尤其对于推进大数据计划阶段,获得的位置感知交通数据越来越多的情况下,如何最好地表达和管理动态交通数据。

尽管各种商业化软件包已经提供方案来解决这个问题,但是可用性和可访问性远远不能让人满意。这些软件包只能为有经验的 GIS 用户群提供有限的功能,而不能满足大多数交通运输专业特定的目的。此外,当结合互联网,对于网络 GIS 应用程序的商业化软件包会出现较长的响应时间。这可能有两个原因:①在加载过程中有太多不必要的模块;②在这些软件包中交通 GIS 模型不是精心设计的。为了解决这些问题,以达到交通数据管理和可视化的目的,我们提出一个简化且灵活的交通 GIS 模型数据。

①在地理空间数据库中表达最基本的空间几何特征。

每一个空间几何特征的记录(例如多边形,多线段和点)在空间数据库中以二进制的方式记录(WKB)。二进制的编码方式是通过开放地理空间协会(Open Geospatial Consortium, OGC)定义的,使用二进制编码向量几何。坐标(经度和纬度)和投影信息被包含在十六进制字串中,并且解析成成对的经度和纬度显示在地图系统中。例如,站点 A 是经度和纬度为(116.564,40.009)的几何点。在空间数据库中它可以表示成字符串“0101000020E61000003C3AA9A018245D4016EDDB4C21014440”。本模型将公交运输段定义成两相邻公交站点的界限,并作为进行网络级和路线级性能指标评价的基本因素。为了实现这个任务,每一条公交路线被几个公交站点分割成一序列的短路段,每一个路段被两个相邻的公交站点分界。简化的公共交通 GIS 数据模型如图 7-3 所示。

②在地理空间数据库中实施图表之间的交叉引用。

每个表“几何特征”列中将数据类型定义为“Geometry”,并且将其以 WTK 的形式存储在地理空间数据库中。不同的地理空间图表的交叉引用可以通过外键来连接。例如公交线路表与公交站点表路线 ID 和方向是相同的。利用公交线路表和公交站点表关系派生出公交运输表,此表可以作为媒介来代表基于路段出行速度可视化的整个公共交通网络。所有上面的交通空间数据都将导入到地理空间数据库中进行管理。同时,每一个智能公交卡信息包括出发点和目的地等都会通过上述的数据挖掘方法在非空间数据库中得到更新。为了以松耦合方式桥接空间数据和非空间数据,这些相同字段可以用来合并异构数据集。这种集成方法类似于在传统的数据库使用“join”查询语句从不同类型的数据库联合其中相同的字段。例如,智能公交卡交易表中的路径 ID 和方向字段可以与公交线路表中的相结合。同样的,每个公交卡交易表中的上车 ID 和下车 ID 应该与公交运输表的起始站点 ID 与结束站点 ID 分别相对应。为了减少搜索和匹配相同属性的计算耗损,散列表数据结构可以通过创建一个散列函数实现两个表之间的索引。

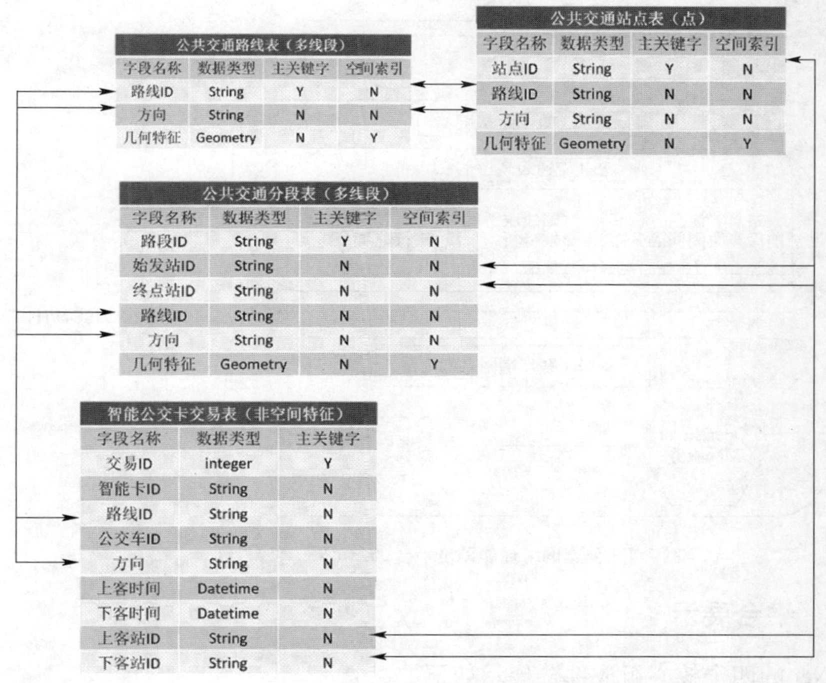

图 7-3　简化的公共交通 GIS 数据模型示意图

总之,这种简化的交通 GIS 数据模型可以有效地管理空间数据(交通网络元素)和交通数据(交通智能卡数据)之间的关系,而且它只需要这两种类型数据集的最低量信息。因此特别适合处理类似北京公交智能卡数据的大量交通数据,且不会产生过多的冗余。

将上述公交 GIS 模型集成到 TransitNet 系统的设计中。另外,也加入了一些新的特征,TransitNet 系统设计如图 7-4 所示。

其中,相比之前的理论框架,数据集成层具有额外的功能。这层与之前提出的简化的交通 GIS 数据模型相对应。交通运输网络空间数据(线路、站点和路段)都将以 WTK 格式转化到地理空间数据编码模块中,然后与非空间智能卡数据中相同的字段结合。这些匹配的地理空间智能卡数据以不同级别的公交性能指标计算做基础,然后计算的统计数据将最终展示到客户端网络浏览器上。例如,在某个公交站点的客流量直方图、网络级公交速度彩色图等。客户端引擎负责解析每个统计结果的几何特性(例如拥挤的交通路段等)以成对的经度纬度形式展现,并且反映在 Open Street Map 的界面中可视化。整个系统使用开源的软件包 PostgreSQL 和 PsotGIS 等来执行,并储存交通空间信息。使用 Vaddin 在 Java 环境中构建交互式图形用户界面。

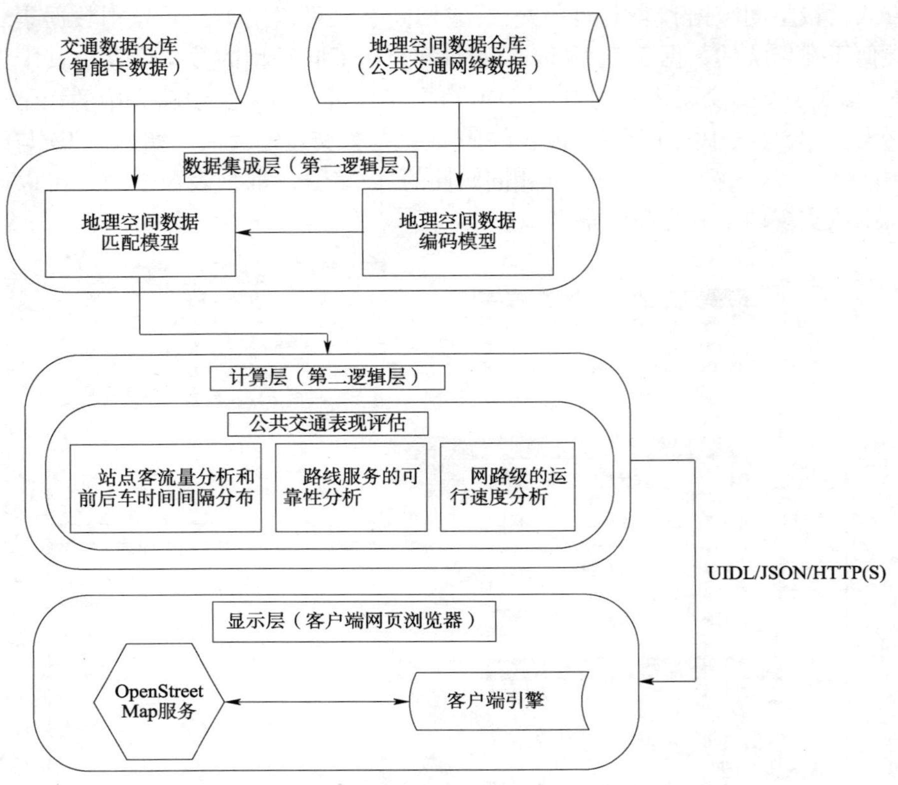

图 7-4　公交网络性能评价平台 TransitNet 系统设计示意图

7.2.3　平台展示

TransitNet 的四个核心组成部分展示如下:

1)公交网路速度地图

公交运行速度使用所识别的乘客 OD 对来计算。图 7-5 展示了 2010 年 7 月 31 日(工作日)下午 4:30 至下午 5:00 的北京公交网络交通状况。

平台提供了查看网络范围的公交行驶速度统计的附加分析功能。通过点击交通速度统计按钮,将弹出窗口展示出整个网络的详细交通速度信息,例如平均速度、方差、第 90 百分位数速度、不拥堵/拥堵的交通路段的百分比以及公交速度计算的数据源的组成(GPS 和智能卡)。彩色速度图和统计分析可用作交通机构识别拥堵区域的有效工具,然后相应地改进其公共交通服务,例如为公共交通开放快速公路或缩短车道。

2)公交客流量分析

公交客流量分析对公交机构努力保留现有公交乘客,吸引更多潜在的公交乘客具有至关重要的意义,而且基于地理信息系统呈现公交客流量在时间与空间上的分布,也有利于交通机构进行前后分析并了解乘客需求的变化。如图 7-6 所示，每个停靠点的半径表示乘客负载的大小，并且每个停靠点处的乘客负载被定义为上车乘客计数和下车乘客计数之差。对于某一站，如果上车乘客的数量多于下车乘客的数量，那么该站将被着色为黑色，否则即为灰色。

图 7-5 北京公交网络速度图（地图数据：Google，AutoNavi）

3）公交车头时距分布

图 7-7 给出了 118 路 2008 年 4 月 7 日的示例。使用智能卡交易数据估计总共 116 次的公交行程，23 个站点的平均车头时距和方差可以进一步算出，分别为 9.47min 和 6.63min。平均车头时距用于对每个公共交通站点进行着色，以便公交部门可以很容易地识别那些具有相对较长的车道的公共站，并进行相应的计划调整，另外，生成频率直方图以描绘车头时距的分布。

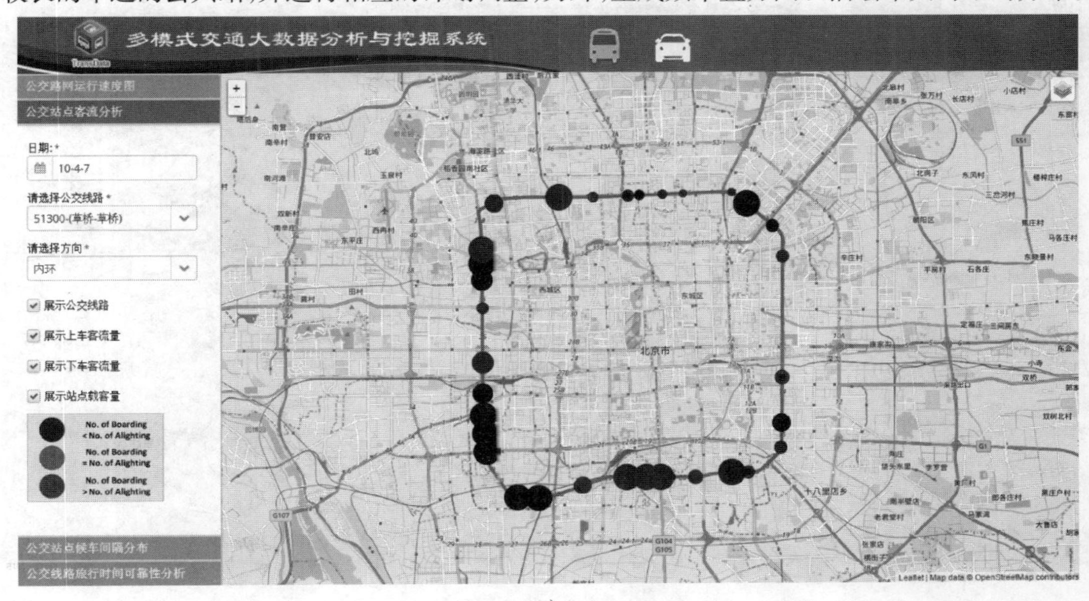

a）

图 7-6

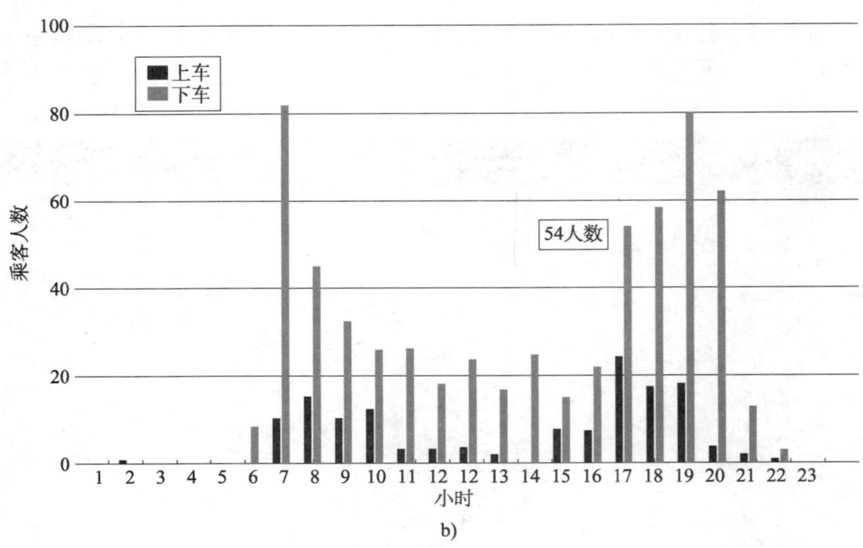

b)

图 7-6　51300 路客流量分析（地图数据：Google，AutoNavi）

a）公交车头时距空间分布

图　7-7

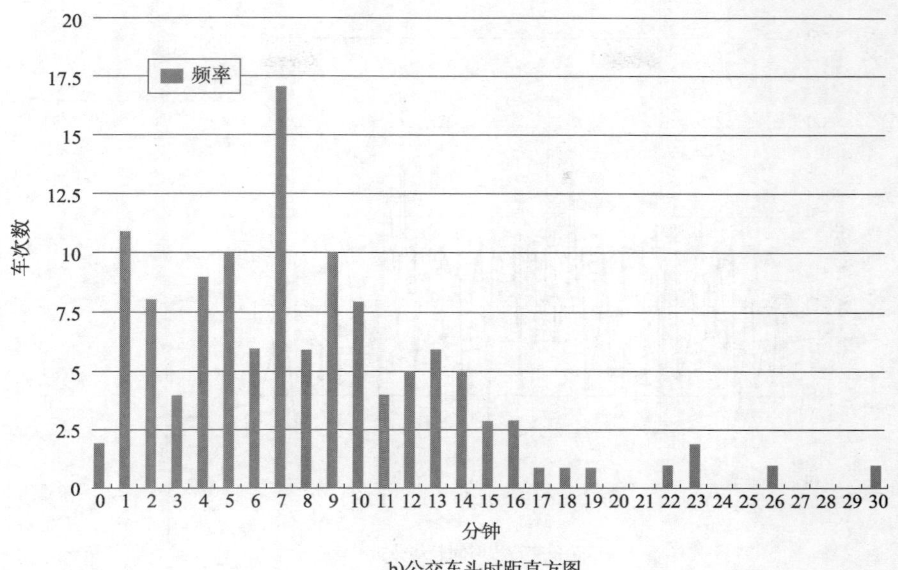

b)公交车头时距直方图

图 7-7 公交车头时距分布(地图数据:Google,AutoNavi)

4)公交行程时间可靠性

TransitNet 的另一功能为基于 GIS 地图的公交行程时间可靠性分析,如图 7-8a)所示。采用缓冲时间指标来衡量行程时间的可靠性。缓冲时间指数越小,公交路径越可靠。为了分析公交行程时间的变化,每个经过路线/路段的行程时间都可以进行可视化展示,如图 7-8b)所示。对于 2010 年 4 月 7 日的 118 路,整个路线的缓冲时间指数为 0.32,这意味着公交乘客等待 22.71min 即可确保准时到达的概率为 95%。

a)公交行程时间可靠性的空间分布

图 7-8

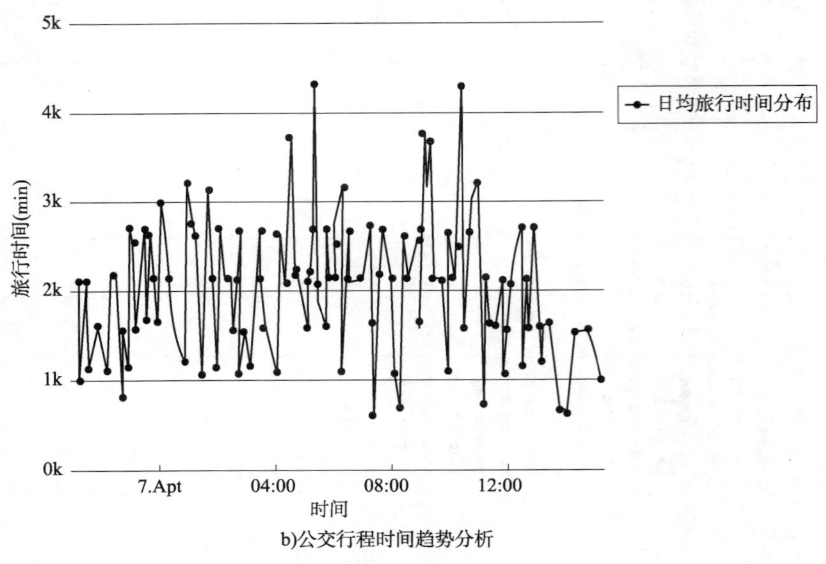

b)公交行程时间趋势分析

图 7-8　公交行程时间分布(地图数据:Google,AutoNavi)

7.3　本章小结

公共交通被认为是减轻拥堵,减少排放和减少能源消耗的有效对策。因此,提高公共交通服务质量,吸引更多的乘客对于交通机构具有至关重要的意义,同时也需要方法来更好地量化公交服务,以进行运营规划和系统优化。

本章第一节结合 E 科学的相关思想,阐述 E 科学在交通领域的相关应用,给出构建交通 E 科学平台的理论框架。第二节利用北京智能卡数据构建了可利用于可视化,建模和分析的一体化公交大数据平台——交通 E 科学公交网络性能评价平台 Transit-Net。该平台通过使用高效且有效的 GIS 引擎将交通数据与地理空间数据相关联,并且在不同层级(例如,网络级,线路级和站点级)示范了多公交性能指标。提出的平台为 E 科学在交通领域的应用提供了一个在线的雏形,便于公交数据访问,广泛可视化和评估。Transit-Net 不仅支持用于数据共享和可视化的归档数据用户服务,提供先进的出行者信息系统,还为交通决策者和研究人员提供了一个数据丰富的交互式平台,以验证模型和现有理论。

本章参考文献

[1] Chiu Y. C. ,Mirchandani P. B. Online behavior- robust feedback information routing strategy for mass evacuation[J]. IEEE Transactionson Intelligent Transportation Systems,2008,9(2):264-274.

[2] Murray- Tuite P. ,Mahmassani H. Identification of vulnerable transportation infrastructure and household decision making under emergency evacuation conditions[J]. Tuite,2008,5(1):82-84.

[3] Smith M. C. ,Sadek A. W. ,Huang S. Large-scale microscopic simulation:toward an increased resolution of transportation models[J]. Journal of Transportation Engineering,2008,134(7):273-281.

[4] Haghani A. ,Tian Q. ,Hu H. Simulation model for real-time emergency vehicle dispatching and routing [J]. Transportation Research Record:Journal of the Transportation Research Board,2004,1882(1):176-183.

[5] Chen C. Freeway performance measurement system (PeMS)[J]. Publication UCB-ITS-PRR-2003-22. California Partners for Advanced Transit and Highways (PATH),University of California,Berkeley,Richmond,Calif. ,2003.

[6] Petty K. ,Kwon J. ,Skabardonis A. APeMS:an arterial performance measurement system[J]. Presented at 85th Annual Meeting of the Transportation Research Board, Washington, D. C. ,2006.

[7] Pack M. L. ,Bryan J. R. ,Steffes A. Overview and status of the regional integrated transportation information system in the national capital region[J]. Transportation Research Board, Washington,D. C. ,2008.

[8] Seymour E. J. ,Miller B. Use of a Google-Based Mapping System for traffic management center web navigation[J]. Presented at 86th Annual Meeting of the Transportation Research Board,Washington,D. C. ,2007.

[9] Federal Highway Administration (FHWA). 2002 status of the nation's highways,bridges,and transit:Conditions and performance[J]. Washington,DC. 2002.

[10] Texas A,M Transportation Institute. 2012 urban mobility report[J]. College Station,Texas, 2012.

[11] Ma X. L. ,Wang Y. H. ,Chen F,et al. Transit smart card data mining for passenger origin information extraction[J]. Frontiers of Information Technology & Electronic Engineering, 2012,13(10):750-760.

[12] Simon J. ,Furth P. G. Generating a bus route OD matrix from on-off data[J]. Journal of Transportation Engineering,1985,111(6):583-593.

[13] Pelletier M. P. ,Trépanier M. ,Morency C. Smart card data use in public transit:a literature review[J]. Transportation Research Part C:Emerging Technologies,2011,19(4):557-568.

[14] Ma X. ,Mccormack E. D. ,Wang Y. Processing commercial global positioning system data to develop a web-based truck performance measures program[J]. 2011.